高等职业教育学前教育专业"理实一体化"立体教材

本书系 2022 年度江苏省教育科学规划委托课题"学前体育课程资源开发研究（T/2022/07）"成果

学前儿童体育

主　编：刘　伟　郁超然
副主编：雍丽明　闻年富

南京大学出版社

图书在版编目(CIP)数据

学前儿童体育 / 刘伟，郁超然主编. -- 南京：南京大学出版社，2025.7. -- ISBN 978-7-305-29493-8
Ⅰ. G613.7
中国国家版本馆CIP数据核字第2025B980R3号

出版发行	南京大学出版社		
社　　址	南京市汉口路22号	邮　编	210093

书　　名　学前儿童体育
　　　　　　 XUEQIAN ERTONG TIYU

主　　编	刘　伟　郁超然		
责任编辑	提　茗	编辑热线	025-83686756
照　　排	南京南琳图文制作有限公司		
印　　刷	江苏苏中印刷有限公司		
开　　本	787 mm×1092 mm　1/16　印张 14.75　字数 341千		
版　　次	2025年7月第1版　2025年7月第1次印刷		

ISBN 978-7-305-29493-8
定　　价　49.00元

网址：http://www.njupco.com
官方微博：http://weibo.com/njupco
微信服务号：NJUyuexue
销售咨询热线：(025) 83594756

* 版权所有，侵权必究
* 凡购买南大版图书，如有印装质量问题，请与所购
　图书销售部门联系调换

前言

学前儿童体育作为促进幼儿全面发展的核心载体,其综合育人价值日益得到教育界的广泛认同。体育活动不仅是幼儿身体发育的重要基石,更是塑造健康心理、提升动作技能、培养社会适应能力的关键途径。随着学前教育改革的深化,学前儿童体育已逐渐成为支撑幼儿身心和谐发展的基础性平台。如何科学提炼体育活动的教育内涵,构建系统化、可操作的实践体系,是当前学前教育工作者面临的重要课题。

本教材严格遵循《幼儿园教育指导纲要(试行)》及《3—6岁儿童学习与发展指南》的核心精神,融合国内外最新研究成果,致力于完善学前儿童体育学科的知识体系。教材立足幼儿生理与心理发展规律,以"自然生长"与"科学引导"的辩证统一为原则,重新梳理"游戏体验""动作练习"与"技能学习"的协同关系,推动幼儿个体发展需求与社会教育目标的深度融合,并辅以丰富的创新案例与实践模型,助力学习者实现理论认知向教育行为的有效转化。

本教材依托学前儿童体育活动的任务,在理论和实践两个方面进行内容的构建。教材前两章系统梳理学前儿童体育的理论根基,从历史发展脉络、理论基础到生理机制,构建完整的知识体系。教材后六章构建实践内容体系,注重可操作性与创新性,以"动作技能—游戏设计—体适能培养——幼儿园体育教育活动——课程资源开发"为核心脉络,内含200余个实操案例,通过"情境创设—规则建构—安全防护"的闭环设计,实现趣味性与教育性的统一,形成层次化学前儿童体育设计与组织方案。

教材突出三大特色:一是科学性与实践性深度融合,所有理论观点均基于儿童生理实验数据与幼儿园实践观察,如在动作发展章节结合生物力学分析与活动行为记录,形成"评估—干预—反馈"的教学闭环;二是本土化与创新性有机统一,既吸收"快乐体育""自然主义体育"等理论,又挖掘民间传统体育游戏(如跳皮筋、踩高跷)的现代教育价值,开发"器械多功能利用""跨领域整合"等创新形式;三是注重个体差异与安全防护,在体适能活动中设置"基础—进阶—挑战"三级任务,通过学前儿童生理特点阐述设计组织体育活动的注意事项与应急处理方案。

本教材由徐州幼儿师范高等专科学校刘伟和郁超然确定教材体系,明确写作提纲。具体分工如下:第一、二、三、六章由郁超然编写;第四章由雍丽明编写;第五、八章由刘伟编写;第七章由闻年富编写。最后由刘伟、郁超然统审全稿。

学前儿童体育教育的探索仍在持续深化。尽管教材力求全面覆盖学科前沿与实践痛点,但受限于研究视野与区域差异,难免存在疏漏之处。我们诚邀学界同仁与一线教育工作者提出宝贵建议,共同推动学前儿童体育教育的理论创新与实践革新,为培育体魄强健、心智健全的新时代儿童奠定坚实基础。

编　者

目录

第一章　学前儿童体育概述 … 001
第一节　学前儿童体育的历史发展与思想演变 … 001
第二节　学前儿童体育教育的概念和任务 … 008
第三节　学前儿童体育与幼儿发展 … 010

第二章　学前儿童生理基础与体育运动 … 025
第一节　学前儿童运动系统与体育运动 … 025
第二节　学前儿童呼吸系统与体育运动 … 034
第三节　学前儿童脉管系统与体育运动 … 036
第四节　学前儿童神经系统与体育运动 … 041
第五节　学前儿童其他系统与体育运动 … 044

第三章　幼儿园体育教育活动概述 … 048
第一节　幼儿园体育教育活动的目标 … 049
第二节　幼儿园体育教育活动的原则和规律 … 056
第三节　幼儿园体育教育工作的计划 … 059
第四节　幼儿园体育教育活动的内容 … 061
第五节　幼儿园体育教育活动的组织类型 … 065

第四章　学前儿童动作发展及基本动作技能教育 … 073
第一节　投　掷 … 075
第二节　接 … 081
第三节　踢 … 087
第四节　挥　击 … 094
第五节　跑 … 099
第六节　跳 … 104

第五章　学前儿童体育游戏 … 117

- 第一节　学前儿童体育游戏概述 … 117
- 第二节　感知运动类体育游戏 … 125
- 第三节　基本动作技巧性体育游戏 … 138
- 第四节　基本身体素质发展的体育游戏 … 153
- 第五节　各种运动材料形成的体育游戏 … 161

第六章　学前儿童体适能活动 … 169

- 第一节　学前儿童体适能活动概述 … 169
- 第二节　肌力类体适能练习 … 173
- 第三节　灵敏类体适能练习 … 175
- 第四节　跳跃类体适能练习 … 180
- 第五节　平衡类体适能练习 … 184
- 第六节　柔韧类体适能练习 … 186
- 第七节　速度类体适能练习 … 188
- 第八节　协调类体适能练习 … 191

第七章　幼儿园体育教育活动设计与组织 … 194

- 第一节　幼儿园体育教育活动的设计 … 194
- 第二节　幼儿园体育教育活动的组织 … 205
- 第三节　幼儿园集体体育教学活动案例分析 … 207

第八章　学前儿童体育课程资源的开发与利用 … 212

- 第一节　学前儿童体育课程资源概述 … 212
- 第二节　学前儿童体育内容资源的开发与利用 … 215
- 第三节　体育场地设施资源的开发与利用 … 217
- 第四节　人力资源的开发与利用 … 220

附录1　学前儿童体适能活动案例 … 222

附录2　学前儿童体育游戏活动案例 … 227

参考文献 … 229

第一章 学前儿童体育概述

本章概述

本章系统梳理了学前儿童体育的历史脉络、理论基础及其对幼儿全面发展的深远影响,为教育工作者提供了理论与实践的双重指导。本章共分为三节,分别从历史发展、概念任务及体育运动与幼儿发展的关系展开论述,旨在阐明学前儿童体育的核心价值与实践路径。

学习目标

1. 掌握国内外学前儿童体育教育的历史发展进程,了解中国学前儿童体育的萌芽与演进。
2. 熟悉六大体育理论的核心思想,并能比较其异同与适用场景。
3. 掌握学前儿童体育的广义与狭义定义,区分家庭、幼儿园及社会体育活动的不同作用。
4. 系统掌握学前儿童身体生长发育的特点及体育运动对幼儿生长发育的影响,理解体育运动对幼儿心理发展的促进作用。

第一节 学前儿童体育的历史发展与思想演变

学前儿童时期是人生中生理和心理成长、发展最为迅速和显著的阶段。历史上,世界各国的学前教育课程内容经历了显著的变化:从早期注重身体的养护和行为习惯的培养,到重视社会性情感的发展;从强调智力和认知能力的早期开发,到现代推崇幼儿身心全面和谐发展的理念。现代学前教育强调以游戏、音乐、绘画、身体运动等多样化的课程内

【拓展阅读】

体育的起源与发展历史

容，为儿童后续各成长阶段打下坚实的基础。

从学前教育学的众多分支学科发展历史来看，早期的学前儿童体育原本是学前儿童健康教育学的一部分，其中"体育"往往隐含于"健康教育"和"体育游戏"之中。随着时间的推移，学科分支越来越细化，体育科学已发展成为一个独立的体系，其中涵盖了"健康教育"和"体育游戏"等内容。体育科学研究的深入发展促进了体育与健康学科知识的相互融合。

经过多年的探讨和实践，人们已经认识到体育与健康的内在联系。如今，在国内外基础教育的体育课程中，"体育"与"健康"已确立了并列共存、不可或缺的关系。体育课程的名称常常表述为"体育与健康课"或"健康与体育课"，这反映了两者在教育体系中的重要性和互补性。

一、学前儿童体育的历史发展

（一）国外学前儿童体育发展史

国外最早关注学前儿童教育的学者之一是古希腊哲学家柏拉图。在他的著作《理想国》中，柏拉图首次提出学前儿童教育的重要性，并认为可以通过游戏的方式发展儿童的自然才能和培养品德。亚里士多德，作为柏拉图的学生，也在其著作中提出了关于学前教育的见解。他在《政治学》中提出，婴幼儿应从小参与运动以促进其生长发育。古罗马教育家昆体良认为学前儿童具有模仿、好奇和竞争性的自然倾向，以及由自然赋予的记忆能力。他强调了运动游戏在增强智慧、培养品格方面的重要意义。

在罗马氏族时期（公元前 6 世纪以前），儿童的教育涉及家庭、社会和军事训练。婴儿出生后可能会经受冷水锻炼，儿童从小参与各种体育游戏，包括驯马、射箭和狩猎。军事和身体训练内容包括投枪、扭打、骑马、拳击，以及练习耐寒耐暑、在激流中游泳等。由此可见，体育在儿童早期教育中占有突出地位已成为历史上许多思想家的共识。

14 至 16 世纪，随着资本主义生产方式的发展和文艺复兴运动的兴起，学前教育开始形成较为完整的理论体系，并逐步发展成为一门独立的学科。捷克教育家夸美纽斯首次系统地提出了学前教育的完整体系。夸美纽斯认为幼儿具有极高的可塑性，并强调了早期教育的重要性。

在一个世纪后，法国教育家卢梭于 1762 年出版了《爱弥儿》一书。卢梭首次使用"体育"（physical education）这一专业术语来描述对学前儿童进行身体养护、培养和训练的教育过程。他认为，从婴儿出生开始，教育的主要内容应该是体育，体育教育的任务在于促进婴儿身体的自然发展和健康成长。

一百多年后，世界上第一个幼儿园由德国幼儿教育家弗里德里希·福禄贝尔于 1837 年在德国布兰肯堡建立，专门招收 3 至 7 岁的儿童。福禄贝尔被誉为"幼儿园之父"，他认为婴幼儿时期是人生中最重要的发展阶段，真正的"人的教育"应从此时开始。他的著作《母育学校》是世界上第一部学前教育学专著，详细阐述了学前教育的意义、任务、内容、原则、方法，以及学前教育与学校教育的过渡与衔接问题。福禄贝尔培训了第一批幼儿园教师，并提出运动游戏具有重要的教育价值，主张在幼儿园的教学方案中把运动游戏作为主要活动。

意大利教育家蒙台梭利,继福禄贝尔之后,成为对学前教育理论产生重大影响的代表人物之一,也是世界上首位杰出的女性学前教育家。她结合生理学、心理学和教育学的知识,创立了一种独特的幼儿教育法,这种方法在全球范围内广受欢迎,并深刻影响了世界各国的学前教育水平和社会发展。

蒙台梭利提出:"生命是活动的,只有通过活动才能发展。"她认为,当时普遍存在的一种错误观念是将身体活动仅仅视为身体层面的活动,而忽视了它在更高层次上的功能。她强调,心智的发展与身体动作是相辅相成、相互依赖的,并主张创造适宜的环境,以促进儿童的生命力和个性通过活动得到表现、满足和发展。蒙台梭利认为,从婴儿出生到 6 岁的阶段是动作发展的敏感期。游戏和身体运动是人类活动本能的表现形式之一,应当让幼儿的内在需求和愿望在生动活泼的游戏中得到满足。她非常重视幼儿的肌肉锻炼,以促进幼儿生理的正常发展,并使他们的日常生活动作更加熟练。除了让幼儿通过坐、站、走、游戏等日常行为获得良好的体育练习外,蒙台梭利还设计了特别的体操练习,并发明了螺旋梯、摇椅等体育器械,以辅助幼儿进行运动锻炼。

基于生理学家伊万·巴甫洛夫的高级神经活动理论,苏联学者如克涅曼指出,体育活动是影响学前儿童个性全面发展的有效手段和方法。他们认为,在课堂上、活动性游戏中和其他运动活动中,学前儿童不仅可以积累动作技能和技巧,而且可以发展智力,培养道德品质、审美力和劳动技能。1991 年,俄罗斯颁布的《学前教育机构临时条例》强调了"保护和巩固儿童的心理及身体健康,保证他们的智力与个性的发展,关心每个儿童的情感幸福"的重要性。该条例着眼于促使幼儿身体正常生长发育、发展身体协调力、强身健体、提高身心健康水平,并为少年体校输送体育合格后备人才。学前儿童体育注重卫生因素(如饮食、睡眠制度、服装、鞋、体育设施、体育器材等的卫生标准),以及自然界的自然力量(例如阳光、空气、水等)与身体练习相结合的教学方法。体育教学大纲涵盖保健任务、教育任务和教养任务三方面,适用于从新生儿到 7 岁所有年龄班的儿童。

纵观历史,学前教育的发展经历了从古希腊哲学家对教育重要性的认识到现代教育家对儿童全面发展的深入探索。学者们普遍认为,体育活动不仅对儿童的身体成长至关重要,也是智力、情感和社交能力发展的关键因素。从夸美纽斯的系统化学前教育理论到卢梭、福禄贝尔和蒙台梭利的创新教育方法,学前教育逐渐形成了一个多维度、综合性的学科领域。苏联学者进一步强调了体育在促进儿童个性全面发展中的作用,并在政策层面得到体现。

(二) 我国学前儿童体育发展史

在中国教育史上,维新运动的领导人康有为在《大同书》中首次提出实施学前教育的思想。中国第一所学前教育机构的创办可以追溯到 1903 年 9 月,即清光绪二十九年,由湖北巡抚端方在武昌寻常小学堂内创立的湖北幼稚园。该园聘请了日籍教师,采用了日本的幼儿园教育模式,开设了包括行仪、训话、幼稚园语、日语、手技、唱歌、游戏七项科目,这标志着中国幼儿教育的开端。

1904年，清政府颁布了《奏定学堂章程》，在幼儿教育中首次提出"保全身体之健旺，体育发达基地"，这是"体育"一词在官方文件中的首次出现。1905年，《湖南蒙养院教课说略》中也强调了"体育功夫，体操发达其表，乐歌发达其里"的重要性。随着武昌蒙养院的正式更名，各地蒙养院相继成立。

民主教育家蔡元培提出建立学前教育体系，主张通过胎教院、乳儿院、幼稚园等养育机构来替代传统的家庭教育。1923年，北洋政府公布的"新课程标准"将"体操"更改为"体育"，明确指出学校卫生教育应包括"体育训练"与"卫生预防"两方面内容，目的是增强学生的健康意识和提高体质。然而，当时对学前儿童健康的认识还不够全面，尚未涵盖学前儿童的心理健康和社会适应能力。

教育家如陶行知、张宗麟、陈鹤琴等人提倡通过健康教育培养儿童健康的体魄。他们认为体育是幼儿园最重要的课程之一，通过体育游戏使幼儿多活动身体，以获得快乐，是学前儿童体育教育理念的核心。

著名幼儿教育家陈鹤琴在1923年创办了中国最早的幼儿教育实验中心，主张采用游戏方法和户外活动，以促进儿童个性的自然、自由发展。抗战时期，他又创立了中国第一所公立幼稚师范学校，专注于师范教育的实验研究。

人民教育家陶行知在学前教育方面也提出了许多主张，特别重视儿童的体育教育。他强调："应把儿童健康当作幼儿园里第一重要的事情，幼儿园教师应当成为健康之神。"

中国学前体育教育思想深受西方教育家如福禄培尔、蒙台梭利以及杜威的教育思想的影响。新中国成立后，全国学习苏联的学前教育模式，幼儿体育教学注重体育与自然科学学科的结合，内容包括运动与保健。通过体育游戏法，促进幼儿身体正常生长发育、发展身体协调力、强身健体，提高身心健康水平。各类游戏被用来加强儿童的动作发展，帮助他们习得动作技能，甚至完成各种高难度的体育动作。

随着全球化和社会经济的快速发展，人们对教育的要求也在不断提升。学前儿童教育的价值认识经历了显著变化，从20世纪初的保育为主，发展到60、70年代的保教并重。自20世纪70年代末起，中国学前教育工作者开始逐步推进改革，以适应幼儿在体育活动中的更好发展。这一时期，中国在构建"科学的、大众的、民族的"文化方针指引下，借鉴了苏联教育家赞科夫的发展性教育思想和美国教育家布鲁纳的发现教学思想，深入探讨适合国情的学前教育理论。

1932年，我国正式公布了《幼稚园健康课程标准》，为幼儿园健康教育提供了规范。改革开放后，国家通过《幼儿园教育纲要》(1978年)、《托儿所、幼儿园卫生保健制度》(1981年)等法规条例来规范学前教育。1990年，国务院批准颁布了《幼儿园管理条例》，1996年《幼儿园工作规程(试行)》颁布，2001年又颁布了《幼儿园教育指导纲要(试行)》，明确指出幼儿园必须将保护儿童生命和促进幼儿健康作为工作首位，并将教育内容划分为健康、语言、社会、科学及艺术五大领域。

健康教育中已隐含了学前儿童体育思想，体育教育因其育人功能而贯穿于五大领域，为实现教育目标提供了实施途径。随后的法规颁布与实施进一步推动了中国学前教育的科学化和规范化。在法规和条例中,幼儿教育的任务被明确为向幼儿进行体、智、德、美全面发展的教育,并提出培养"完整儿童"的教育目标。同时,强调幼儿在成长过程中应具备足够的体力和能力、良好的态度和心理素质,以适应社会变迁和生活挑战,确保身心健康和谐发展,确立了体育在幼儿全面发展教育中的重要地位。随着学前教育研究的蓬勃发展和国际学术交流的日益频繁,中国学前教育理论体系和实践体系研究进入了快速发展时期。

二、学前儿童体育的思想演变

儿童体育理论的产生和发展总是与特定时代的社会生产力水平和相应的上层建筑发展水平紧密相关。人们对人的看法,以及对个人与社会关系的理解,深刻影响着教育观念的形成。相应地,这些观念也塑造了对儿童体育的看法。

换言之,教育的理念,包括儿童体育的理念,不是孤立存在的,而是建立在一定的社会文化、经济和政治基础之上。随着社会的发展和人们价值观的演变,对儿童体育的认识也在不断深化和拓展。

(一)侧重强调社会发展需求的体育理论

"准备性体育"理论的核心在于特别强调通过体育提高儿童的身体素质,为他们未来参与国家的经济建设和国防建设做好准备。在我国学校体育的理论体系中,长期以来一直都十分重视学校体育在为国家准备劳动力和兵力方面的作用。仔细翻阅历史文献可以发现,各个历史时期、各个国家的管理者,都会不同程度地关注和强调体育的这一功能。这是因为任何人类群体,如果还面临生存必需品的生产、基本安全维护和基本利益不受侵犯的问题,那么强调群体内成员进行准备性体育就是必不可少的。另外,只要认真研究有关体育的历史文献,就会发现体育、特别是学校体育的大发展,总是与战争的问题紧密相连。

(二)侧重强调学科系统性的体育理论

"运动文化体育"理论的核心在于特别强调继承和发展人类在体育学科中的文化积累。该理论倡导通过选拔和培养专业体育人才,以探索人类在体育方面的未知潜能,并不断完善和提高各种运动技巧体系。这也是持有此种价值观念的体育工作者的主要追求。在苏联的学校体制中,曾有专门开办的体育学校,旨在培养年幼的"天才儿童"。世界上的许多国家也设有类似的教育机构,有的以俱乐部形式,有的以私立运动教练场所的形式存在。在中国,以往主要通过国家主办的少年儿童业余体育学校来进行各种培训,而现在,已经逐步开始与世界接轨。

即使是在幼儿园,目前也已经出现了明确对外承诺的含体育专业训练性质的整体性特色课程,或称为"兴趣班"的课外学习课程。此外,在普通课程的体育教学中,强调动作的规范性胜于关注动作的实用性和做动作的快乐体验,这也属于同一类现象:即都是强调体育文化发展功能的观念在实践层面的具体体现。

（三）侧重强调支持个人生存适应的体育理论

无论是从个体还是从整个人类或群体的角度来看，对人本身的生存和发展质量给予关怀的需求正变得越来越强烈。人不仅需要关心自己赖以生存的国家和社会，也需要关心自己创造的文化的发展。然而，作为个体，人们不能失去自我，也不能忘记对自己的存在和发展的关怀。这一点在体育理论中体现得尤为明显。体育活动不仅能够提高个体的身体素质，还能够帮助个体适应社会环境，增强自我价值感和生活满意度。因此，体育理论越来越重视支持个体的生存和适应能力，以促进个体的全面发展。

1. 体力主义体育理论

日本历来特别强调生存适应的价值。因此，在日本的教育和体育中，相较于发展运动技巧，更重视培养真实的生存适应意识和能力。日本人对此有自己的理解，称之为"体力"。体力分为行动体力和防卫体力两种。防卫体力指的是抵抗各种打击的能力，这一概念下又可细分为抵抗生理打击的能力和抵抗心理打击的能力。体力主义体育理论的提出，强调了在生活条件不断改善的背景下，人的潜能可能会退化，本能可能会丧失。该理论的目的是遏制这种退化状态的继续发展，以确保人们能够维持和提升自身的生存适应能力。

2. 自然主义体育理论

自然主义体育观念至少包含两种形态。第一种形态着重于利用自然环境的力量。在早年生产力较低的社会生态状况下，体育功能主要通过生产劳动、日常生活和原始游戏娱乐活动实现。当时人们的生活与自然紧密相连，自然的生态环境为人们提供了锻炼身体和提高生存适应能力的丰富机会。当今，学校体育工作者开始认识到现代化生活的便利可能使人们远离自然。他们意识到，在构建现代化生活的同时，需要尽可能保留自然环境赋予人类的锻炼机会，如爬树、跳沟、在横倒木上行走、爬坡、攀岩、在粗糙或不平的地面赤足行走、在寒冷天气中穿着较少的衣服等。第二种形态着重于利用社会文化的力量。在当今生产力高度发达的社会生态状况下，体育功能主要通过现代体育文化的享用活动实现。人们可能开车到达体育锻炼中心，然后进入运动场，在不同气候条件下进行活动；或在室内利用登山机、划船机、跑步机等现代化器械来模拟真正的户外运动。学校体育工作者反思的焦点是：学校（包括幼儿园）体育活动的目的是否应更多地包含帮助儿童认识体育的乐趣和对自身生存发展的重要性，以使儿童在离开学校后，能够自觉自愿地参与社会体育文化生活。

3. 生活体育理论

生活体育理论主要源自美国学者约翰·杜威的教育理念，即"教育即生长，教育即生活"。杜威的理论强调教育应当与儿童的实际生活紧密相关，反对体育知识与技能的传授与儿童的生活需求脱节。根据这一理论，体育教学的内容和方式应当根据儿童的现实生活需要来组织。生活体育理论关注的问题包括：如何在现代交通环境中维护个人安全；在战争和自然灾害情况下如何逃生和生存；以及如何在日常生活的游戏和体育活动中预防危险等。在中国近现代学前教育的发展历史上，陈鹤琴先生是这一理念的积极倡导者之一,他在理论和实践两方面都做出了重要贡献。

4. 小集团学习理论

小集团学习理论的提出,主要源于教育界对近现代学校道德教育迷失现象的深刻反思。在个人主义盛行的社会背景下,人们重新认识到共同生存意义的重要性。教育界开始重视如何帮助儿童学会适应社会生活。在这一教育观念转变的大背景下,学校体育工作者也开始探索体育在促进人的社会性发展方面的潜在优势。体育活动为儿童提供了参与集体活动的机会,让他们学习如何共同生活、共同发展。在实施小集团学习理论的过程中,教师的角色尤为重要。教师需要将自己置于与儿童平等的位置,促进小团体中问题的解决更多地依靠共识而非权威。这种方法有助于培养儿童的合作精神、沟通能力和解决问题的能力。

5. 快乐体育理论

快乐体育理论主要源于对"不快乐体育"现象的深刻反省。体育活动最初从原始社会生活中分化出来,其核心价值在于通过活动本身获得直接的快乐。因此,体育本质上应更接近于游戏活动,强调乐趣和参与感。当前提出快乐体育的思考,主要是因为以下几个原因:首先,不快乐的体育活动丧失了体育最根本的价值——从活动中获得快乐;其次,这种不快乐削弱了体育对儿童的吸引力;最后,强制参与的不快乐体育可能会压抑积极、建设性人格的成长,甚至培育出消极、反抗性的人格。因此,学校体育工作者希望通过反思和改革,恢复和发扬体育活动的快乐特性。这不仅能够提升体育活动的吸引力,还有助于促进儿童全面发展,培养积极健康的心态。

6. 淬砺性体育理论

淬砺性体育理论的提出是对"快乐童年"理念的深刻反思。现代社会在发展过程中,普遍经历了从强迫性磨难生活中逐步解放出来的历史阶段。然而,对这种强迫性磨难的恐惧反应,导致了人们无限追求舒适享乐,形成了一种"矫枉过正"的现象。随着社会的进步,人们开始认识到无节制享乐可能带来的危害,意识到需要在享受现代生活便利的同时,主动寻求适度的挑战和淬砺,以促进个人的成长和发展。淬砺性体育理论正是在这样的背景下应运而生,强调通过体育活动培养个人的坚韧性和适应力。该理论认为,体育不仅仅是为了追求快乐和享受,更是一种通过适度的挑战和努力,锻炼意志、增强体魄、提升自我控制能力的方式。通过淬砺性体育活动,可以帮助个体建立起面对困难和挑战时的积极态度,培养面对生活的勇气和毅力。

通过本节内容的探讨,我们深入了解了学前儿童体育的思想演变过程,这一过程与社会生产力的发展、上层建筑的变迁以及人们对个体与社会关系理解的深化紧密相连。从强调社会发展需求的"准备性体育",到注重学科系统性的"运动文化体育",再到关注个人生存适应的体育理论,每一种理论都是在特定社会文化、经济和政治背景下对儿童体育价值的探索和体现。

我们看到了体力主义、自然主义、生活体育、小集团学习理论、快乐体育以及淬砺性体育理论的提出,每一种理论都反映了对儿童体育不同方面的重视,无论是身体素质的提升、文化积累的继承，还是个人适应能力的培养，或是社会性发展的促进。这些理论的发展不仅丰富了儿童体育的内涵，也为体育教育实践提供了多样化的指导思想。

最终，我们认识到儿童体育理论的建设是一个不断发展的过程，它要求我们既要关注儿童体育的永恒价值，也要敏锐地发现并解决现实中出现的具体问题。面向未来，儿童体育理论将继续随着社会的进步和人们需求的变化而演进，为培养更加健康、全面发展的下一代提供理论支持和实践指导。

第二节　学前儿童体育教育的概念和任务

在当前社会历史背景下，随着社会的进步和经济的不断发展，人们越来越关注幼儿的身体健康，并逐渐认识到学前儿童体育教育与人的健康和整体发展之间的密切联系，对学前体育教育的期望也在不断提升。

在幼儿园教育中，体育活动始终被视为幼儿整体教育的重要组成部分，是促进幼儿全面和谐发展的有效途径。合格的学前儿童教育工作者应当掌握与幼儿体育活动相关的知识，不断提升体育文化素养，并培养对幼儿体育教育的热情。他们应在理解《幼儿园教育指导纲要（试行）》及《3—6岁儿童学习与发展指南》的基础上，清晰了解学前儿童体育活动与各领域目标的联系；能够准确把握不同年龄段幼儿身心发展的特点，掌握科学的幼儿体育锻炼的基本知识、技能和方法；能够合理组织和开展幼儿园体育活动；具备指导幼儿身体锻炼和评估幼儿发展的能力；能够结合体育活动掌握幼儿保健知识；并树立科学的儿童体育教育价值观。

一、学前儿童体育教育的概念

学前教育通常指对3~6岁儿童在幼儿园阶段的教育，其中学前儿童体育教育是学前教育的重要组成部分。然而，由于我国学前教育尚未形成完整体系且不属于义务教育范畴，人们对学前儿童体育的认识还不够完善，对学前儿童体育的定义也存在不同理解。一些学者将学前儿童体育定义为针对0~6岁儿童的体育教育和体育锻炼。部分文献将学前儿童体育活动视为身体活动性游戏。目前，学术界对学前儿童体育尚无统一定义。

1996年6月1日，国家教委公布的《幼儿园工作规程（试行）》中明确，幼儿园的保教目标首先是促进幼儿身体正常发育和机能协调发展，增强体质，培养良好的生活习惯、卫生习惯和参与体育活动的兴趣。2001年6月，《幼儿园教育指导纲要（试行）》将幼儿园课程分为健康、社会、语言、科学、艺术五大领域，每个领域都有明确目标。健康领域的目标包括："身体健康，在集体生活中情绪稳定、愉快；具有良好的生活、卫生习惯，具备基本的生活自理能力；了解必要的安全保健知识，学会自我保护；乐于参与体育活动，动作协调、灵活。"2012年9月，教育部正式颁布《3—6岁儿童学习与发展指南》

(以下简称《指南》),对幼儿园体育活动提出具体目标要求,强调每天户外活动时间不少于 2 小时,其中体育活动时间不少于 1 小时,并应随季节变化坚持。《指南》特别关注幼儿身体协调、平衡、灵敏性、力量和耐力、手部动作的灵活协调能力的发展。由此可见,在学前教育中,确保学龄前儿童的生命健康和正常生长发育是基础,也是他们获得全面发展的重要条件。健康的身体是学龄前儿童进行后续学习的物质基础,也是形成良好个性、情感和品质的物质基础。因此,学前儿童体育的目的和任务是保证和促进学龄前儿童的生命健康和正常生长发育。

学前儿童体育可以从广义和狭义两个视角定义。广义上的学前儿童体育是根据幼儿身心发展规律,以维护和促进幼儿身心健康为目的的各种体育活动,包括幼儿园、家庭和社会中的体育活动形式。狭义上的学前儿童体育专指幼儿园体育活动,这些活动基于幼儿园体育活动课程,是有计划、有目的、有组织、有评价的,旨在积极影响幼儿成长的教育过程,通过教师的照护、引导和指导,帮助幼儿掌握保健知识、发展动作技能、增强体质。

二、学前儿童体育教育的任务

学前儿童体育教育的任务是多方面的,不仅包括培养幼儿的兴趣和习惯,增强幼儿体质和促进幼儿发育,提升幼儿运动技能,促进幼儿认知和心理发展,还包括提高幼儿安全意识和自我保护能力。通过科学合理的体育教育活动,可以为幼儿的全面发展奠定坚实的基础,帮助他们养成健康的生活方式,形成积极的人生态度。

1. 培养幼儿兴趣与习惯

(1)激发兴趣:通过丰富多样的体育活动,如游戏、舞蹈、球类运动等,持续激发幼儿参与体育活动的兴趣。例如,组织趣味运动会,让幼儿在轻松愉快的氛围中体验运动的乐趣。

(2)培养习惯:引导幼儿养成定期运动的良好习惯,如每天安排固定的体育活动时间,鼓励幼儿参与户外活动,培养他们对运动的热爱和坚持。

(3)引导家庭参与:鼓励家长参与幼儿的体育活动,通过亲子运动等方式,增强幼儿对体育活动的兴趣和参与度。

2. 增强幼儿体质与促进发育

(1)增强体质:通过科学合理的体育锻炼,增强幼儿的体质,提高身体的耐力、力量和柔韧性。例如,通过简单的体操、跑步、跳绳等活动,增强幼儿的体能。

(2)促进发育:促进幼儿身体的正常发育,确保骨骼、肌肉和内脏器官的健康发展。例如,通过平衡木、攀爬架等器械训练,促进幼儿的平衡能力和协调能力。

(3)培养正确姿势:通过正确的体育指导,帮助幼儿养成正确的坐、立、走、跑等姿势,预防不良姿势对身体发育的影响。

(4)提高适应能力:通过多样化的体育活动,提高幼儿对不同环境的适应能力,增强其免疫力,减少疾病的发生。

3. 提升幼儿运动技能

(1) 动作协调性:通过各种体育活动,如跳绳、拍球、跳远等,提高幼儿的动作协调性和灵活性。例如,通过跳绳比赛,锻炼幼儿的协调能力和节奏感。

(2) 灵敏性:通过快速反应游戏、追逐游戏等,提高幼儿的灵敏性和反应速度。例如,通过"老鹰捉小鸡"等游戏,锻炼幼儿的反应能力和敏捷性。

(3) 平衡能力:通过平衡木、单脚站立等练习,提高幼儿的平衡能力。例如,通过平衡木训练,增强幼儿的平衡感和自信心。

(4) 运动技能:通过系统的体育教学,培养幼儿掌握基本的运动技能,如跑步、跳跃、投掷等,为其后续的体育学习打下坚实的基础。

4. 促进幼儿认知与心理发展

(1) 丰富认知能力:通过体育活动中的观察、体验和思考,丰富幼儿的认知能力。例如,通过户外探索活动,让幼儿了解自然环境和动植物。

(2) 培养良好意志品质:通过体育活动中的挑战和合作,培养幼儿坚强、勇敢、不畏困难的意志品质。例如,通过攀爬活动,锻炼幼儿的勇气和毅力。

(3) 培养合作精神:通过团队游戏和合作活动,培养幼儿的主动、乐观、合作的良好个性。例如,通过接力赛,增强幼儿的团队合作意识和集体荣誉感。

(4) 促进心理健康发展:通过体育活动中的积极体验,促进幼儿的心理健康发展,增强其自信心和自尊心。例如,通过体育竞赛,让幼儿体验成功的喜悦,增强自信心。

5. 提高幼儿安全意识与自我保护

(1) 培养安全意识:通过安全教育活动,提高幼儿的安全意识,让他们了解运动中的安全规则和注意事项。例如,通过安全知识讲座,让幼儿了解如何正确使用体育器材。

(2) 提高自我保护能力:通过实际操作和模拟练习,提高幼儿的自我保护能力。例如,通过急救知识培训,让幼儿学会简单的急救技能。

(3) 学会应急处理:通过模拟应急场景,让幼儿学会在突发情况下如何保护自己和寻求帮助。例如,通过消防演练,让幼儿学会在火灾等紧急情况下的逃生方法。

第三节 学前儿童体育与幼儿发展

一、学前儿童体育与幼儿身体发展

学前儿童的生长发育包括身体各器官和系统的增长(生长)以及细胞、组织和器官的功能成熟(发育)。生长提供发育的物质基础,发育的成熟程度也反映在生长的量变上。学前阶段是儿童体型、体力和健康基础形成的关键时期,体育锻炼对促进体质健康、身体形态发育和提升身体素质起着至关重要的作用。研究表明,积极参与体育活动的儿童在生长发育水平和体质状况上显著优于不参与的儿童,尤其在身高、体重和肺活量等方面表现更为突出。

（一）学前儿童生长发育的特点

1. 生长发育的连续性和阶段性

学前儿童的生长发育是一个连续的过程,由多个发育阶段组成。从卵细胞受精到个体发育成熟,这一长达约 20 年的连续过程中,量变和质变通常同时进行,但各自有其快慢不同的阶段。从不显著的、微小的量变积累到显著的质变时,标志着生长发育进入了不同的阶段,如婴儿期、幼儿期、童年期、青春期和青年期。每个阶段都有其独有的特征,与其他阶段相区别,而前后阶段又相互连接,前一阶段为后一阶段的发展奠定基础,任何一个阶段的发育受阻都可能对后续阶段的发育造成不利影响。

学前儿童身体各系统和器官的生长发育,从不平衡状态逐渐过渡到平衡状态。主要表现在,出生之初学前儿童的头部相对较大,占身体全长的 1/4,成熟后只占全身的 1/6；面部前额变宽且增高,鼻子增长,嘴巴变宽,嘴唇变厚,下巴变大；骨骼的增长速度快于肌肉的增长,四肢的增长又比躯干快。例如,从出生到成年,人的头部大小增加一倍,躯干增加两倍,上肢增加三倍,下肢增加四倍（参见图 1-1 和图 1-2）。学前儿童的发育特点是先长下肢,后长躯干,随着发育的完成,下肢与躯干之间的比例差距将逐渐缩小,到成人时期才能逐渐达到比例上的协调。

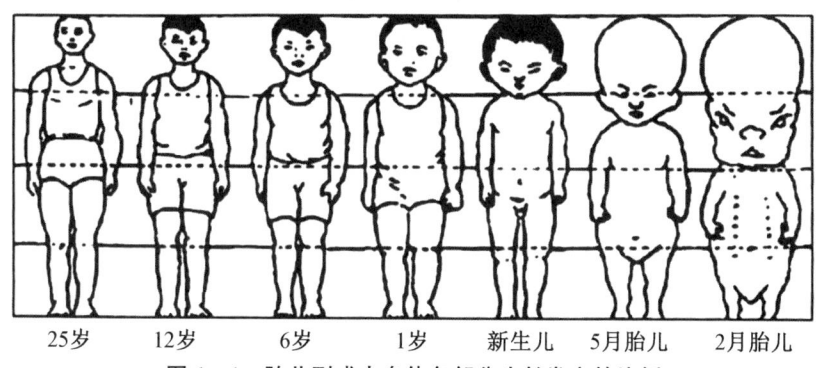

图 1-1 胎儿到成人身体各部分生长发育的比例

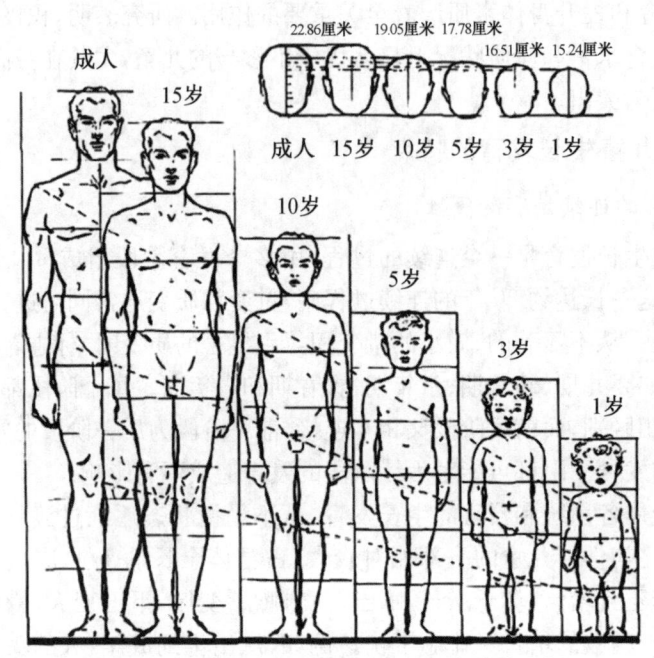

图 1-2 婴儿至成年人身体各部分发育的比例

2. 生长发育的不均衡性

从胎儿到成人，人一生中有两次生长高峰期，整个生长期内个体的生长速度有时快、有时慢，生长发育速度曲线呈波浪式，表现出不均衡性（见图1-3）。个体先后经历两次生长突增的高峰：第一次高峰从胎儿4个月开始，持续至出生后1年，即乳儿期。出生时婴儿的体重通常约为3千克，到周岁时增至9千克；身长从出生时的大约50厘米增长到周岁时的约75厘米。第二次生长高峰发生在青春发育早期，即少年期之前，此时个体的平均身高年增长约为3至5厘米；进入少年期后，平均每年身高增加6至8厘米，体重每年增加5至6千克。通常情况下，女孩比男孩大约早两年进入这一阶段，女孩的生长发育突增期在10至12岁之间，特别是11至12岁达到增长的最高峰（身高年均增长约5.9厘米）；而男孩的生长发育突增期在12至14岁之间，12至13岁为增长的最高峰（身高年均增长约6.6厘米）。

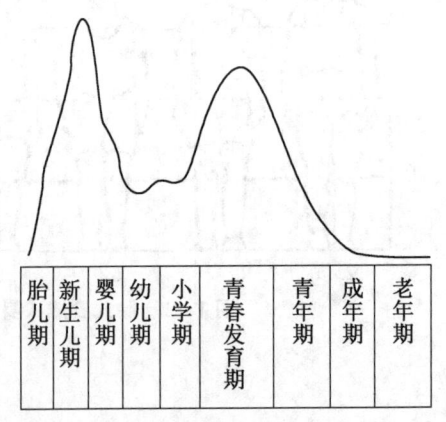

图 1-3 人一生中各阶段生长发育速度示意图

各个器官系统的发育也呈现不均衡性（见图1-4）。例如，神经系统是最先发育成熟的，神经细胞在儿童大约8岁时分化成熟；而生殖系统发育最晚，要到儿童期末才逐渐成熟。肌肉的发育有两个高峰期：一个在五岁之后，另一个在性成熟期之后。心脏在出生后由于生理负担减轻，最初数月其大小保持不变；两三岁时，心脏重量迅速增至出生时的3倍；之后生长速度放缓，直到青春期再次迅速增长，心脏重量可达出生时的10倍。

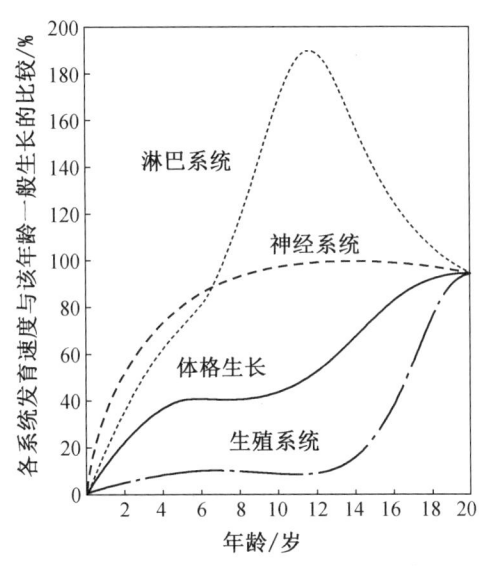

图1-4 身体各组织和器官的生长模式

3. 生长发育的顺序性

学前儿童各器官功能的生长发育遵循一定的顺序，具体表现为：

（1）由上到下：例如，学前儿童出生后先学会抬头，然后挺胸，接着能够坐、站立和行走。

（2）由近到远：学期儿童最初能够控制肩膀和手臂的运动，随后逐渐学会控制手部的精细动作。

（3）由粗到细：学前儿童最初通过全掌抓握物品，随着时间发展，能够使用手指进行捏取等精细操作。

（4）由简单到复杂：在绘画技能上，学前儿童儿童先学会画直线，然后逐步发展到能够画圆和更复杂的图形。

（5）由低级到高级：在认知发展上，学前儿童最初能够感知事物，随后发展到记忆、思维、分析和判断等更高级的认知功能。

这一顺序体现了儿童生长发育的逐步成熟和复杂化过程。

4. 生长发育的相互关联性

神经系统和外界环境的相互作用影响着整个学前儿童的生长发育过程，各个系统的生长发育彼此密切相关联，某一器官的发育可以促进另一器官的发育。如学前儿童进行适宜的体育锻炼能促进骨骼肌肉的发育，同时也能促进心脏和呼吸器官机能的成熟,并有利于神经系统的发育。心血管系统、呼吸系统和神经系统的发育又为肌肉、骨骼的发育提供更有利的条件,从而促进学前儿童整个身体的健康。另外,学前儿童身体和心理的发育是密切联系的。一切生理的发育是心理发育的基础,而心理发育也同样影响生理功能。比如,情绪会影响生理机能的正常发挥,而生理上的缺陷又可引起心理上的不正常发展。

5. 生长发育的个体差异性

尽管学前儿童的生长发育遵循一般的规律,但由于遗传、环境、运动锻炼、饮食等因素的影响,个体之间在一定范围内存在较大的差异,这些差异通常体现在生长速度、成熟类型等方面。同龄幼儿的发育和成熟程度也不尽相同。一些幼儿可能较早地开始发育和成熟,而另一些幼儿则可能较晚。这种个体差异性强调了在评估和支持幼儿生长发育时需要考虑每个幼儿的具体情况。

体育锻炼是促进幼儿身体发育和增强体质的有效方法。体育锻炼可以加快机体的新陈代谢,提高呼吸、运动和心血管系统的功能,尤其能促进骨骼和肌肉的发育。幼儿经常参加体育锻炼,不仅可使肌纤维变粗,肌肉重量增加,而且还能促进骨骼的生长发育和韧带的发育,增加关节的牢固性和灵活性。体育锻炼还可以使人精神饱满心情愉快、食欲增加,促进营养物质的消化吸收,减少疾病,增强体质。体育锻炼和运动活动是生长发育的源泉,通过调节机体的新陈代谢、神经内分泌系统的作用机制,对幼儿形态发育产生不同程度的影响。

(二) 体育运动对学前儿童生长发育的影响

1. 体育运动对学前儿童身体形态发展的影响

幼儿期身体形态的发展遵循首尾原则,即从头部开始,由上往下,最后到脚部,所以幼儿的外形呈"头重脚轻"的特点。婴儿期大脑已经开始发育,幼儿末期已接近成人水平,为正常的运动行为提供了神经基础,幼儿能在运动行为定向阶段做到精确定向;而随后发育的肌肉群则提供实现的物质基础,让幼儿进入运动行为的后期阶段。

适量运动对幼儿的身体形态发展具有全面积极的影响。运动能有效促进骨骼、关节、韧带和肌肉的健康成长。随着运动的增加,幼儿体力消耗增大,胃肠蠕动加快,这可能导致食欲增加,并加强营养吸收,体重因此得到增长。同时,为了补充运动中消耗的能量,幼儿体内的生长激素水平会相应升高。消化系统将更加主动地加强其消化和吸收功能,以吸收丰富的营养,从而加速幼儿的生长速度,并使体格更加健壮。此外,运动还能增加幼儿的肺活量,这对胸廓的发育具有积极作用,有助于形成更加协调的身体形态。

2. 体育运动对学前儿童身体机能发展的影响

学前儿童的身体机能指的是他们整体以及构成的各个器官和系统所展现的生命活动,包括肌肉力量、骨骼强度、心血管力量、大脑大小等器官的特性。当身体机能得到发展时,可以增强呼吸肌的力量,扩大胸廓运动的幅度,从而提升呼吸功能;同时,增强心肌力量和血管壁的弹性,进而改善心血管功能。

学前儿童时期是身体成长极为迅速的阶段,但机体各部分的机能尚未完全成熟。以肌肉为例,学前儿童通常肌肉力量较弱,肌肉群发育不均衡,这导致他们的手脚动作可能显得较为笨拙,难以执行精细动作。运动能够全面锻炼学前儿童的身体机能,提高肌肉系统的紧张度,使肌纤维增粗,增强耐力和活动能力。运动还能加速和加深呼吸,增加肺活量,促进呼吸肌的发达,加快血液循环,并加强心脏的收缩力,从而改善心血管功能。此外,运动还能使神经系统的反应变得更加灵活和迅速,激发身体的新陈代谢,改善消化功能,并提高动作的协调性和节奏感。

3. 体育运动对学前儿童体能发展的影响

体能是指个体在进行身体活动时所展现的能力,在身体素质方面涵盖了运动力量、速度、敏捷性、协调性、柔韧性和耐力等要素,并包括了走、跑、跳、投掷、攀爬等运动技能。总体来说,学前儿童动作功能发展的顺序可概括为:姿势摆位(主要发展时期为0至2岁)、粗大动作(主要发展时期为2至4岁)、精细动作(主要发展时期为4至8岁)、技巧技能(主要发展时期从5岁以后开始),具体的发育阶段和特点如表1-1所示。

表1-1 学前儿童粗细动作的发育过程

年龄	粗细动作
新生儿	无规律、不协调动作,紧握拳(握持反射)
2个月	直立位及仰卧位时能抬头
3个月	仰卧位变为卧位,用于摸东西
4个月	由成年人扶着髋部时能坐,可以在俯卧位时用两手支持抬起胸部,手能握持玩具
5个月	由成年人扶腋下能站直,两手各握一玩具
6个月	能独坐一会儿,用手摇玩具
7个月	会翻身,自己独坐很久,将玩具从一手换入另一手
8个月	会爬,会自己坐起来、躺下去,会扶着栏杆站起来,会拍手
9个月	试着站,会从抽屉中取出玩具
10~11个月	能独立站立片刻,扶椅或学步车能走几步,拇指、食指对指拿东西
12个月	独走,弯腰拾东西,会将圆圈套在木棍上
15个月	走得好,能蹲着玩,能叠一块积木
18个月	能爬台阶,有目标地扔皮球
2岁	能双脚跳,手的动作更准确,会用勺子吃饭
3岁	能跑,会骑三轮车,会洗手、洗脸、脱或穿简单衣服
4岁	能爬梯子,会穿鞋
5岁	能单腿跳,会系鞋带
6~7岁	参加简单劳动,如扫地、擦桌子、剪纸、泥塑、结绳等

学前儿童参与各种运动能够为他们提供丰富的知觉动作经验,这些经验有助于促进其姿势和动作的发展与成熟,并为未来的生理成长及功能发展打下坚实的基础。在进行学前儿童体能训练时,重点应放在基础姿势和粗大动作的发展上。训练中应注重运动量,保证运动的时间和适当的强度,而不是过分追求技能和技巧的精进。目标是提高儿童的体能及整体身体素质。通过走、跑、跳、踢、蹬、投、抛、拍击、推拉、爬行等多样化的运动,可以发展学前儿童的体能及动作协调性。此外,可以利用运动或玩具器械,例如小皮球、小足球、跳绳、橡皮筋、哑铃、呼啦圈、小三轮车等,来辅助训练。重要的是,无论采用何种运动方式,都应遵循学前儿童体能发展的自然顺序。每一发展阶段都是为下一阶段打基础,只有确保基础扎实,身体素质才能稳定而有序地得到提升。

4. 体育运动对学前儿童身体适应能力发展的影响

学前儿童的身体适应能力指的是他们适应生活和环境变化(例如温度、气候变化或病毒等外部因素)的总体能力。学前期是探索周围环境的关键时期,也是培养方位感、空间感和感知能力的重要阶段。在探索环境的过程中,随着方位感、空间感和感知能力的发展,学前儿童的运动行为变得更加精确。这种运动行为的精细化不仅扩大了他们的探索范围,而且使他们能够在探索过程中学习如何调节身体动作以避免受伤,学习如何控制环境和克服障碍,避免潜在危险,从而增强身体适应力。此外,运动还能通过增强身体的自我保护能力来提高身体适应力。运动有助于促进学前儿童免疫系统的发展,提高身体抵抗力,进而增强身体适应力。

扩展阅读

德国高度重视改进幼儿体育活动的机会和安全,学前教育界普遍认为运动对儿童的健康成长极为有益。儿童天生喜爱爬、跳、跑等活动,这些运动不仅有益于身体健康,也促进了社会性和情感发展。在游戏中,孩子们学习合作、讨论和遵守规则,培养了为他人着想和互相帮助的品质。

慕尼黑大学教授 Rolf Oerte 强调:"运动对儿童至关重要,特别是在知识建构和感知觉发展方面。这些影响将在儿童后续发展阶段显现。"婴儿通过运动和感觉来认识环境,了解世界的因果关系,并以不同的方式理解事物的内在联系。

随着活动范围的扩大,儿童的自信心也在不断增强。Oerte 指出:"运动不仅促进身体健康,还有助于建立自尊和自信。儿童对自己身体运动的掌控能力可以转移到日常生活中,使他们能够自如应对各种情境。身体动作也是社会交往的一种手段。"

然而,运动也存在潜在危险,孩子们需要从中学习如何保护自己。缺乏适当运动经验的儿童发生事故的可能性更大。运动经验有助于减少风险,并使儿童能够获得处理危险的知识。Schweinfurt 幼儿园的 Karin Chaffner 提到:"孩子们活动得越多,对自己就越有信心,也就越安全。"实验表明,鼓励运动不仅能提高儿童的运动能力,还能降低事故发生率。

奥古斯堡大学教授 Helmut Altenburger 认为,童年缺乏运动刺激可能导致个体对运动的消极态度,缺乏运动技能,进而影响身体健康和智力发展。过多沉溺于多媒体,如电视和电脑,会减少儿童的游戏和运动时间,可能引发社会问题。

家长有责任满足孩子对运动的需求,并成为孩子的游戏伙伴。当孩子们全神贯注于游戏时,家长应与孩子共享运动的乐趣。家庭生活中的角色也影响儿童的运动行为。

在幼儿园,运动的意义正被越来越多的人所认识。德国的幼儿园虽空间有限,但通过简单的改装,如增设攀爬墙和吊绳,就能满足孩子的运动需求。幼儿园应根据儿童的年龄特点和运动特性提供相应的材料和器材,创造良好的活动机会,让孩子们根据自己的能力和兴趣选择不同的游戏。

二、学前儿童体育与幼儿心理发展

学前儿童心理发展的年龄特征是指儿童在每个年龄阶段中形成并表现出来的一般的、典型的、本质的心理特征。学前儿童在3~4岁、4~5岁和5~6岁三个不同年龄时期,有各自不同的心理发展特点与表现。

(一)学前儿童心理发展的特点

1. 3~4岁幼儿的心理发展特点

3~4岁处于学前儿童期的初期阶段,也是幼儿园的小班年龄。这时期学前儿童在生活和活动上发生了重大的变化,他们的身体比以前更加结实、健壮,活动精力更加充沛,睡眠相对减少,动作的发展已经比较自如,能够进行各种游戏活动,语言能力已基本发展起来,能与别人进行初步的交流活动。学前儿童从只小范围地和亲人接触,扩大到有更多的和老师、同伴的互动,生活范围的扩大引起了学前儿童心理上的许多变化,使学前儿童的认识能力、生活能力以及人际交往能力得到了迅速发展。学前儿童的认识活动往往依靠动作和行动来进行;情绪很不稳定,很容易受外界环境的影响;模仿性很强,模仿是他们的主要学习方式,他们通过模仿他人来掌握和学习别人的经验,但这时的模仿学习往往从兴趣出发;无意注意占主导地位,注意力持续时间短,易分散,对成人的依赖性也很大。

2. 4~5岁幼儿的心理发展特点

4~5岁是学前儿童中期,也是幼儿园的中班年龄。活泼好动是该年龄段学前儿童的天性,表现为能动、能说、能跑,活动量很大,对什么都感到好奇、新鲜,思维活跃,但自我控制能力还不强,所以,这个时期的幼儿表现为活动积极性极高,时刻处于活动状态。具体形象思维是学前儿童思维的主要特点,他们主要依靠头脑中的表象进行形象的、具体的思维,从听故事到理解事物、从掌握数概念到解决问题都有一定的表现。他们已经能够在日常生活中遵守一定的行为规范和生活规则,如不在室内大喊大叫、追跑,不乱扔东西等,遵守进餐、盥洗和午睡中的生活常规。学前儿童规则意识的建立,有助于学前儿童合作游戏的开展和游戏水平的提高,也有助于学前儿童社会性的发展,在进行集体活动时,能初步遵守集体活动规则,如认真听别人讲话、不随便插嘴、发言举手等;他们已经能够理解和遵守游戏规则,能够自己组织游戏,自己确定游戏主题。因此,中班学前儿童的活动内容和活动目标都可以在学前儿童的参与下共同制定,他们能够自己分工,安排角色,合作水平也开始提高;在共同的游戏中逐渐开始结成一定的同伴关系,初步学习与他人相处。

3. 5~6岁幼儿的心理发展特点

5~6岁是学前儿童晚期,也是幼儿园的大班年龄。该阶段的学前儿童好奇心都很强,但不再满足于了解表面现象,而是想要知道事物的原因;有强烈的求知欲和认识事物的兴趣;认知水平有了很大的提高,非常喜欢智力活动,而且还具有较强的坚持性、强烈的求知欲,好问好学是这个时期学前儿童非常明显的特征。他们的思维仍然是具体而形象的,但是初步的抽象逻辑思维也开始萌芽,已能够对事物进行分类,能对事物的关系做出判断并正确排出顺序,能初步掌握一些抽象的概念,如"困难""勇敢""左""右"等;能初步理解一些数概念,如知道"3"的实际含义;也能初步抽象概括地掌握类的含义,如能把各种车放在一起,将它们作为同一类的事物来看待;已能够对事物做出简单的因果判断并能按类别识记事物;已出现了有意地自觉控制和调节自己心理活动的方法,在观察、注意、记忆或是思维、想象等认知活动中有自己的方法,并在解决问题的思维过程中懂得初步运用方法解决问题;已对事物有了自己比较稳定的态度,在情绪上也能够克制自己,也开始对自己的行为进行思考,有时对自己的行为产生顾虑。此时,学前儿童的个性已经开始形成,但仍处于初步形成时期,其可塑性还相当大,环境和教育都对其发展产生极大的作用。

(二)体育运动对学前儿童认知发展的影响

1. 体育运动对学前儿童感知觉发展的影响

感觉包括视觉、听觉、嗅觉、味觉、触觉等外部感觉,以及平衡觉、痛觉等内部感觉。知觉则涵盖了空间知觉、时间知觉、运动知觉等。在学前儿童的认知活动中,感知觉扮演着重要角色。相较于思维,感知在3至6岁儿童的认知活动中仍然占据主导地位。学前儿童主要通过形状、颜色、声音来认识世界,而非仅依赖通过语言交流获得的知识。尽管他们的思维能力已经开始发展,但仍然紧密依赖于感知形象。例如,在皮亚杰的守恒实验中,学前儿童对物体长短、大小或液体容量的判断,通常基于直接感知的形象而非事物的本质属性。换言之,学前儿童的思维常常受到感知的影响。

体育运动对学前儿童感知觉的发展具有显著的积极影响。通过参与各种体育活动,幼儿能够在多个层面上锻炼和提升自己的感知能力,例如:

(1)视觉与空间知觉:体育运动中的很多活动,如踢球、投掷和接球,都需要幼儿准确判断物体的位置、速度和运动轨迹,这有助于提高他们的视觉准确性和空间知觉能力。

(2)听觉与反应能力:在团队运动或节奏性活动中,幼儿需要学会聆听指令和信号,如裁判的哨声或队友的呼喊,这有助于提升他们的听觉感知和快速反应能力。

（3）触觉与运动协调：通过跑跳、攀爬等活动，幼儿的触觉感知得到加强，同时，这些活动也锻炼了他们的身体协调性和平衡能力。

（4）嗅觉与味觉的体验：虽然较少直接涉及，但体育活动可以间接地让儿童体验不同环境下的嗅觉和味觉变化，如户外运动时自然界的气息。

（5）平衡觉与身体意识：体操、滑冰等需要高度平衡感的活动，能够显著提高儿童的平衡觉和身体空间定位能力。

2. 体育运动对学前儿童注意发展的影响

注意力是指心理活动集中在特定的对象或活动上的能力，分为有意注意和无意注意两种形式。有意注意是有意识、有目的的注意力，需要付出一定的努力；而无意注意则是自发的，不需要任何努力。例如，在幼儿园，教师教幼儿画画时，幼儿需要有意注意，仔细观察并认真绘画。如果此时窗外突然响起鞭炮声，幼儿的注意力会不由自主地转向声源，这是无意注意的体现。无意注意有时会干扰有意注意，导致教学活动受到影响。在婴儿时期，无意注意占主导地位，但随着年龄的增长、生活经验的积累和活动范围的扩展，有意注意逐渐形成。学前儿童开始展现出探索心理，对新奇事物充满好奇心，愿意四处观察和尝试。随着语言能力的发展，他们开始能够按照成人的要求调整自己的行为，有意注意逐步得到发展。然而，在这一阶段，有意注意的稳定性相对较差，容易受到外界因素的干扰而分散或转移。

通过参与体育活动，幼儿能够在多个方面锻炼和提高自己的注意力，具体包括：

（1）提高有意注意：体育活动中的目标导向性，如击中球或达到某个终点，要求幼儿集中注意力以实现目标，从而锻炼有意注意。

（2）增强专注力：在进行体育活动时，幼儿需要持续关注自己的动作和周围环境，这有助于提高专注力和持续关注的能力。

（3）锻炼选择性注意：在团队运动中，幼儿必须学会忽略场外干扰，专注于比赛和队友的信号，这有助于培养选择性注意。

（4）培养分配性注意：参与需要同时关注多个事物的体育活动，如同时听音乐节奏和做动作，可以锻炼幼儿的分配性注意力。

（5）加强抗干扰能力：在运动中，幼儿学会在各种环境和条件下保持注意力集中，如在嘈杂的体育馆中保持专注，这有助于提高抗干扰能力。

（6）提升快速反应能力：体育运动往往要求快速反应，如迅速接球或躲避障碍，这种快速反应的练习有助于提高注意力的敏捷性。

3. 体育运动对学前儿童记忆发展的影响

记忆是大脑对过去经历过的事物留下的痕迹。随着活动复杂性的增加和第二信号系统的发展，学前儿童记忆的范围不断扩大。在这个时期，学前儿童不仅能记住直接的经验，还能记住间接的经验。在学前儿童早期，记忆具有很大的无意性，幼儿容易记住他们感兴趣的、印象鲜明的事物。到了学前儿童中后期，有意记忆能力逐步发展。学前儿童的记忆多为机械记忆，具有直观性和形象性，而逻辑记忆能力相对较弱。例如，幼儿可能机械地背诵唐诗,但并不理解其意义。在教育的影响下,意义逻辑记忆能力也在逐步发展。学前儿童阶段记忆的持久性有所增强,但记忆的准确性仍有待提高。他们对简单熟悉的事物记忆更准确,而对复杂事物可能存在遗漏或曲解。

有意记忆的发展是学前儿童记忆发展中最重要的质的飞跃。在运动中,儿童表现出明显的有意回忆能力。这是因为大多数游戏或体育活动要求儿童回忆亲身经历过的事件,以使运动顺利进行。例如,在"娃娃家"游戏中,扮演妈妈的幼儿需要不断回忆妈妈的日常行为,以完成角色扮演。可以说,学前儿童的运动在一定程度上依赖于记忆的发展,同时运动也在潜移默化中促进大脑皮层的生长发育,推动有意记忆的发展。

体育运动对学前儿童记忆能力的培养具有重要作用,具体表现在以下几个方面:

(1) 提高有意记忆能力:体育活动中的目标和规则要求幼儿有意识地记忆和执行,从而锻炼有意记忆。

(2) 增强记忆持久性:通过重复练习,幼儿对技能和动作的记忆变得更加持久,有助于形成长期记忆。

(3) 提升记忆准确性:在体育活动中,幼儿需要准确记忆动作顺序和技巧,这有助于提高记忆的准确性。

(4) 促进空间记忆:体育运动中的定位和导航任务可以锻炼幼儿的空间记忆能力。

(6) 加强序列记忆:许多体育活动,如体操或舞蹈,要求幼儿记忆一系列动作的顺序,从而加强序列记忆。

(7) 培养关联记忆:体育活动中的策略和技巧学习往往与特定的情境关联,有助于培养关联记忆。

(8) 锻炼短期记忆:在快节奏的体育活动中,幼儿需要在短时间内记忆和应用信息,锻炼短期记忆能力。

(9) 增强记忆的灵活性:通过参与不同类型的体育运动,幼儿学会灵活运用记忆,适应不同的运动要求。

(10) 促进记忆策略的发展:随着体育技能的学习和掌握,幼儿逐渐学会使用各种记忆策略,如分组记忆、联想记忆等。

4. 体育运动对学前儿童思维和语言发展的影响

思维是通过语言、图像和动作对客观事物进行概括和间接反映的心理过程。学前儿童的思维主要依赖于具体事物的形象或概念。这种具体形象思维与幼儿知识经验的有限性密切相关。然而,在学龄前阶段,幼儿的思维特点在不断发展。例如,4岁幼儿的思维中仍包含大量的直觉行动思维成分,而5~6岁儿童的抽象逻辑思维开始逐渐发展。学前儿童的思维具有以下特点:① 自我中心性,即幼儿往往不能理解他人的角色或观点。② 泛灵论思维,即幼儿倾向于将无生命的物体视为有生命的存在,如将玩偶当作朋友与之交流。③ 思维的不可逆性,即幼儿的思维过程往往是单向的,不能反向操作。

学前儿童的思维发展也改变了思维、语言和行动之间的关系。例如,4岁幼儿的动作主要受视觉印象或直接调节的驱动,语言的作用相对较小,通常是在动作完成后才能用语言表达。5岁幼儿在动作中常常伴随着言语,但言语的具体指导作用有限。到了6岁,幼儿能够在行动之前用言语表达自己的意图和计划,这时幼儿的行为具有更明显的目的性和计划性。

体育运动对学前儿童的思维和语言发展具有积极的促进作用,具体表现在:

(1) 促进抽象思维:体育活动中的规则和策略需要幼儿进行抽象思考,从而有助于其抽象逻辑思维的发展。

(2) 提高语言能力:在团队运动中,幼儿需要用语言沟通协作,这有助于提高其语言表达和理解能力。

(3) 提高问题解决能力:体育运动中遇到的挑战要求幼儿动脑筋解决问题,这有助于提高其思维的灵活性和创造性。

(4) 加强记忆力与思维的结合:通过记忆运动技巧和动作顺序,幼儿学会将记忆与思维相结合,提高认知能力。

(5) 促进言语和行动的协调:在运动中,幼儿学会在行动前用言语表达意图,使行动更有目的性和计划性。

5. 体育运动对学前儿童想象发展的影响

想象在人类生活中扮演着重要角色。学前儿童从3~4岁就开始展现出想象力,但此阶段的想象力通常是简单且无目的的,以无意想象为主。有意想象和创造性想象正在逐步发展,但尚未占据主导地位。学前儿童的无意想象主题多变,他们难以清晰地区分想象与现实,其想象具有一种特殊的夸大性;这种想象往往不是为了达到某个预定目的,而是以想象过程本身为乐趣。有意想象是有意识地唤起的,但通常不涉及实现意图;再造想象在这个阶段占主导地位,而创造性想象也在不断发展。5~6岁的学前儿童已经能够根据成人提出的游戏主题,通过自己的想象来充实内容。想象是对大脑中已有的表象进行加工改造,创造出新形象的过程。想象力是幼儿运动中的核心认知成分,因为运动是幼儿在想象情境下模拟真实生活的行为,必须借助想象力才能进行。

体育运动对学前儿童想象力的发展具有以下积极影响:

(1) 激发想象力:体育活动提供了丰富的情境,激发幼儿在游戏中进行想象。

(2) 增强情景模拟:在模拟游戏或运动中,幼儿通过想象来模拟不同的角色和情景。

(3) 提升创造性思维:体育活动中的创新玩法和策略需要幼儿运用创造性思维。

(4) 培养角色扮演能力:团队运动中的角色分配和角色扮演有助于幼儿发展想象力。

(5) 提高动作规划能力:幼儿在规划运动动作时需要运用想象力,预测动作效果。

(6) 增强记忆力与想象的结合:幼儿通过回忆运动技巧和结合想象提高记忆力和想象力。

6. 体育运动对学前儿童意志发展的影响

意志是个体自觉地克服困难,实现预定目标的心理过程。培养幼儿积极的意志力与幼儿创造性思维活动、行为、个性及学习能力的发展密切相关。新生儿没有意志,但随着成长,婴幼儿开始有意识地采取行动或抑制某些行为,这可以看作意志的萌芽。到了3岁,幼儿开始使用表达意愿的词汇,如"我想""我要"等。在学前儿童中,年龄越小,自觉性、坚持性和自制性等积极意志特征通常越弱,而依赖性、顽固性和冲动性等消极意志特征则越强。随着年龄的增长和教育的介入,学前儿童逐渐学会服从他人或根据自己的目标行动,减少外界环境的干扰。

体育运动对学前儿童意志力的发展具有显著的促进作用,具体表现在:

(1) 增强自觉性:体育活动中的目标设定和自我激励有助于提高幼儿的自觉性。

(2) 培养坚持性:通过参与需要持续努力和练习的体育活动,幼儿学会坚持不懈。

(3) 提高自制力:体育运动要求幼儿控制自己的行为,遵守规则,从而增强自制力。

(4) 锻炼抗挫败能力:在运动中面对失败和挑战,幼儿学会克服困难,提高抗挫败能力。

(5) 发展目标导向行为:体育活动的目标导向性促使幼儿为实现目标而努力。

(三)体育运动对学前儿童情绪和情感发展的影响

情绪是原始且简单的感情,它是人们在从事某种活动时产生的兴奋心理状态,具有外显性、可观性和可控性。情感则是更高级、复杂的内心体验,通常与个人的需要是否得到满足有关,持续时间长且不太外显。情感在情绪的基础上形成和发展。学前儿童的生活经历相对较短,不足以形成明显的情感,但早期生活中健康和积极的情绪体验对他们未来形成健康情感至关重要。新生儿会对饥饿、不适、寒冷等表现出不安和啼哭等消极情绪。从出生至2个月大时,积极情绪逐渐增多。6~7个月大时,婴儿开始产生与父母的依恋和对陌生人的怯生情绪。8~10个月大时,婴儿可能会对分离产生焦虑。这种依恋情感是幼儿社会性发展的最早表现,影响他们未来与人相处和面对现实的能力。随着年龄的增长,学前儿童有意识地控制情绪的能力增强,情绪变得更加稳定。此阶段的情感开始分化为不同类型,如信任感、安全感、荣誉感等。从2岁开始,学前儿童的情感表现变得更加丰富和复杂,包括喜悦、愤怒、初步的爱憎等,也可能出现一些不良情绪反应,如恐惧。学龄前期的儿童已能更有意识地控制自己情感的外部表现,例如故意不哭。

运动不仅促进身体健康和调节系统平衡的功能,还可以稳定个体的情绪状态。学前儿童参与运动锻炼可以宣泄负面情绪和压力,增强自信心。随着运动时间的增长、频率的增加和愉快体验的积累,对维持心理健康的要求越高,体育锻炼所产生的良好心理效应也就越显著。

(四)体育运动对学前儿童社会性发展的影响

社会适应能力是指个体为了在社会中更好地生存而进行的心理、生理和行为上的适应性改变,以实现与社会的和谐共处。这种能力是一个人综合素质的间接反映,体现了个体融入社会和接纳社会的能力。学前儿童的社会适应能力包括对新环境的适应、与陌生人的互动以及与同伴交往的能力。著名幼教专家陈鹤琴先生非常重视对学前儿童进行人格教育,即社会教育。学前儿童时期是人生社会化的起始阶段,社会教育的核心是促进学前儿童社会化的发展。体育活动可以为学前儿童教育提供重要的途径,帮助他们培养积极乐观的生活态度、活泼开朗的性格和良好的行为品德,从而增强其社会性,提高其社会适应能力。

学前儿童的交往是其生长发育和个性发展的基本需求,也是社会适应能力发展的重要保证。皮亚杰认为,同伴间的合作与情感共鸣能为幼儿提供更广阔的社会认知视野。运动中包含丰富的社会交往元素,游戏和体育运动是学前儿童社会交往的起点,并为他们提供了大量交往机会。在运动中,学前儿童必然经历同伴间及师幼间的交流,他们需要表达自己的意愿、主张和态度,同时理解并回应他人的意愿、主张和态度。

幼儿在运动中形成了两种交往关系:现实的伙伴关系和游戏中的角色关系。这些交往关系为幼儿的社会适应能力发展创造了有利条件。在运动中,学前儿童通过互相观察、教导、模仿、讨论、协商和合作,学习并锻炼社交能力、社会行为,发展情感、态度、自制力和问题解决能力,掌握社会行为规范,形成一定的交往技能。与同伴的交往使他们意识到积极的、富有成效的社会交往是通过合作获得的。运动能培养学前儿童的团结合作精神,增强集体荣誉感。运动中的规则不仅调节参与者之间的关系,还有助于防止伤害事故,加强组织性和纪律性。如此,幼儿在运动中逐渐发展道德责任感、对成人角色的认识和对他人的关心,学会与他人合作。运动活动中的团体协作为学前儿童解决社会问题提供了有价值的环境条件。学前儿童集体运动不仅发展了幼儿的平衡能力、动作协调能力和耐力素质,更重要的是培养了他们的集体主义精神和团结协作精神。

(五) 体育运动对学前儿童个性发展的影响

各种运动为学前儿童个性的发展提供了有利条件,可以广泛培养学前儿童的兴趣,提高他们的各种能力。同时,运动还能培养学前儿童勇敢、果断、自信、冷静等优秀个性心理品质。在活动过程中,随着学前儿童相互之间交往的加深,他们的气质类型也将得到充分体现。

1. 运动有利于学前儿童自我概念的形成

自我概念是个体对自己的评价和印象,是个性的核心。对学前儿童来说,身体运动能力是行动的基础。他们能做什么,主要由身体运动能力决定。因此,学前儿童对自己身体运动能力的确认,可能成为自我概念的中心。例如,能勇敢独立走过平衡木、先学会跳绳、投中更多目标的幼儿,在教师的赞许和同伴的羡慕中感到自己有能力,逐渐形成积极的自我概念,自信心增强,愿意尝试新活动,面对困难或挫折时也充满自信。这种体验对形成良好的自我价值感和个性有积极影响。教师应在体育活动中运用由易到难或难易不同的环境,提高学前儿童身体活动能力,让他们体验成功,感受教师和同伴的肯定,帮助他们形成和发展自我概念,促进其自尊心、自信心等良好个性的形成。

2. 运动有利于培养学前儿童勇敢、公正、进取的品质

在各种运动中可以发现,有些学前儿童能积极地反馈,但也有些学前儿童却表现出

胆怯。胆怯害羞的幼儿在活泼大方的幼儿的带动和教师的鼓励下，逐渐加入运动，由害怕到勇敢表现自己。运动的独特魅力让幼儿解放自己，锻炼胆量。遵守体育运动的严格规则和公平意识等基本品质，可以在道德环境中培养公正。运动的挑战性能让幼儿学会解决问题，克服困难，锻炼意志，产生成就感，利于其自信心和进取心的培养。

3. 运动还有利于矫正学前儿童的不良个性

学前儿童在运动中表现出积极主动、开朗活泼、友好善良。运动情节吸引他们，规则是他们乐于接受的约束。运动的心理氛围和专注有利于缓解紧张和焦虑，如击打拳击袋、草地翻滚、用力击球等。长期积极的情绪体验有利于学前儿童身心正常发育。体育活动增加良好情绪体验，消除不良情绪。一定活动量的体育活动消耗体内能量，产生满足和轻松情感。幼儿在运动中克服困难和障碍，直面胜利或失败，增强自我控制能力。运动帮助幼儿从他人立场看自己，意识到与他人的关系和位置，摆脱自我中心倾向。幼儿的不良心理行为在运动中得到矫正，良好意志和人格得到培养。

思考与练习

1. 比较柏拉图、卢梭、福禄贝尔三位教育家对学前儿童体育的核心观点，分析其理论对现代幼儿园体育教育的启示。

2. 中国学前儿童体育在清末至改革开放期间经历了哪些关键转变？结合社会背景说明政策变化对体育教育实践的影响。

3. "自然主义体育"与"淬砺性体育"在理念上有何矛盾？如何在现代教育中平衡这两种理论？

4. 试从"快乐体育"理论出发，批判传统体育教学中过度强调技能训练的现象，并提出改进建议。

5. 若你是一名幼儿园教师，如何根据蒙台梭利的"动作敏感期"理论设计适合3~6岁儿童的体育活动？请举例说明。

第二章 学前儿童生理基础与体育运动

本章概述

本章围绕人体八大系统,解析阐述了学前儿童生理基础与体育运动的科学关联,详细阐述了运动系统、呼吸系统、脉管系统、神经系统及其他系统的生理解剖特点,揭示运动能力的生理制约与促进机制。结合学前儿童发育规律,提出针对性运动策略,警示运动禁忌,为科学设计学前体育课程、保障儿童健康发展提供理论依据与实践指导。

学习目标

1. 了解学前儿童运动系统、呼吸系统、脉管系统和神经系统的结构与功能特点,理解学前儿童生理特性对体育活动的制约与促进机制。
2. 能够根据学前儿童的生理发展特点,设计适合学前儿童用的科学运动方案。
3. 应用生理学知识指导运动安全实践,规避损伤风险,全面促进儿童健康发展。

第一节 学前儿童运动系统与体育运动

运动系统由骨骼、肌肉和骨连接构成,可以活动的骨连接叫作关节。肌肉收缩通过肌腱牵拉骨骼,并以关节为支点,产生相应的动作。骨骼具有支持人体、保护内脏器官和造血等功能。

一、骨骼

人体共有 206 块骨连接而成骨骼,按部位分为颅骨、躯干骨和四肢骨(见图 2-1)。颅骨由面颅骨和脑颅骨构成,起到保护脑和形成面部支架的作用。躯干骨以脊柱为中心,容纳脊髓、形成胸廓,支撑着身体和保护内脏器官。从正面看,人体躯干是挺直的,从侧面看脊柱有颈曲、胸曲、腰曲和骶曲四道生理性弯曲。儿童刚出生时脊柱无弯曲，仅呈轻微后凸；学会抬头时出现颈椎前凸；学会坐时出现胸椎后凸；1岁后能行走时出现腰椎前凸。这些弯曲可以减轻运动时对脑的冲击力，保护脑组织和维持身体的平衡。四肢骨分为上肢骨和下肢骨，通过骨连接和肌肉牵拉产生运动，完成各种动作和姿势。

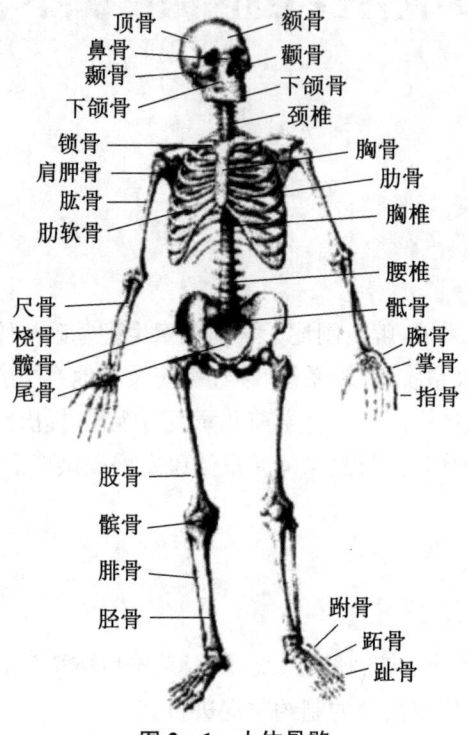

图 2-1　人体骨骼

出生时婴幼儿的髋骨是由髂骨、耻骨和坐骨组成（见图 2-2），三块骨借软骨连接在一起，到 16 岁左右这三块骨之间的软骨才骨化形成一块髋骨。婴儿出生时颅骨缝分离，约于 3～4 月龄时闭合。颅骨的骨化尚未完成（见图 2-3），有些骨的边缘并未连接起来，形成头顶前后两块没有骨质的区域，称为前囟和后囟。出生时前囟约为 1.5～2 cm（对边中点连线长度），在 1～1.5 岁时闭合。后囟出生时很小或已闭合，最迟于生后 6～8 周闭合，最晚在 2～4 个月闭合。正常婴儿坐位时，前囟略微凹陷。前囟的表面是头皮，下面是脑膜，脑膜覆盖着大脑并充盈大量脑脊液。脑脊液的压力随着心脏搏动、血压波动而变化，将手指轻放在前囟上，可以摸到与脉搏一致的跳动。颅骨随脑的发育而长大，脑发育不良时头围小、前囟小或关闭早；甲状腺功能减退时前囟关闭延迟；颅内压增高时前囟饱满，脱水时前囟凹陷。

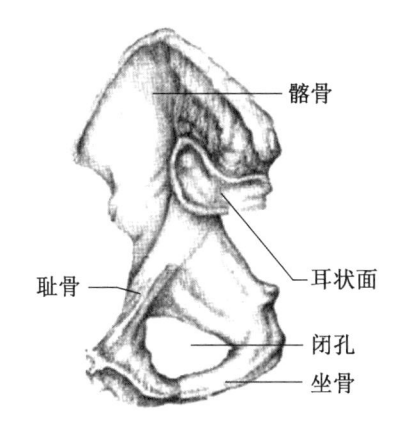

图 2-2 学前儿童髋骨的结构

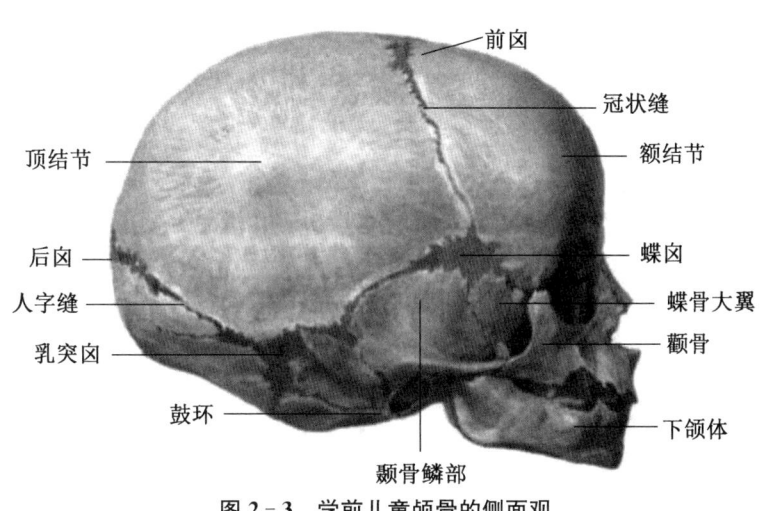

图 2-3 学前儿童颅骨的侧面观

在整个学前期,幼儿骨骼发育表现出以下突出特点:

1. 骨骼未完全骨化

学前儿童骨骼中的软骨成分占比高。软骨在骨骼的两端,就像骨骼里的"软垫",包括骺软骨和关节软骨。骨骼的骨干和骨骺之间的骺板就像一个"生长开关",让骨骼能够不断变长。这个"生长开关"要到大约 12 岁才会完全变成骨头。一方面,如果骺板受到过度的负荷,就可能会受伤,影响骨骼的纵向生长,例如背太重的书包或者做剧烈的运动。另一方面,科学的运动、正确的姿势习惯可以引导骨骼的正向生长,例如,正确的步态能够促进下肢骨的对称发育。

2. 骨骼柔软有弹性

骨的成分主要包括无机盐和有机物。无机盐主要是钙、磷化合物,使骨坚硬;有机物主要有骨胶原等蛋白质,使骨有韧性和弹性。幼儿的骨骼密度比较低,大约是成人的

1/3 到 1/2，但胶原纤维含量很高，骨骼有很强的柔韧性，这使得幼儿的骨骼虽然不容易折断，但抗压能力比较弱，就像一根嫩树枝，虽然弯一弯不会断，但如果用力压，就很容易变形。这也是幼儿容易发生"青枝骨折"的原因，即骨头虽然没有完全断裂，但是已经变形了。如果幼儿长期保持不良姿势，比如总是单侧负重，骨骼就容易变形。

3. 骨骼快速生长

学前儿童的身高每年平均能增长 5~7 cm，这是因为骺板软骨细胞在不断增殖，让骨骼能够不断变长。夜间生长激素分泌的峰值能够促进骨化，充足睡眠和营养是骨骼生长的必要条件。

二、肌肉

肌肉可分为骨骼肌、平滑肌和心肌（见图 2-4）。骨骼肌又称随意肌，可以接收神经系统发出的指令而收缩、舒张，在人的意识支配下产生各种运动。肌肉内有大量血管，因为肌肉收缩时能挤压血管、促进血液循环，所以骨骼肌又为人体的"第二心脏"。平滑肌又称不随意肌，分布于内脏器官，不受意识支配。心肌只存在于心脏，可以自动、有节律地收缩、舒张，产生有节律的搏动，也属于不随意肌。新生儿的肌肉重量仅占体重的 1/5，随着年龄的增长，肌肉占体重的比例逐渐上升，至 5 岁时其比例达 30% 左右。男性幼儿的肌肉含量比女性幼儿多，其肌肉力量也高于女性幼儿。肌肉的主要成分包括水和蛋白质等物质，年龄越小的婴幼儿，肌肉中的水分越多。男性幼儿肌肉的水分高于女性幼儿。

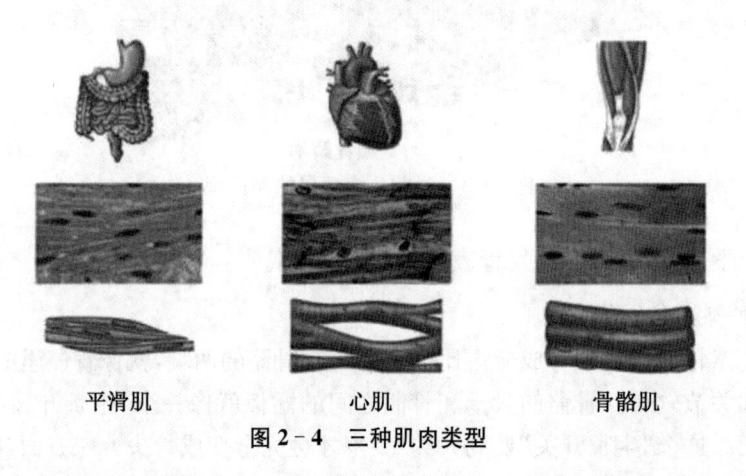

平滑肌　　　　　心肌　　　　　骨骼肌

图 2-4 三种肌肉类型

根据颜色，骨骼肌可分为红肌纤维和白肌纤维两类。红肌纤维又称慢缩肌纤维，周围毛细血管丰富而呈现红色，故得名红肌。红肌纤维主要依靠有氧代谢产生的 ATP 供能，所以氧化能力强（红肌纤维比白肌纤维强 4 倍）。白肌纤维又称快缩肌纤维，肌纤维周围毛细血管少，主要依靠无氧酵解产生的 ATP 供能，所以反应速度快，收缩力量大。骨骼肌肌纤维类型与功能见表 2-1。

表 2-1　骨骼肌肌纤维类型与功能

分　型	红肌纤维	白肌纤维
特征	毛细血管丰富而呈现红色	毛细血管较少而呈现浅红色
供能类型	有氧代谢为主	无氧代谢为主
氧化酶含量	较多	较少
收缩反应速度	慢但持续时间长	快但持续时间短
收缩力量	小而且不易疲劳	大而且易于疲劳

学前儿童肌纤维细,肌肉的力量和能量储备少,肌肉收缩力较差,容易发生疲劳,肌肉含水分多,蛋白质、脂肪、糖及无机盐含量较成人少,肌纤维细,肌肉力量及能量储备不及成人。故幼儿肌肉收缩力差,易疲劳,不能负重,但因新陈代谢旺盛,氧气供应充分,疲劳之后容易恢复。

学前儿童的肌肉发育是按从上到下、从大到小的顺序进行,先发育颈部肌肉,然后是躯干,再四肢。先发展大肌肉群,如腿部、胳膊;再发展小肌肉群,如手部小肌肉。因此,学前儿童先学会抬头、坐、立、行、跑、跳等大动作,手部的精细动作要到 5 岁左右才能完成。

三、骨连接

骨连接是指骨与骨之间相互连接的部位,是骨骼系统的重要组成部分。它主要起到连接、支撑和保护的作用,同时也为肌肉的附着提供了场所,使肌肉能够通过收缩和舒张来带动骨骼运动。

(一) 骨连接的生理解剖基础

骨连接主要有三种形式,分别是无腔隙骨连接、有腔隙骨连接和过渡型骨连接。

1. 无腔隙骨连接

无腔隙骨连接是指骨与骨之间的连接面上没有明显的腔隙,连接紧密牢固,活动性较小,包括以下几种类型(见图 2-5):

(1) 纤维连接:通过纤维组织将两块骨头连接在一起。例如,胫骨和腓骨之间借助韧带的连接,以及颅骨的骨与骨之间的人字缝,随着年龄增长,这些骨缝会逐渐骨化。

(2) 软骨连接:通过软骨组织将两块骨头连接在一起。例如,胸骨与第一肋之间的软骨连接,以及椎间盘。

(3) 骨性结合:两块骨头通过骨组织直接连接在一起,形成一个整体。例如,各骶椎之间形成骨性结合。

颅骨缝

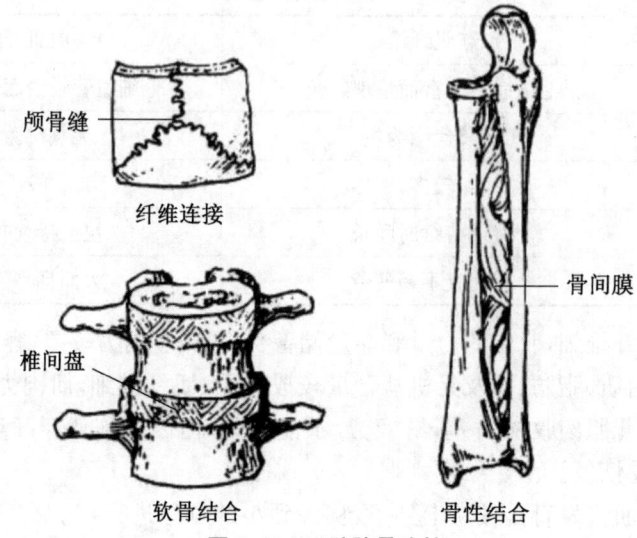

纤维连接

骨间膜

椎间盘

软骨结合　　　骨性结合

图2-5　无腔隙骨连接

2. 有腔隙骨连接

有腔隙骨连接是指骨与骨的连接面上有明显的腔隙，这种连接活动性较大，是肢体运动的枢纽。四肢骨之间及其与躯干骨之间的连接大多属于这种类型，例如肩关节和髋关节。

3. 过渡型骨连接

这种连接方式介于无腔隙骨连接和有腔隙骨连接之间，连接面上有一条很小且并未完全贯通的裂隙，活动性很小。例如耻骨联合。

（二）关节

可以活动的骨连接称为关节（见图2-6）。关节是骨连接的一种特殊形式，它包括关节面、关节囊和关节腔。关节面包括关节头和关节窝，二者相互嵌合，表面覆盖着一层光滑的关节软骨，这层软骨可以减少活动时产生的摩擦和震动，起到保护关节的作用。包围着关节面的纤维组织叫关节囊，关节囊外有韧带，韧带像坚韧的绳索一样，将关节的两部分紧密地连接在一起，起到固定和保护关节的作用。关节囊与关节面之间的间隙称关节腔，关节腔内充满滑液，滑液是一种透明的黏性液体，它可以润滑关节，减少关节在运动时的摩擦，使关节活动更加灵活。

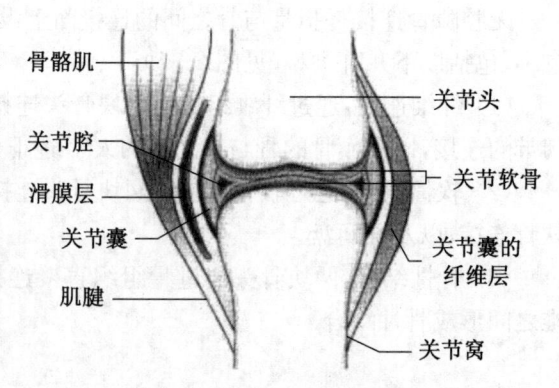

骨骼肌　　关节头
关节腔　　关节软骨
滑膜层
关节囊　　关节囊的纤维层
肌腱
关节窝

图2-6　关节结构图

身体不同部位的关节结构不尽相同,因此活动范围及牢固程度也不同。例如,髋关节的关节窝很深,关节头呈球状,大部分嵌合在一起,这种结构使得髋关节的牢固性很强,能够承受较大的压力,从而牢固支撑身体,但活动范围相对较小,大腿的活动远不及上肢灵活。而上肢的肩关节、肘关节、腕关节等,由于关节窝较浅,活动范围较大,可以进行内伸外展、旋转自如等多种复杂的运动,但牢固性相对较差,受外力作用时,容易脱位。

关节的运动是指运动环节绕某一关节的运动轴所产生的各种运动。人体的运动复杂多样,但从运动解剖学角度,可以将各种运动简化为运动环节在3个基本面内绕3个基本轴的运动,具体为屈与伸、外展与内收、回旋、环转4种基本运动。屈与伸是指关节沿冠状轴进行的运动,如手臂的弯曲和伸直;外展与内收是指关节沿矢状轴进行的运动,如手臂向两侧抬起和向身体靠近;回旋是指关节沿垂直轴进行的运动,如手臂的旋转;环转是指关节在多个轴上进行的复合运动,如手臂画圈(见图2-7)。这些基本运动相互组合,使人体能够完成各种复杂的动作,如行走、跳跃、投掷等。

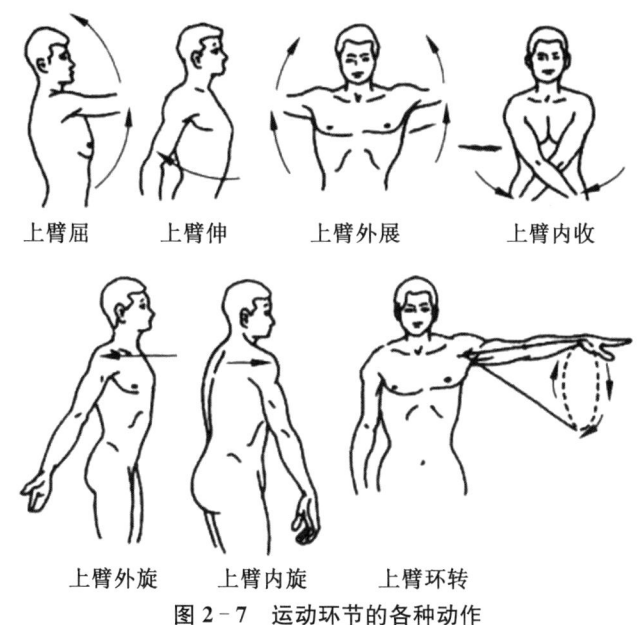

上臂屈　　上臂伸　　上臂外展　　上臂内收

上臂外旋　　上臂内旋　　上臂环转

图2-7　运动环节的各种动作

学前儿童关节窝浅、关节韧带松弛,容易发生关节脱臼,特别是肘关节、髋关节,脱臼时常伴有关节囊撕裂及韧带损伤,脱臼部位出现肿胀、疼痛,并失去运动能力。

学前儿童的脚没有脚弓。到了站立和行走时,才开始出现脚弓。由于学前儿童的肌肉力度小、韧带发育不完善,长时间站立、行走或负重,或经常不活动可导致脚底的肌肉疲劳,韧带松弛,出现扁平足。扁平足弹性差,当长时间站立或行走时,易造成疲劳或足底疼痛。

四、基于学前儿童运动系统发育特点的体育运动

(一) 运动对学前儿童运动系统的影响

1. 运动对骨的影响

适宜的体育运动对学前儿童骨形态结构的影响：

第一，可使骨密质增厚，骨径变粗，骨面骨骼肌附着处突起明显，骨小梁的排列更加有规律，骨小梁增粗。例如，长期学习乒乓球的儿童，桡、尺骨远侧端呈现工作性肥大，茎突变短、骨密质增厚，骨小梁张力曲线增粗并更加清晰，从而使骨的坚固性增强。

第二，可加强骨的血液循环，改善骨的营养，骨中的胶原蛋白和矿物质代谢也随之加强，使骨变得更加粗壮和坚固，在抗压、抗弯曲和抗扭转方面的性能均有提高。

2. 运动对骨骼肌的影响

系统的体育运动对学前儿童骨骼肌的形态结构具有良好的影响：

第一，线粒体是骨纤维的供能中心，是形成 ATP 的器官。ATP 主要是靠有氧代谢形成的，因此，经常在户外进行跑跳的幼儿的肌纤维中线粒体数量会更多、体积更大。

第二，在骨骼肌表面和肌纤维之间都存在着脂肪。脂肪会对肌纤维的收缩形成阻力，降低肌肉工作效率。通过体育锻炼，特别是培养耐力性素质的体育活动，可减少肌肉中的脂肪成分。

第三，适当的力量性活动可使学前儿童骨骼肌中结缔组织明显增加，主要表现在肌束膜和肌内膜的增厚、肌腱和韧带的增粗，这些变化都可提高肌肉的抗拉力性能。

第四，坚持锻炼可使学前儿童骨骼肌中毛细血管的数量明显增加，管径扩张，管壁增厚，可增加肌肉的血液供应，改善营养状况，促进学前儿童的生长发育。

3. 运动对关节的影响

系统的体育运动对关节有良好的影响。主要表现在以下几个方面：

第一，运动会使学前儿童关节面骨密质增加、关节面软骨增厚，从而能承受更大的负荷。长期锻炼的学前儿童，有助于关节液的渗透和扩散，消除关节周围组织粘连，改善血液循环，有利于软骨细胞的营养和代谢，加速软骨细胞的再生和自身修复。

第二，运动不仅会使学前儿童关节周围的韧带、关节囊和肌腱增粗增厚，关节的稳固性加强，而且还会使其韧带、关节囊和肌腱的伸展性增大，关节的运动幅度也增大，达到既牢固又灵活的状态。

第三，运动会增大学前儿童关节周围骨骼肌的体积，增强肌肉的收缩力，对加固关节有重大意义。

(二) 体育运动注意事项

1. 注意运动环境与器材的选择

根据活动内容，选择适宜的运动场地，尤其是跳跃等高冲击类的活动，应选择塑胶或人造草坪等可以提供缓冲的地面，以减少足弓与膝关节承受的冲击力，降低落地冲击

对骨骼的损伤风险。

在选择活动器材时,应考虑器材的重量,避免长时间手持过重的器材导致骨变形。一般,手持器械重量≤0.5 kg(如200 g软飞盘、300 g海绵球),推拉类器械阻力≤自身体重5%,器材的边缘避免选择金属或木质等尖锐边缘,确保操作安全。

2. 注意养成正确的身体姿势

学前儿童的骨承受压力和肌肉拉力的功能比成人差,在长期处于身体姿势不良的情况下,他们的骨骼容易弯曲变形,其中常见的是脊柱的变形。根据调查,学前儿童中脊柱变形者占受检人数的20.9%,而脊柱侧凸的又占脊柱变形者的80.8%。因此,教师必须注意并提醒和纠正教育学前儿童,在体育活动中形成正确的身体姿势。

3. 注意身体的全面发展

有些运动项目的动作是非对称的,肢体的负担量不均匀,例如投掷活动中的投掷臂,跳跃活动中的踏跳腿等,在练习过程中锻炼机会较多,负担量也较重。不同的运动的锻炼重点也各不相同,如跑步主要锻炼下肢,投掷活动则侧重发展上肢力量和灵活性。因此选择活动内容时要注意选择那些对身体发展影响比较全面的项目,如律动、篮球等。若采用的是偏重于发展身体某些部位或器官的项目,应在进行准备活动和结束放松时,搭配一些活动不足部位的专门练习。如在跑步活动前后,做投掷活动等,增强上肢力量。在进行棒垒球游戏前后,安排一些非持棒手的专门性练习等。也可以根据按季节变化,交叉采用对应身体发展的项目,使身体各部位、器官系统得到周期性锻炼。如冬春季进行跑步,夏秋季则可进行幼儿基本体操等练习。

4. 以徒手活动为主

学前儿童的肌肉正处在生长发育的关键时期,体育活动或运动锻炼能够有效促进肌肉的生长发育,使肌纤维增粗,提高肌肉的收缩力量、速度,增强肌肉的伸展性,提升肌肉活动的协调性。然而,需要注意的是,幼儿的肌肉生长和肌肉力量的增长速度相对缓慢。因此,在发展肌肉力量方面,应以大量的徒手练习为主,如各种徒手操以及不负重的跑跳练习。这样的锻炼方式既符合学前儿童的生理特点,又能有效促进他们的肌肉发育。

5. 不宜过多采用静力性活动或游戏

动力性活动是指在克服阻力的情况下,肌肉进行收缩与放松的交替活动;静力性活动则是在抗阻力时,肌肉持续保持紧张收缩状态的活动,比如平板支撑、燕式平衡等动作。对于学前儿童而言,由于其肌纤维较细、张力较小,且支配肌肉的神经中枢在兴奋强度和维持高度兴奋的时间方面不如成人,他们在进行持久而紧张的肌肉收缩时更容易疲劳。因此,动力性力量练习更适合学前儿童。

6. 注意关节脱位

学前儿童的关节牢固性比较差,容易发生脱位和其他损伤,如肩关节的向前脱位、肘关节的后脱位等。在运动中,应积极发展关节周围的肌肉力量,使关节的牢固性也得到提高。此外，还应加强保护措施，避免在活动或游戏中过分牵拉学前儿童的关节，并教会他们正确的着地姿势和跌倒时的自我保护方法，以避免损伤。

第二节 学前儿童呼吸系统与体育运动

机体在进行新陈代谢过程中，不断从外界吸入氧气，并将代谢过程中所产生的二氧化碳排出体外，这一过程称为呼吸。呼吸系统由呼吸道和肺组成。呼吸道是气体进出肺的通道，包括鼻、咽、喉、气管和支气管；肺则是气体交换的场所（见图2-8）。

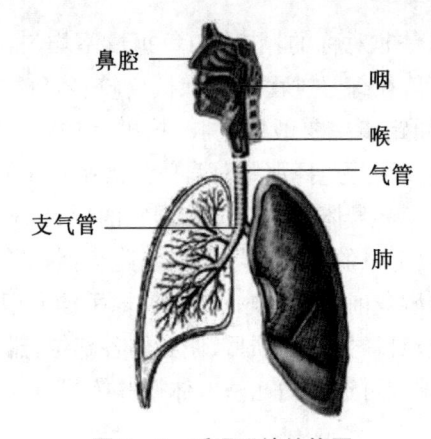

图2-8 呼吸系统结构图

一、呼吸道

鼻、咽、喉属于上呼吸道，具有调节温度和清除异物的作用。

（一）鼻

鼻是上呼吸道的起始部分，前部有皮肤，上有鼻毛，其余部分覆盖着黏膜，分布着丰富的血管，可以温暖和湿润吸入的空气。黏膜能分泌黏液，空气进入鼻腔后被鼻毛和鼻黏膜过滤、净化。鼻旁窦是鼻腔周围含气的空腔，发音时起共鸣作用。婴幼儿时期面部颅骨发育不够完全，鼻腔相对较小，没有鼻毛，直至4岁左右才开始形成鼻道。鼻黏膜柔嫩，血管丰富，易发生感染，引起鼻黏膜充血、肿胀，导致呼吸困难。

（二）咽

咽是呼吸道与消化道的共同通道。鼻咽部后壁两侧上方有一对咽鼓管开口，通过咽鼓管与中耳鼓室相通。婴儿的鼻咽部和咽腔相对较狭小，方向垂直。鼻咽部附近的扁桃体、舌及腭扁桃体出生时很小，至1岁末才逐渐发育，4～10岁发育达高峰，如有肿胀可引起气道阻塞，扁桃体炎常见于学前儿童。学前儿童的咽鼓管粗短且直，成水平位,上呼吸道感染或者游泳后污水经耳道进入中耳,易并发中耳炎,损伤听力。

（三）喉

喉既是呼吸道的一部分,也是发音器官。喉腔前上部有一块叶状的会厌软骨,吞咽时喉上升,会厌软骨就盖住喉口,防止食物进入呼吸道。学前儿童喉部的保护性反射机能尚不完善,吃食物时说笑容易将未嚼碎的食物呛入呼吸道,造成窒息。喉腔侧壁左右各有一条声带,两条声带之间的空隙叫声门裂。发音时声带拉紧,声门裂缩小,呼出的气流冲击声带使其振动而发出声音。学前儿童的喉部相对比成人长,黏膜柔嫩,富有血管和淋巴组织,软骨较软弱,声带短而薄,声门肌肉容易疲劳,如果不注意保护,声带容易受损,造成声音嘶哑。由于喉腔、声门较狭小,容易引起喉部肿胀、喉头狭窄,易导致喉梗阻,甚至呼吸困难。

（四）气管与支气管

气管与支气管属于下呼吸道。气管上与喉相接,下被胸腔分为左、右支气管。管壁内表面覆盖着有纤毛的黏膜,能分泌黏液,黏液可以黏住吸入的尘粒与病菌,黏膜上密集的纤毛不断向喉口方向摆动,经咳嗽将痰排出体外。学前儿童的气管与支气管较成年人狭窄,软骨柔软,肌肉发育不完善,缺乏弹力组织,黏膜血管丰富,但黏液腺分泌不足而较干燥,黏膜上的纤毛运动能力弱,不能很好地排出微生物及异物,因而容易引起感染,导致呼吸道狭窄而发生阻塞。

二、肺

肺位于胸腔内,膈的上方,纵隔两侧,左、右各一。肺表面有脏胸膜被覆,光滑润泽。学前儿童新陈代谢旺盛,机体需氧量相对比成人多,只能通过加快呼吸频率来满足需要,因此年龄越小,呼吸频率越快。由于调节呼吸运动的神经中枢发育尚未完善,婴幼儿的呼吸节律常不稳定。新生儿每分钟呼吸40～44次,1岁以内约每分钟30次,1～3岁约每分钟24次,4～7岁约每分钟22次。儿童出生时肺泡数量约为200万个,8岁时可增至1 400万个,肺泡面积的增长比体表面积更为显著。新生儿肺容积为65～67 mL,8岁时增加7倍。

呼吸主要有两种形式:以胸廓运动为主完成的呼吸形式称为胸式呼吸,以横膈运动为主完成的呼吸形式称为腹式呼吸。婴儿时期呼吸肌不发达,肌张力较弱,故吸气时肺扩张有限,换气不够充分,以腹式呼吸为主。2岁时站立行走后,呼吸肌逐渐增强,学前儿童开始出现腹、胸混合式呼吸。9岁以后逐步变成以胸式呼吸为主。

三、基于学前儿童呼吸系统发育特点的体育运动

（一）运动对学前儿童呼吸系统的影响

运动对学前儿童呼吸系统的影响是多方面的,科学适宜的运动对呼吸系统有益。经常进行体育运动的学前儿童,其呼吸器官的构造和功能会发生诸多良好变化。主要表现为骨性胸廓发达、胸围增大,这既为肺内充满较多气体提供了空间条件,也加大了

从肺内向外排气的量。运动能使呼吸肌逐渐发达且力量增强,膈肌的收缩和放松能力也随之提高,进而使肺活量增大。由于呼吸与运动的协调配合较好,在定量工作时,呼吸功能可以表现出节省化现象,能够较长时间保持工作能力不下降,并且具有很大的功能储备力,能够适应和满足较强烈的运动对呼吸系统的要求。

（二）体育运动注意事项

1. 注意空气质量与温湿度的控制

应避免在粉尘、雾霾或空气污染严重的户外场地开展活动,例如紧邻马路或施工区等场所的操场,这些环境因素容易刺激学前儿童的鼻黏膜,进而引发充血肿胀。进行户外活动时应选择空气流通良好的开阔区域,并且要提醒幼儿不用手揉鼻。

在寒冷天气下组织活动时,需要为儿童佩戴轻薄口罩或用围巾覆盖口鼻,可以有效减少冷空气直接刺激鼻腔。而在夏季高温天气,应避免在正午暴晒时段进行活动,尽量选择阴凉场地,防止幼儿因中暑导致呼吸道黏膜干燥。

2. 注意场地安全与异物防控

在学前儿童进行活动之前,需提前对活动场地进行排查,检查学前儿童身上是否有小零件,如纽扣、珠子、碎纸片等,同时禁止幼儿携带零食,尤其是坚果、果冻等进入场地,避免幼儿在奔跑时发生误吸。在潮湿天气或室内活动时,要保持地面干燥,防止幼儿摔倒后出现呛咳或异物吸入的情况。

3. 控制运动强度与频率

在幼儿园开展体育活动时,应避免让学前儿童长时间进行高强度的跑跳活动,例如连续 30 分钟以上的追逐游戏。由于幼儿胸廓活动范围相对较小、肺储备能力较差,长时间高强度运动容易引发缺氧。建议采用"动态活动＋静态休息"交替的模式,例如进行 15 分钟的跑跳活动后,休息 5 分钟。

同时,在活动中要引导幼儿用鼻呼吸,这样可以减少冷空气对咽喉的刺激。可以通过"吹泡泡""模仿小动物呼吸"等游戏来帮助幼儿练习呼吸节奏。

4. 避免喉部与声带损伤

在活动过程中,要引导幼儿避免大声喊叫,防止声带过度疲劳。如果幼儿出现声嘶的情况,需立即暂停活动,并让幼儿饮水润喉。在设计活动时,应避免安排剧烈碰撞或压迫喉部的动作,因为幼儿喉部的软骨较为柔软,容易因外力导致水肿。

第三节　学前儿童脉管系统与体育运动

脉管系统是人体内执行运输功能的封闭管道系统,由心血管系统和淋巴系统两部分组成。心血管系统中循环流动着血液,由心脏和血管组成。淋巴系统流动着淋巴液,淋巴液最终汇入静脉,再流入心血管系统;淋巴系统由各级淋巴管、淋巴器官以及散在的淋巴组织构成。

一、心血管系统

(一) 心脏

心脏位于胸腔内,底部连接着主动脉,心尖偏左。心脏内部有四个腔,上面两个叫心房,下面两个叫心室;心脏左右两半互不相通。房室之间有单向开合的瓣膜,保证血液从心房流向心室而不会倒流。在神经和体液调节下,血液沿心血管系统循环流动。机体的消化、呼吸、泌尿等系统及皮肤通过体循环和肺循环实现营养物质的送达和代谢废物(液态和气态)的排出。内分泌腺及心脏自身所分泌的激素也借助循环系统输送到相应器官以调节其生理功能。血液循环可分为肺循环和体循环,两种循环同步进行(见图2-9)。

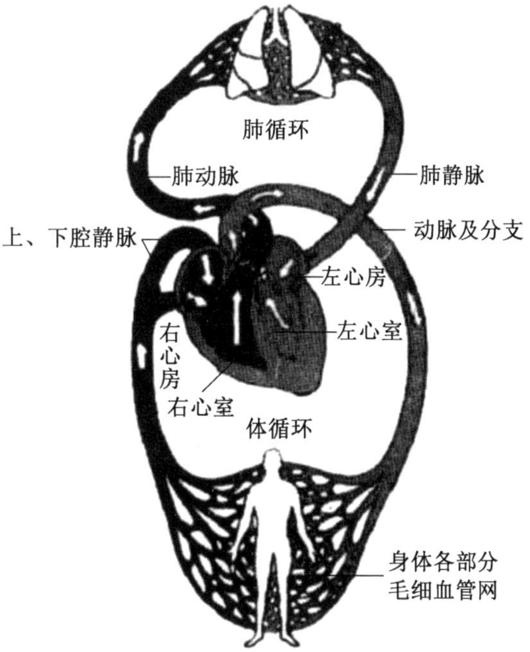

图2-9 心脏结构及体循环、肺循环图

1. 肺循环

又称小循环,血液由右心室射入肺动脉,再经各级分支进入肺泡周围的毛细血管网,通过毛细血管壁和肺泡壁血液与肺泡内的气体进行交换(排出二氧化碳、吸入氧气),最后血液经肺静脉流出肺,进入左心房。肺循环的特点是路径短,只通过肺,使静脉血变成含氧丰富的动脉血。

2. 体循环

又称大循环,血液由左心室射入主动脉,经各级动脉分支最后送到身体各部的毛细血管。血液通过毛细血管壁与其周围的组织细胞进行物质和气体交换后,经各级静脉,最后汇入上、下腔静脉流回右心房。体循环的特点是路径长,流经范围广,以动脉血滋养全身各个器官,又将其代谢产物经静脉运回心脏。

幼儿心脏占体重的百分比大于成人,新生儿的心脏约为24 g,1岁时的心脏为出生时的2倍,5岁时为4倍,9岁时为6倍,青春期后增长到12~14倍,已基本达到成人水平。幼儿心肌纤维束不发达,弹性纤维少,搏动能力弱,每次收缩射出的血液量少,所以心跳次数多,心率快,6~7岁后心脏搏动能力有明显增强。

(二) 血管

血管是血液循环的通道,分为动脉、静脉和毛细血管(见图2-10)。

1. 动脉

动脉是将血液从心脏输送到全身各部位的管道,由心脏发出后,在行程中不断分支,最终移行为毛细血管。连接左心室的是主动脉,其管壁厚且富有弹性,管径较粗大。由于心室收缩的推动力及血管壁的弹性,主动脉内的血流速度较快。主动脉分出颈动脉、腹主动脉、冠状动脉等,再逐级分支,越分越细,管壁也越来越薄,血液流速逐渐减慢。

2. 静脉

静脉是将血液从全身各部位输送回心脏的管道,由毛细血管开始逐渐汇合而成,管壁逐渐变厚。根据静脉管壁结构与管径大小,静脉可分为大、中、小三级。与动脉相反,静脉在汇合过程中逐渐变粗,最粗大的是连接右心房的上、下腔静脉。经过物质交换后的血液通过静脉进入右心房,再流入肺进行气体交换。

3. 毛细血管

毛细血管是管径最细、分布最广的血管,由动脉逐级分支后形成。毛细血管管壁极薄,主要由一层内皮细胞组成,管径极小,一般为 6~8 微米。血液流经毛细血管时,速度极慢,这使得血液中的氧及养料能够透过毛细血管壁输送给细胞,同时细胞代谢产生的废物也能透过管壁进入毛细血管,再进入静脉。

学前儿童血管内径相对较大,毛细血管非常丰富。随着年龄的增长,血管壁逐渐加厚,弹性纤维增加,弹性增强。年龄越小,血管壁越薄,弹性越差。幼儿血管比成人短,血液在体内循环一周所需时间短,所以血流速度快,对生长发育和消除疲劳有利。

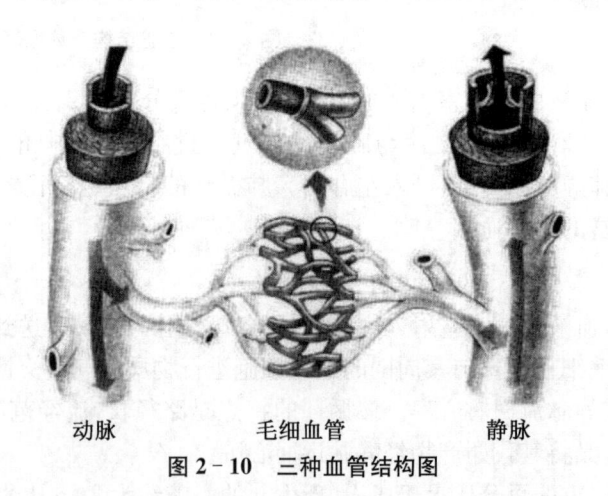

动脉　　　　毛细血管　　　　静脉
图 2-10　三种血管结构图

(三) 血液

血液由血浆和血细胞组成。血浆是淡黄色透明液体,负责运输血细胞、养料和代谢废物,其中纤维蛋白原参与止血。血细胞包括红细胞、白细胞和血小板。

红细胞将氧气输送到全身,并将二氧化碳运至肺部。成熟的红细胞无核,呈双凹圆盘状,数量多。血红蛋白是含铁蛋白质,使血液呈红色,负责氧气和二氧化碳的运输。

新生儿每立方毫米血液中红细胞约 500 万～700 万个,血红蛋白浓度为 15～22 g/100 mL,之后逐渐减少,2～3 个月时出现生理性贫血,刺激造血器官生成更多红细胞和血红蛋白。

白细胞体积大,数量少。白细胞能吞噬病菌,数量低于正常值时,机体抵抗力下降,易感染。临床上常用白细胞分类计数辅助诊断疾病。学前儿童白细胞数量从出生时每立方毫米约 20 000 个降至 4～5 岁时的 8 000 个,之后达成人水平(7 000 个/立方毫米)。

血小板有止血和凝血功能。皮肤伤口出血时,血小板与纤维蛋白原共同作用,凝成血块止血。伤口较大时,血小板还能使血管收缩,减少出血。新生儿每立方毫米血液中血小板约 10 万～30 万个,6 个月后与成人相同,通常较稳定,不受年龄影响。

幼儿年龄越小,血液量相对比成人越多;血液中红细胞含血红蛋白数量较多,吸氧性强,这对其生长发育和新陈代谢有利。幼儿血液中血浆含水分较多,含凝血物质如纤维蛋白原和无机盐类较少,因此,幼儿出血时血液凝固较慢。新生儿出血,约需 8～10 分钟凝固;幼儿约需 4～6 分钟;成人仅需 3～4 分钟。

(四) 心率、脉搏和血压

心率是指心脏每分钟跳动的次数。学前儿童心肌纤维相互交织较松,弹性纤维较少,心脏收缩力较弱,因此心排血量较少。而幼儿新陈代谢旺盛,为满足身体需要,通过加快心脏收缩来补偿,因此心跳较快,年龄越小的婴幼儿心率越快。一般学前儿童 1～2 岁时心跳为 110～120 次/分钟,2～6 岁随着心脏发育和心功能的增强,心率逐渐下降至 90～100 次/分钟。学前儿童的心率易受情绪、运动、进食等内外因素的影响。

心脏有节律地收缩和舒张时,会引起主动脉的搏动,并沿着动脉管壁传播,使身体其他部位的动脉管壁也跟着搏动,这种现象称为脉搏。脉搏可以反映心脏和动脉的机能状况。血液流动时,对血管壁产生的侧压力称为血压,通常指的是动脉压。心室收缩时产生的压力称为收缩压,心室舒张时产生的压力称为舒张压。学前儿童的血压低于成年人,年龄越小,血压越低,随着年龄增长,血压逐渐升高。

二、淋巴系统

淋巴系统是人体重要的防御系统之一,由淋巴管、淋巴结、淋巴器官(如脾脏、胸腺等)和散在的淋巴组织构成。淋巴系统的主要功能包括:

(1) 免疫防御:淋巴系统通过产生和运输淋巴细胞,帮助身体识别和清除病原体、异物和异常细胞。

(2) 液体平衡:淋巴管收集组织间隙的多余液体(淋巴液),并将其返回到血液循环中,维持体内的液体平衡。

(3) 脂肪吸收:淋巴系统在小肠中吸收脂肪和脂溶性维生素,并将其运输到血液循环中。

学前儿童发育较快,身体的防御和保护功能显著增强。然而,婴幼儿的淋巴结尚未发育成熟,结缔组织较少,淋巴结被膜较薄,因此其屏障作用较差,感染易于扩散。局部轻度感染即可导致淋巴结发炎、肿大,甚至化脓。

三、学前儿童脉管系统发育特点与体育运动

(一) 运动对学前儿童脉管系统的影响

光镜和电镜观察结果显示,体育活动能够促使学前儿童心肌细胞体积增大、直径增粗,同时心肌收缩蛋白和肌红蛋白数量增多。幼儿经常进行体育锻炼和户外活动,可增加心肌收缩力,使每次心脏收缩搏出的血液量增多,促进循环系统和全身的发育。但是如果运动量过大,使心跳过快,则每次心跳输出的血液量会大大减少,导致全身供血不足,表现为面色苍白、心慌、恶心、大汗淋漓,影响身体的正常生长发育。因此,幼儿园在组织活动时应该注意,不要让幼儿过度疲劳,以免影响健康。

(二) 体育运动注意事项

1. 预防外伤与出血风险

学前儿童血小板数目少,凝血能力弱。教师应提前到达活动场地清除尖锐物品,如石子、碎玻璃等,并根据活动需要铺设缓冲地垫,避免摔倒时擦伤、出血。同时,还应禁止幼儿携带尖锐玩具参与活动,减少碰撞时的穿刺伤的风险。

2. 注意增强免疫力与卫生防护

学前儿童中性粒细胞较少,免疫力低,易感染。所以,在活动前后,教师要督促幼儿洗手,避免接触污染物后揉眼、鼻,降低病菌入侵风险。如遇到雨天或空气质量差时,减少户外活动,改为在室内通风良好的区域(如体育馆)开展活动,避免呼吸道感染。在活动后要及时更换汗湿衣物,防止幼儿着凉。

3. 控制活动强度与时间

学前儿童心肌纤维不发达,搏动能力弱,每次射血量少,心率快。所以,应避免高强度、持续快跑的活动,尤其是要禁止长跑、拔河等需持续用力的项目,遵循"短时间、多间歇"的原则,以中低强度活动为主,如散步、跳跃、律动等。可参考心率标准:幼儿安静时心率约 80~100 次/分,活动中心率不宜超过 140 次/分(可通过触摸颈动脉或手腕脉搏粗略监测)。一般来说,单次集中活动时间不宜超过 20 分钟,每 10~15 分钟安排 1 次休息,让幼儿擦汗、喝水,避免心脏持续超负荷。

4. 避免突然剧烈运动或停止

学前儿童心脏调节能力弱,突然剧烈运动易导致心肌缺氧,突然停止活动会导致血流速快但心脏泵血突然减少,进而引发头晕。因此活动前必须进行 5~10 分钟热身(如慢走、关节活动),逐步提升心率;活动结束后进行 3~5 分钟放松(如慢走、拉伸),让心率平稳下降。注意不要组织"突然冲刺"或"立即静止"的游戏(如突然喊停的追逐游戏),避免心脏负荷骤变。

第四节 学前儿童神经系统与体育运动

人体各器官系统的功能在神经和体液的调节下相互联系、相互协调，使人体成为一个统一的整体，以适应内、外环境的变化。神经系统分为中枢神经系统和周围神经系统两部分（见图 2-11）。中枢神经系统包括脑和脊髓；周围神经系统包括脑神经和脊神经。

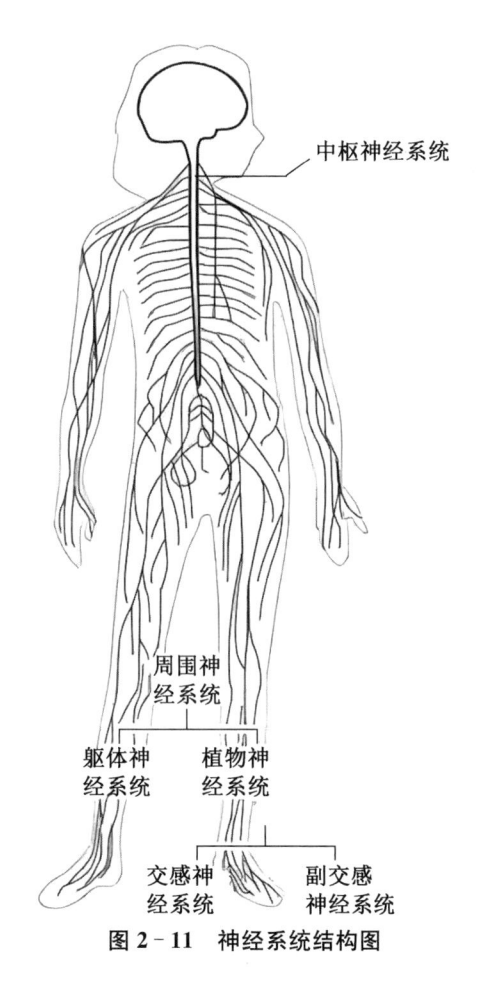

图 2-11 神经系统结构图

一、脑

脑位于颅腔内，可分为大脑（端脑）、间脑、小脑、中脑、脑桥和延髓六个部分，通常把中脑、脑桥和延髓合称为脑干，脑的结构见图 2-12。大脑是中枢神经系统的最高级中枢，也是人类进行思维和意识活动的器官，左右两侧大脑半球由胼胝体相连而成。表面凹凸不平,凹陷处称为"沟",隆起处称为"回","沟"与"回"大大增加了大脑的表面积。大脑的表面集中了大量神经元细胞体,2～3毫米厚,称为大脑皮层。大脑皮层的神经元能接受刺激,整合、处理信息,并以记忆的形式储存各种信息。根据大脑皮层各部位主要机能的不同,可划分出许多功能区,如躯体运动、躯体感觉和语言等各种功能活动在大脑皮层上均有相应的最高中枢控制。大脑皮质以内是众多的神经纤维,使大脑两半球之间及大脑与脑的其他部分之间发生广泛联系。间脑主要部分是背侧丘脑和下丘脑,参与感觉和对体温、摄食、生殖、水盐平衡、情绪活动和内分泌活动等的调节。小脑位于脑桥和延髓的后上方,其功能主要是协调躯体运动、调节肌紧张和维持身体平衡。

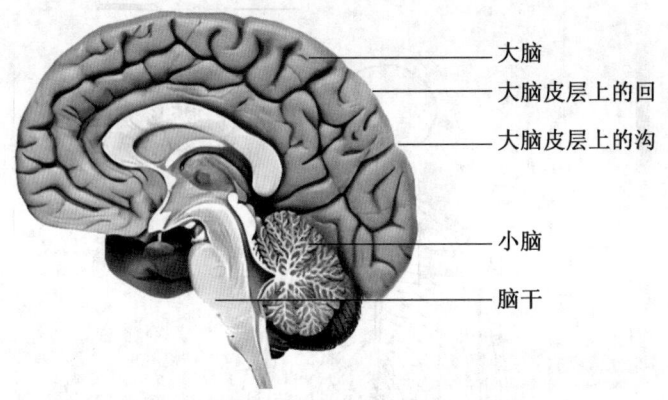

图 2-12 脑的结构图

学前时期脑的发育非常迅速,出生时平均脑重 370 克,1 岁达 900 克,7 岁达 1 250 克,基本接近成人(约 1 500 克)。大脑皮质的形成从胎儿 8 周开始,出生前半年至出生后 1 年是脑细胞数目增长的重要阶段,以后脑细胞的数量不再增加,而是细胞体积的增大和功能的复杂化。大脑皮质功能的发育较形态发育缓慢,年龄越小,大脑发育越不成熟,形成的条件反射少、速度慢、较不稳定;随着年龄的增长,脑的机能也逐渐复杂、成熟和完善起来,为建立各种条件反射提供了生理基础。学前儿童的大脑皮质发育尚未完善,兴奋占优势,抑制过程形成较慢;但兴奋持续时间较短,容易泛化,主要表现为对事物保持注意的时间不长,常随兴趣的改变而转移,动作缺乏准确性等。

二、脊髓

脊髓位于椎管内,在脊髓的横切面上,脊髓的中央有一细管,称中央管,周围的蝶形结构称灰质,灰质周围的结构称白质。在脑和各级中枢的控制下具有传导功能和反射功能。脊髓可以传达脑的信息和完成反射活动,如膝反射、排便、排尿等。正常情况下,脊髓的反射活动是在脑的控制下进行的,当脊髓完全横断时,损伤平面以下的感觉和骨骼肌运动不能恢复,表现为肌肉张力增高、腱反射亢进,不能随意控制排便、排尿反射等。

三、神经

脑神经是与脑直接相连的神经,共有12对,主要负责支配头部和颈部的运动、感觉以及一些特殊感觉(如视觉、听觉等)。脊神经是与脊髓相连的神经,共有31对;脊神经从脊髓发出后,分布到躯干和四肢,负责支配这些部位的运动和感觉。内脏神经分布于内脏器官、心血管系统和腺体,主要负责调节这些器官的活动。内脏神经包括感觉纤维和运动纤维,内脏运动神经不受意志控制,因此也称为自主神经或植物神经。

学前儿童脊髓和脑干在出生时即已发育成熟,而小脑发育则相对较晚,从1岁左右迅速发育,3～6岁逐渐发育成熟。因此,幼儿1岁左右学走路时步履蹒跚,3岁时已能稳稳地走和跑,但摆臂与迈步还不协调;到5～6岁时,就能准确协调地进行各种动作,如走、跑、跳、上下台阶,而且能很好地维持身体的平衡。

四、基于学前儿童神经系统发育特点的体育运动

运动是促进学前儿童神经系统功能发展和保持其正常状态的有效手段。在组织学前儿童进行体育运动时,科学合理地安排运动负荷至关重要,这不仅能够确保神经系统的正常功能,还能有效预防运动过程中可能出现的神经系统损伤。

1. 动作设计需简单化、精准化

鉴于学前儿童神经纤维髓鞘化尚未完善,兴奋容易扩散,动作协调性相对较差,在设计与组织幼儿园体育活动时,应避免采用复杂的动作组合,优先选择单一动作进行重复练习。不过,这种重复练习并非机械式的重复,可以通过变换游戏的情景、指令等元素,为重复动作增添趣味性。同时,动作指令必须明确且传达要缓慢,口令与动作要领应采用幼儿易于理解的语言,并配合示范进行讲解。例如,可以用"手臂像翅膀一样张开"来代替"保持平衡"这样的表述。在必要的情况下,还应提供辅助工具,比如扶栏杆走、牵手转圈等,以减少因动作不精确而导致的摔倒等意外情况。

2. 控制活动强度与持续时间

学前儿童的大脑皮层兴奋持续时间较短,容易疲劳,注意力维持时间大约在10～15分钟左右。因此,单次活动时长应控制在20～30分钟,每10分钟插入1次休息,休息方式可以是喝水、排队上厕所等。同时,采用"动态活动＋静态游戏"交替的模式。教师要注意观察幼儿的疲劳信号,如动作变形、注意力分散等,及时切换活动内容或结束活动。

3. 循序渐进开展平衡与协调练习

学前儿童小脑发育较晚,直到3～6岁才逐渐成熟。因此,在小班期间,以直线走、扶物蹲起等动作练习为主,避免单脚站立、跳跃等平衡要求高的动作。到了中班,可以增加低难度平衡练习,如踩宽平衡木、沿地面线条走,但需要有教师保护。大班期间,可尝试连续的单脚跨障碍物跳、用脚踢移动中的球等复杂化的活动项目,但需控制时间。

4. 避免高风险、高冲击性动作

在体育运动中，意外坠落可能导致脊柱骨折，并有可能并发脊髓损伤。严重情况下，患者会出现截瘫症状，即脊髓损伤部位以下的身体感觉、运动和反射功能完全丧失。体育运动中的头部撞击可能导致颅脑损伤。损伤较轻时表现为脑震荡，损伤较重时可能出现脑挫裂伤、颅内血肿等情况。严重颅脑损伤时，患者会出现感觉、运动、反射、思维和语言功能等方面的障碍。更为严重时，颅内高压可能导致小脑压迫脑干生命中枢，从而危及生命。鉴于学前儿童在运动中神经系统损伤的潜在风险，教师在组织体育活动时应时刻关注学前儿童的身心状态，适时进行引导，采取有效措施规避风险，将意外发生的概率降到最低。禁止在无教师指导和保护的情况下，进行翻滚、倒立、从高处跳下等动作。活动场地应铺设软垫，场地内无尖锐物品，避免追逐碰撞。

5. 活动形式多样化，以"兴趣驱动"为主

学前儿童兴奋占优势，注意力容易随着兴趣而转移，抑制过程形成相对较慢。因此，需要将动作练习游戏化，例如用"小鸭子走路"代替单纯的下蹲练习。可以使用道具来吸引幼儿的注意力，如彩色气球、会响的玩具等，减少机械性重复。指令应以"正向引导"为主，例如说"请轻轻跑向红旗"，而不是"不要乱跑"。

第五节　学前儿童其他系统与体育运动

一、学前儿童其他系统发育的特点

（一）消化系统

1. 牙

学前儿童乳牙牙釉质薄，牙本质软脆，牙髓腔大，易患龋齿。乳牙对于学前儿童除了可以咀嚼食物，帮助消化外，还有促进颌骨的发育和助于准确发音的作用。此外，乳牙整齐也有利于恒牙的顺利萌出。

2. 食管

学前儿童食管比成人明显短而狭窄，黏膜薄嫩，管壁较薄，弹性组织发育较差，所以很容易损伤。

3. 胃

学前儿童胃黏膜柔软且富有血管，胃壁较薄，弹性组织及神经组织发育较差，胃的蠕动能力较弱。

4. 肠

学前儿童自主神经调节能力尚未发育完善，易发生消化功能紊乱，引起腹泻和便

秘。肠管相对于成人较长,肠黏膜肌层发育较慢,肠系膜柔软而长,结肠无明显结肠带与肠脂垂,升结肠与腹后壁固定性差,易发生肠扭转和肠套叠。另外,肠壁薄通透性高,屏障功能差,肠内毒素、过敏原等可经过肠黏膜进入血液内,引起全身感染和变态反应性疾病。

由于学前儿童大脑皮层功能发育不完善,进食时常引起胃—肠反射,产生便意,所以大便次数多于成人。

5. 肝

学前儿童年龄愈小,肝脏愈大,5~6岁时肝脏占体重的3.3%,成人的仅占体重的2.8%。学前儿童肝细胞发育不健全,肝脏分泌胆汁较少,对脂肪的消化能力较差。肝脏储存糖原较少,容易因饥饿发生低血糖,严重时还会出现休克。肝脏的解毒能力不如成人,所以要慎用药物,但学前儿童新陈代谢旺盛,肝细胞再生能力强。

(二) 感觉器官

1. 眼睛

(1) 眼球前后径较短,呈生理性远视,一般到5~6岁左右转为正视。

(2) 晶状体弹性大,调节能力强,因此能看清很近的物体。如果学前儿童形成不良的用眼习惯,长时间视物过近,则会使睫状肌过度紧张而疲劳,以致使晶状体变凸,形成近视。

(3) 泪腺发育不成熟,婴幼儿由于泪腺未发育完全,所以不能分泌足够的泪水,且眨眼动作少,因此,眼睛对外界刺激自我保护能力差,常常容易受到伤害。

2. 耳

(1) 外耳道比较狭窄,外耳道壁尚未完全骨化。

(2) 学前儿童的咽鼓管较成人短而平,腔径也较大,故咽部感染、炎症可入鼓室,引起化脓性中耳炎。

(3) 耳蜗的感受性强,对噪声敏感,噪声是使人感到吵闹或为人所不需要的声音。噪声是一种环境污染,可以影响学前儿童的健康。调查数据表明:噪声能够引起学前儿童听力下降。声音应该在50 dB以下。如果生活的环境中,声音为60 dB,对学前儿童的听力就是一种伤害,会影响他们的睡眠;如果是80 dB,会引起学前儿童睡眠不足,烦躁,记忆力衰退。

3. 皮肤

(1) 保护功能差

学前儿童皮肤细嫩,角质层是单层细胞,表皮容易脱落,真皮中的胶原纤维也很稀少,薄而缺乏弹性,所以,皮肤的厚度只有成人皮肤厚度的十分之一,皮下脂肪较少。婴幼儿皮肤未发育成熟,对刺激的反应不够敏感,同时免疫系统功能弱,不能像大人的皮肤那样成为人体抵抗致病菌的第一道防线。他们仅靠皮肤表面的一层天然酸性膜来保护皮肤,并维持皮肤细腻滋润,因此保护好这层保护膜很重要;否则,皮肤很容易被细菌感染，或者发生过敏反应，如红斑、红疹、水泡等。并且，学前儿童皮肤脂质少，对干燥环境适应性差，皮肤容易爆皮或破裂。

（2）调节体温能力较弱

皮肤在体温调节方面起着重要作用。婴幼儿皮肤的汗腺和血管还处于发育中，当环境温度升高时不能通过皮肤血管扩张来散发体内的热量，而是产生大量汗液，他们的皮肤面积相对较大，从皮孔蒸发的汗液是大人的2倍。因此，学前儿童往往不能很好地适应外界环境温度的变化，容易受凉或过热，引起感冒，生冻疮和痱子。

（3）皮肤色素层薄

学前儿童的皮肤内防护紫外线穿透的黑色素生成得很少，色素层薄，因此很容易被阳光中的紫外线灼伤。

二、基于学前儿童其他系统发育特点的体育运动

1. 食管与胃的保护

学前儿童的食管相对较短且狭窄，容易受到损伤；胃蠕动功能较弱，胃排空速度较慢。如果在空腹或饱腹状态下进行运动，容易引发胃肠道的不适。因此，在体育活动前1小时，应禁止进食。活动结束后，需休息15分钟再进餐，以避免胃内食物反流刺激食管。由于食管与气管距离较近，误吸风险较高，所以应禁止幼儿在跑动中进食或饮水，防止呛咳。对于年龄较小的幼儿，饮水时可使用带吸管的水杯。若需仰头喝水，应先调整呼吸，使其均匀后再进行。

2. 肠道功能与肝脏的保护

学前儿童的肠管相对较长，容易发生扭转；肝脏糖原储备较少，容易出现低血糖，且解毒能力较弱。在活动中，应每隔10~20分钟提醒幼儿如厕，避免憋尿、憋便。如果发现幼儿出现腹痛症状，需立即停止活动，并排查肠套叠的风险。活动前1小时，应为幼儿提供一些含碳水化合物的小食，如半片面包、香蕉等，以预防低血糖的发生。

3. 耳朵的保护

学前儿童的咽鼓管较短且平，容易感染；耳蜗对噪声较为敏感。在幼儿园体育活动中，通常会伴随着音乐进行活动，应注意避免使用高频高分贝的音乐，音量应控制在40分贝以下（相当于正常交谈声），且不超过最大音量的60%。出汗后，要及时擦干幼儿外耳道，避免潮湿环境滋生细菌。如果幼儿在活动后出现耳痛、哭闹等情况，需及时排查中耳炎的可能性。

4. 皮肤的保护

学前儿童的皮肤角质层较薄，容易受到感染；体温调节能力较差，紫外线防护能力较弱。应定期对公共活动器械进行消毒处理。在户外活动时，应要求幼儿佩戴遮阳帽，对于暴露的皮肤部位，可涂抹儿童专用防晒霜，以避免长时间直接暴晒在阳光下。

5. 感觉器官与运动协调的训练

球类活动能够有效提升学前儿童的视觉追踪能力，平衡训练则可以增强前庭功能。

因此，应设计和组织多感官整合活动，例如闭眼触摸障碍物、听指令做动作等，以促进感觉统合。在活动中，可使用彩色气球、会响的铃铛等作为视觉或听觉引导道具。在进行平衡类活动时，如走平衡木，需在地面铺设软垫，并由教师双手护持幼儿腰部，以避免因前庭功能不完善而导致幼儿摔倒受伤。

思考与练习

1. 学前儿童的骨骼具有"高弹性、低密度"的特点，请结合运动系统发育规律，说明在体育活动中应如何规避骨骼损伤风险？

2. 分析学前儿童呼吸系统（如肺活量小、呼吸频率快）的生理特性对运动耐力的影响，并提出3项针对性训练策略。

3. 某幼儿园设计"跳跃类游戏"时，发现部分儿童落地后出现膝关节疼痛。请从运动系统与关节发育角度分析可能原因，并提出改进建议（至少3点）。

4. 某5岁儿童在夏季户外活动中出现面色苍白、呼吸急促。请结合脉管系统（心率、血压）与体温调节机制，分析其生理反应成因，并列出应急处理措施。

5. 比较3~4岁与5~6岁幼儿在心血管系统发育上的差异（如心率、每搏输出量），并说明这些差异对运动强度分层的指导意义。

第三章 幼儿园体育教育活动概述

本章概述

本章系统阐述了幼儿园体育教育活动的核心要素与实践框架。本章明确了以《"健康中国2030"规划纲要》为指导的总目标与分目标体系,强调通过运动能力、健康行为及体育品德三个维度,分阶段促进幼儿动作技能、体质发展及社会性成长。提出教育活动应遵循全面性、直观性、兴趣性等六大原则,并依据动作形成规律、人体机能适应性规律及生理机能变化规律科学设计教学内容。本章详细规划了全园、班级及具体活动的多层次计划体系,深入讲解了幼儿体育教育活动的内容和组织类型,旨在系统呈现幼儿体育教育活动的整体架构与关键要点。

学习目标

1. 掌握《"健康中国2030"规划纲要》指导下的幼儿园体育教育活动总目标与分目标内涵,明确运动能力、健康行为及体育品德三者的协同作用,能够分析不同年龄段幼儿的身心发展特点与学习要求。

2. 能够依据幼儿园体育教育活动的原则和规律,科学规划幼儿体育活动内容,合理控制运动负荷与强度。

3. 掌握全园学期计划、班级月计划及每日活动计划的制定方法,能够根据幼儿发展需求分配教学内容与资源,确保活动安全性与适龄性。

4. 熟练运用晨间锻炼、户外运动、室内游戏及运动会等形式,整合基本动作技能、体适能活动、队列队形训练等内容,培养幼儿的自主性、协作意识与规则感,实现身心全面发展的教育目标。

第一节 幼儿园体育教育活动的目标

随着《"健康中国2030"规划纲要》的发布和《体育发展"十三五"规划》的实施,社会对"健康"的关注再次升温,人们也更加意识到体育与健康之间密不可分的联系。体育作为素质教育中不可或缺的一部分,在基础教育和高等教育领域都取得了显著的突破性进展。然而,在学龄前的幼儿阶段,体育与健康课程的开设尚不普遍。本书根据学前儿童体育教育的特点及相关文件要求和指引,梳理了幼儿园体育教育活动的总目标和分目标,其中分目标在纵向上包括运动能力目标、健康行为目标和体育品德目标三个维度;在横向上,分目标分为一级目标、二级目标和三级目标。在此基础上,本目标体系根据幼儿的身心发展特点和动作发展规律,将3~6岁幼儿分为3~4岁、4~5岁、5~6岁三个阶段,并为每个阶段提出了详细的学习要求。

一、幼儿园体育教育活动的总目标

幼儿园体育教育活动的总目标是通过体育活动,幼儿能够发展动作技能,掌握运动技巧,全面锻炼身体,具备基本的动作技能并发展良好的体能,培养一定的运动能力。通过全情投入运动,幼儿将体验成功的喜悦,激发对运动的兴趣,乐于参与运动,自觉维护个人健康,并塑造基本的身体保健行为。同时,幼儿也将培养开朗的个性,形成良好的心理健康行为,获得简单的安全知识,建立基本的安全生活习惯。从身体、心理和生活三个层面,幼儿将形成基本的健康行为。通过与同伴一起参与运动,幼儿将逐渐养成良好的规则意识和角色意识,初步建立敢于挑战、乐于冒险的生活态度。在面对困难时,幼儿将展现出坚强的意志,并具有团结协作的体育品德。

二、幼儿园体育教育活动的分目标

幼儿园体育教育活动的分目标主要从我国儿童成长过程中应重点培养和发展的运动能力、健康行为和体育品德三个方面进行设计。

(一)运动能力目标与学习要求

表3-1为幼儿园体育教育活动的运动能力目标体系,并根据目标提出了3~4岁、4~5岁、5~6岁三个阶段幼儿的具体学习要求。

表 3-1 运动能力目标与学习要求

一级目标	二级目标	三级目标	年龄阶段	学习要求
运动能力	动作技能	移动性动作技能 掌握踮脚走、快速跑和左右方向连续滑步的基本技术并通过一段距离；初步掌握单脚跳的基本技术，左、右脚以稳定的速度通过一段距离；能进行走、跑、跳的自由转换。	3~4 岁	1）初步掌握踮脚走、双脚跳、快速跑的基本技术。 2）能以稳定的速度进行踮脚走、双脚跳、快速跑，并通过一定距离，如快速跑过 10 米。 3）初步建立滑步意识。
			4~5 岁	1）掌握踮脚走、双脚跳、快速跑等动作的较为完整的基本技术。 2）能以稳定的速度在不同方向上进行踮脚走、双脚跳、快速跑，并通过一定距离，如以平稳的速度双脚向左连续跳 4 次。 3）初步掌握滑步的基本技术并侧向通过一段距离。
			5~6 岁	1）初步掌握单脚跳的基本技能，左、右脚以稳定的速度通过一定距离。 2）掌握滑步的基本技术，向左、右方向连续移动。 3）能够进行走、跑、跳的自由转换。
		非移动性动作技能 协调、连贯地完成连续纵跳动作；围绕垂直轴做原地旋转动作；完成一定幅度、多关节参与的屈伸与扭转动作。	3~4 岁	1）初步掌握纵跳技能并能基本完成原地纵跳。 2）能够完成多于一个支撑点的站立式平衡动作，如双脚提踵站立。 3）能够完成较少关节参与的屈伸与扭转动作，如体前屈等。
			4~5 岁	1）掌握较为完整的纵跳技能并能熟练完成原地纵跳动作。 2）能够完成一个支撑点的站立式平衡动作，如单脚站立一段时间。 3）能够完成多关节参与的屈伸与扭转动作，如地面的团身动作等。
			5~6 岁	1）能够完成连续纵跳且身体协调、动作连贯。 2）能够完成围绕垂直轴的原地旋转动作，如原地转圈等。 3）能够完成多关节参与的屈伸与扭转动作且具有一定的幅度。
		操控性动作技能 基本控制物体向目标位置移动；准确接住运动中的物体；完成对物体的投、拍、接、踢等动作。	3~4 岁	1）基本能够完成对物体的投、拍、接、踢动作，具有初步的操控能力。 2）基本能够控制物体向目标位置移动。 3）能够有意识地接运动中的物体。
			4~5 岁	1）能够较为准确地完成对物体的投、拍、接、踢动作，具有一定的操控能力。 2）能够较准确地控制物体向目标位置移动。 3）基本能够接住运动中的物体。

第三章 幼儿园体育教育活动概述

(续表)

一级目标	二级目标	三级目标	年龄阶段	学习要求
运动能力	动作技能		5~6岁	1)能在行进中完成对物体的投、拍、接、踢动作,具有很好的操控能力。 2)能在行进中基本控制物体向目标位置移动。 3)能够较准确地接住运动中的物体。
	体能	力量与耐力 具备很好的移物、悬垂、投掷、攀爬技术,完成较长距离的行走。	3~4岁	1)具有基本的移物、悬垂与投掷的技术和力量。 2)具有基本的攀爬能力。 3)能完成一段对体力有要求的行走,中途可适当停歇。
			4~5岁	1)具有较强的移物、悬垂与投掷的技术和力量。 2)具有较强的攀爬能力。 3)能够进行较长一段对体力有要求的行走,中途可适当停歇。
			5~6岁	1)具有更强的移物、悬垂与投掷的技术和力量。 2)具有更强的攀爬能力。 3)能完成更长一段对体力有要求的行走,中途可适当停歇。
		平衡能力 平稳地在非固定和有一定间隔的较窄物体上走一段距离。	3~4岁	能够沿固定直线或在较窄的低矮物体上走一段距离。
			4~5岁	能在较窄且较离的物体上平稳地走一段距离。
			5~6岁	能在非固定和有一定间隔的物体上较为平稳地走一段距离。
		动作协调性与灵敏性 完成短距离的折返跑和躲闪,越过一定高度障碍物进行连续走、跑、地面爬、攀爬;伴随音乐模仿教师做简单的律动动作。	3~4岁	1)能够进行短距离的折返跑,比如10米折返跑。 2)能够绕过各种障碍物连续走、跑。 3)能够进行各种形式的地面爬行且能钻过低矮障碍物。
			4~5岁	1)能够进行短距离的躲闪。 2)能够攀爬较低的障碍物,如50厘米左右高度的充气柱、海绵正方体等。 3)能够伴随音乐较顺利地模仿教师做简单的律动动作。
			5~6岁	1)能够进行短距离的快速躲闪。 2)能够攀爬一定高度的障碍物,如攀爬网、肋木等。 3)能够伴随音乐较准确地模仿教师做简单的律动动作。

051

(续表)

一级目标	二级目标	三级目标	年龄阶段	学习要求
运动能力	体能	柔韧性 肩、髋、躯干表现出很好的柔软度，掌握基本的柔韧练习方法。	3～4岁	1) 肩、髋以及身体躯干具备基本的柔韧性。 2) 能够根据教师的示范做出相应动作。
			4～5岁	1) 肩、髋以及身体躯干有较好的柔软度。 2) 能够主动进行柔韧动作练习。
			5～6岁	1) 肩、髋以及身体躯干有很好的柔软度。 2) 掌握柔韧练习的基本方法，主动进行柔韧练习。

（二）健康行为目标与学习要求

表 3-2 为幼儿园体育教育活动的运动能力目标体系，并根据目标提出了3～4 岁、4～5 岁、5～6 岁三个阶段幼儿的具体学习要求。

表 3-2　健康行为目标与学习要求

一级目标	二级目标	三级目标	年龄阶段	学习要求
健康行为	身体保健行为	健康认知及健康生活习惯 知道自己的身体健康状况，掌握饮食、睡眠、卫生等方面的基本健康常识；养成基本的健康生活习惯。	3～4岁	1) 知道一些不舒服的身体感觉，如肚子痛。 2) 知道一些饮食的基本健康常识，如多吃蔬菜可以补充维生素。 3) 养成一些饮食、如厕的基本健康生活习惯，如饭前便后要洗手。
			4～5岁	1) 了解自己的身体基本状况，如身高、体重。 2) 知道一些饮食、睡眠的基本健康常识，如就餐时不嬉笑。 3) 养成一些饮食、睡眠的基本健康生活习惯，如早睡早起。
			5～6岁	1) 知道自己的身体健康状况，如是否生病。 2) 掌握更多的饮食、睡眠、卫生的基本健康常识。 3) 养成更多的饮食、睡眠、卫生的基本健康生活习惯。
		健康锻炼行为 知道身体不适时参加锻炼的注意事项；根据自身条件合理选择健身器材，知道与饮食、卫生、睡眠相关的健康锻炼行为。	3～4岁	1) 知道对锻炼时的身体感觉作出基本反应，如口渴就喝水等。 2) 知道一些简单健身器材的正确使用方法，如滑梯等。 3) 知道与卫生相关的健康锻炼行为，如玩沙子时不能揉眼睛。

(续表)

一级目标	二级目标	三级目标	年龄阶段	学习要求
健康行为	身体保健行为		4~5岁	1）知道根据锻炼时的身体疲劳程度作出反应，如大汗淋漓时需休息等。 2）知道有一定难度的健身器材的正确玩法，如秋千等。 3）知道与饮食、卫生相关的健康锻炼行为，如饭前饭后不能剧烈运动等。
			5~6岁	1）知道身体不适时参加锻炼的注意事项，如身体不适时应当减少运动时间等。 2）知道选择适合自己的健身器材，如合理的高度、难度等。 3）知道与饮食、卫生、睡眠相关的健康锻炼行为，如睡前不能剧烈运动等。
	心理健康行为	情绪调控行为 初步体会他人的情绪懂得合理表达和调控自己的情绪。	3~4岁	1）认识并表达自己的情绪状况和感受，如开心、不开心、生气。 2）知道游戏中要保持情绪稳定，如不大喊大叫。 3）初步知道调控情绪，如在成人安抚下平静情绪。
			4~5岁	1）认识并表达自己的情绪状况和感受，如害羞、紧张等。 2）愿意把自己的情绪告诉别人，如紧张时告诉教师等。 3）具有一定的调控情绪的能力，如在成人提醒下平静情绪等。
			5~6岁	1）初步体验他人的情绪，如我这样做开心，其他小朋友开心吗？ 2）知道调控自己的情绪，如知道造成不良情绪的原因，并努力缓解。 3）知道表达情绪的方式，能够及时转换情绪，如不乱发脾气等。
		亲社会行为 能较多地给予他人关爱与分享，主动帮助他人；在成人指导下表现出同理心，并做出安慰行为；具有一定的公德意识。	3~4岁	1）在成人指导下，表现出一定的助人行为和分享行为，如在成人的简单的语言提示后，两人能共享玩具等。 2）在成人指导下，表现出一定的同理心，并做出安慰行为如简单的肢体安慰；具有一定的公德意识，如保持安静等。
			4~5岁	1）能够关爱他人；如在同伴身体不适时能够给予关心。 2）表现出一定的助人行为和分享行为，如给予行动帮助和多人共享玩具等。 3）在成人指导下能够表现出一定的安慰行为和公德行为，如给予语言安慰和游戏后主动整理器材等。

(续表)

一级目标	二级目标	三级目标	年龄阶段	学习要求
健康行为	心理健康行为		5~6岁	1) 能主动关爱他人,如当同伴在游戏中跌倒时能够主动扶起同伴等。 2) 表现出一定的助人行为和分享行为,如主动帮助别人和分享玩具等。 3) 表现出一定的安慰行为和公德行为,如给予行动鼓励和保持公共卫生等。
	安全行为	运动安全行为 知道在集体运动中注意躲闪,防止冲撞;懂得运动时的服装要求;知道简单的运动损伤处理方法。	3~4岁	1) 在成人指导下,知道场地器材的一些安全隐患,如注意柱子、墙角。 2) 知道运动中进行基本的自我保护,如要屈膝落地缓冲。
			4~5岁	1) 知道更多场地器材的安全隐患,如玻璃、镜子。 2) 知道运动中更多的自我保护方法,如运动前热身。 3) 知道正确使用器材,如不用器材来打闹。 4) 知道运动不适时的正确处理方式,如肚子痛要休息或向他人求助。
			5~6岁	1) 知道集体运动中的秩序,如不拥挤、不冲撞。 2) 知道运动时的服装要求,如不携带尖锐物体。 3) 知道一些简单的运动损伤处理方式,如关节扭伤后要用冷水冲或冰敷。
		生活安全行为 知道基本的交通、生活安全常识;懂得在紧急情况下的基本自救方法。	3~4岁	1) 了解最基本的交通安全常识,如红灯停、绿灯行等。 2) 知道对陌生环境和人保持一定的警惕性,如不接受陌生人的食物等。 3) 知道一些危险物品并主动回避,如菜刀、热水壶等。 4) 知道在一些紧急情况下的处理方式,如走丢后寻求警察帮助等。
			4~5岁	1) 了解较多的生活安全常识,如不要把身子探出窗户。 2) 知道一些必备的求助信息,如家庭住址、报警电话。 3) 知道较多紧急情况下的处理方式,如地震时往空旷处逃生等。
			5~6岁	1) 了解更多的生命安全常识,如不靠近不知深浅的水源。 2) 知道更多紧急情况下的自救方式,如火灾时能拨打119火警电话,并捂住口鼻保持下蹲姿势尝试离开火场。

(三) 体育品德目标与学习要求

表3-3为幼儿园体育教育活动的运动能力目标体系,并根据目标提出了3~4岁、4~5岁、5~6岁三个阶段幼儿的具体学习要求。

表3-3 体育品德目标与学习要求

一级目标	二级目标	三级目标	年龄阶段	学习要求
体育品德	规则意识	遵守规则和秩序;能与他人协商制定游戏、家庭以及公共场所中的游戏规则并主动遵守。	3~4岁	1) 在成人提醒下,知道遵守游戏规则,如安静等待轮到自己等。 2) 在成人提醒下,知道遵守家庭中的规则,如玩具要整理好等。 3) 在成人提醒下,知道遵守公共场所的规则,如不大喊大叫等。
			4~5岁	1) 遵守游戏中的基本规则,如对输赢的判定等。 2) 遵守家庭中的基本规则,如看电视的时间等。 3) 遵守公共场所的基本规则,如不插队等。
			5~6岁	1) 协商制定游戏中的基本规则,如制定游戏玩法等。 2) 协商制定家庭中的基本规则,如制定学习计划等。 3) 主动了解公共场所的规则并能做出正确行动,如节约粮食、水电等。
		遵守纪律 能主动维护教室以及幼儿园的基本纪律。	3~4岁	1) 在教师提醒下,遵守教室里的纪律;如听从教师指令等。 2) 在教师提醒下,遵守幼儿园的纪律,如准时到校等。
			4~5岁	1) 自觉遵守教室里的纪律,如保持安静等。 2) 自觉遵守幼儿园的纪律,如不破坏花草等。
			5~6岁	1) 主动维护教室里的纪律,如纠正错误行为等。 2) 主动维护幼儿园的纪律,如纠正错误行为等
	意志品质	坚持到底 能完成具有一定困难的任务并坚持到底。	3~4岁	在成人帮助下,坚持完成有一定难度的任务,如穿长长的珠子、过比较长的独木桥等。
			4~5岁	在成人鼓励下,能独立完成有一定难度的任务,如通过有一定高度和距离的平衡木等。
			5~6岁	能够完成具有一定难度的任务并坚持到底,如攀爬具有一定高度和距离的攀爬网等。

(续表)

一级目标	二级目标	三级目标	年龄阶段	学习要求
体育品德	团队精神	协同合作 具有一定的团队协作精神。	3～4岁	初步认识协同与合作,知道什么是协同与合作。
			4～5岁	具有初步的协同合作精神,懂得如何在游戏中与同伴协作,如成功组队并完成简单的集体任务等。
			5～6岁	具有一定的团队协作精神,能与同伴互相配合、互相分工,共同面对困难并完成游戏任务,如组队并完成较为复杂的集体任务等。
		团结一致 形成一定的包容精神。	3～4岁	初步理解"团结""齐心"的含义,知道什么是团结一致。
			4～5岁	初步具备团结一致的精神,如与同伴配合,尝试尊重同伴的意见,共同完成游戏任务。
			5～6岁	形成一定的团结一致的精神,主动尊重和包容同伴,共同完成游戏任务,如尊重他人的不同意见,并努力与他人达成一致。

第二节 幼儿园体育教育活动的原则和规律

一、幼儿园体育教育活动的原则

在组织幼儿园体育活动时,应以幼儿发展为本,全面培养幼儿身体机能,通过适量身体练习,确保幼儿掌握基本体育技能,达到体育教学目标。

(一)全面性原则

开展幼儿园体育活动应遵循全面性原则,确保活动面向全体幼儿,充分考虑幼儿的年龄特征,设置符合身心发展需求的活动内容,保持适度的练习密度和活动量,避免练习密度和活动量不足或过大。练习密度不足或活动量过小将导致幼儿身体各区域得不到有效锻炼;练习密度过高或活动量过大,可能对幼儿身体造成负担,影响健康。因此,在安排体育活动时,应充分考虑全体幼儿的身心状况,实现幼儿身心全面发展。

(二)直观性原则

直观性原则强调利用幼儿的视觉、听觉、触觉等多种感官和经验,通过丰富形式,增强幼儿的感性认识,帮助幼儿掌握动作技能,明确动作要领,并发展观察能力和思维能力。贯彻此原则应注意:

（1）综合运用各种感觉器官；

（2）教师示范要完整准确；

（3）教师讲解要生动形象；

（4）结合生动直观与抽象思维和实践练习。

（三）兴趣性原则

兴趣性原则要求在教授幼儿知识、技能、游戏时，内容、形式和方法要适合幼儿，激发他们的兴趣，提高学习效率和记忆力。

（四）循序渐进原则

循序渐进原则要求教学内容、方法和运动负荷安排应由易到难、由简到繁、由已知到未知，逐步深化，不断提高。贯彻这一原则应该注意以下三个方面的问题：

（1）教学内容和方法安排由易到难、由简到繁；

（2）教学内容要有系统性；

（3）每次教学要抓住重点，贯彻少而精的原则。

（五）多样性原则

幼儿体育活动的组织形式应多样化、丰富多彩，以弥补单一形式的不足，提高幼儿参与体育活动的积极性，丰富幼儿生活。常见的活动形式包括早操、体育课、户外体育活动，以及室内体育活动、体育游艺、运动会、短途旅游和远足等。各种组织形式都有局限性和价值，关键在于相互补充和配合，全面实现幼儿体育活动任务，促进幼儿身心和谐发展。

（六）身体全面协调发展的原则

身体全面协调发展原则要求体育教学中使幼儿身体各部位、各器官系统、各种身体素质和基本活动能力得到锻炼和发展。制订体育教学计划时，应保证教材和活动内容互相搭配，全面锻炼幼儿身体。

二、幼儿园体育教育活动的规律

（一）动作形成规律

1. 粗略掌握阶段

在这一阶段，幼儿对动作有了初步印象，大脑皮层的兴奋过程广泛扩散，内抑制不足，导致动作表现中肌肉紧张、不协调、不准确，并伴有多余动作。幼儿主要依靠视觉表象来控制和调节动作。

2. 改善提高阶段

经过反复练习、观察示范和听教师讲解，幼儿开始初步形成动作概念。大脑皮层的兴奋和抑制过程逐渐集中，内抑制加强，特别是分化抑制得到发展。动力定型已初步建立，但尚不巩固。肌肉感觉发展，控制能力加强，视觉控制不再是主要作用。动作表现更轻松、协调、准确，多余动作减少，但动作熟练度和稳定性仍需提高。在复杂条件下，动作可能变形,不经常复习可能会遗忘。

3. 巩固和运用自如阶段

在这一阶段,动作概念已明确,大脑皮层兴奋和抑制过程更加集中,动力定型牢固建立,主要依靠肌肉感觉来调节控制。动作表现协调、准确、熟练、省力,并能自如运用。

为了使幼儿所学动作技能达到运用自如阶段,教师可通过挑战和让幼儿感受进步,激发幼儿反复、主动练习的积极性至关重要。

(二) 人体机能适应性规律

人体参与运动时,会消耗体内物质能量,促进异化作用,导致疲劳和身体机能暂时下降。同时,这一过程也激发恢复过程,加强同化作用,引发超量恢复,从而提升人体机能。这是人体通过运动促进新陈代谢、提高机能能力的过程,也是产生适应性效果的过程,具有阶段性特点。

工作阶段:参与运动时,身体物质能量被消耗,恢复过程也在进行,但消耗过程占优势,表现为身体机能能力逐渐下降。

相对恢复阶段:运动后,身体机能指标恢复到运动前水平。

超量恢复阶段:通过合理休息,物质和能量储备超过运动前水平,提升身体工作能力。

复原阶段:如果间隔时间过长,身体工作能力恢复到运动前水平。

研究表明,工作阶段消耗过小或过大,超量恢复效果不佳;练习间隔时间过长或过短,也影响恢复效果和工作能力提升。因此,应根据个体体质、年龄、练习内容等因素,合理确定运动负荷量和练习间隔时间,以获得更好的锻炼效果。

(三) 人体生理机能能力变化规律

人体在运动过程中,生理机能能力是不断变化的,并且遵循一定的规律。一般而言,生理机能先是逐步上升,然后在一定时间内保持最高水平,最终逐渐下降。这一过程可分为上升、平稳和下降三个阶段,体现了一个客观存在的生理规律。

1. 上升阶段

上升阶段包含两个过程。首先,在没有体育活动之前,当人们知道或想到即将开始体育活动时,身体各器官就会产生变化,例如心跳和呼吸加深加快,精神振奋,部分人血液中的葡萄糖含量增加。这些变化中,有些是积极的,能够加速身体器官克服惰性,使活动能力迅速提升,以适应即将开始的体育运动;而有些变化则是消极的,如情绪厌烦、全身无力、动作迟钝等。教师应根据这一规律,引导幼儿在运动开始前产生积极反应。例如,平时要妥善安排和组织每次集体体育活动和户外体育游戏,使幼儿对体育活动充满期待;活动前要努力激发幼儿的活动兴趣。

其次,通过活动,身体克服各器官的惰性,提高活动能力,较快地达到较高水平。例如,进行准备活动,一方面是为了适应活动开始时身体活动能力尚低的状态;另一方面是为了加速进入第二阶段的适应过程,使身体活动能力迅速上升。由于个人体质、年龄、训练水平的差异,这一过程的持续时间也会有所不同。幼儿的身体器官惰性较小,容易动员,活动能力上升较快,因此准备活动时间应较短,运动负荷的增加也应较快。

2. 平稳阶段

在这一阶段,各器官的活动能力已达到较高水平,并能维持一段时间,此时身体活动效率高,学习动作的效果良好,能够适应激烈的体育活动。这个阶段的持续时间与运动负荷、个人体质、训练水平、年龄、心理状态等因素有关。幼儿的持续时间通常比成人短,情绪愉快时疲劳出现较晚。为了适应这一规律和幼儿的特点,可以将难度较大、运动强度较高的练习安排在这一阶段,练习时间应少于小学儿童,练习内容和方法应多样化且富有趣味性,以激发幼儿的积极情绪。

3. 下降阶段

经过一段时间的体育活动和一定数量的练习后,由于体内能量物质的大量消耗和恢复不足,会出现身体疲劳,活动能力下降。此时,应及时结束活动,但在激烈活动后不能立即停止,而应进行一些放松活动,使激烈运转的身体逐渐平缓下来。这个缓冲阶段非常重要,因为突然停止不仅不利于疲劳的消除和能量物质的恢复,而且可能对身体造成伤害。

"上升—平稳—下降"是人体在体育活动中各器官活动能力变化的客观规律。体育教学应遵循这一规律,合理安排,因势利导,以充分发挥体能,提高体育教学的效果。

第三节 幼儿园体育教育工作的计划

计划是幼儿园体育教育工作的依据,它是幼儿园体育教育工作有目的、有步骤地进行的保障,同时也是检查和评价的依据。幼儿园体育工作计划主要有全园学期体育工作计划、班级学期体育工作计划、班级月体育工作计划、班级集体体育活动计划及每日早操和户外活动计划。

一、全园学期体育工作计划

全园学期体育工作计划通常指的是针对一个学期内,针对幼儿园全体幼儿制定的体育活动和教学的详细计划。计划会包括以下几个方面:

(1)目标设定:明确学期体育教学和活动的目标,比如提高幼儿的体能、培养幼儿的团队合作精神等。

(2)课程安排:列出每周或每月的体育课程内容,包括不同的体育项目和活动。

(3)活动组织:计划各种体育竞赛、运动会等活动的组织和实施。

(4)资源分配:包括体育器材、场地使用和教师资源的分配。

(5)安全措施:确保所有体育活动的安全,包括预防伤害和紧急情况的应对。

(6)评估与反馈:定期评估体育教学和活动的效果,收集幼儿和教师的反馈,以便不断改进计划。

二、班级学期体育工作计划

班级体育工作计划是由各班教师制定的,涵盖全学期体育教学和各项体育活动的计划,包括集体体育活动、户外体育活动、早操等方面。具体内容包括确定与年龄班相关的全学期体育任务、教学内容、教学材料、教学时数。制定学期体育工作计划的步骤如下:

(1) 分析情况,确定任务。

(2) 计算和分配活动时数。只有知道了集体体育活动、户外体育活动和早操的时间和次数,才能确定材料和教育内容的数量。

集体体育活动总次数=入园总周数(每周安排一次集体体育活动)

早操总次数=入园总周数×5(每周入园5天,每天早晨安排做操一次)

户外体育活动总次数=入园总周数×5(每天安排户外体育活动至少一次)

(3) 分配材料和活动内容出现次数。分配原则是全面照顾、保证重点。全面照顾是为了贯彻全面发展原则和照顾幼儿兴趣等心理特点,各类材料都应安排一定次数。保证重点是指不能平均分配时间,如跑、跳等实用性最大,并且幼儿也喜欢,所以在时间和次数上应多安排一些。

(4) 选定材料和体育内容,并分配到各月。根据全面发展原则以及体育内容本身的系统性,基于各类材料和体育内容之间的相互关系,以及季节、气候和场地等条件,把各类材料分配到各月。

(5) 确定幼儿生长发育、基本动作水平等的检测日期。

三、班级月体育工作计划

班级月工作计划是根据学期体育工作计划,具体安排班级本月每天的早操、户外体育活动和每次体育活动的内容,并提出完成本月体育任务的措施。制定月体育计划的步骤和方法如下:

(1) 根据学期计划和当月具体情况来确定每周体育教育任务,各类体育内容和材料的要求及出现次数、时数。

(2) 分配每次集体体育活动的材料和每天早操、户外体育活动的体育内容。分配时应注意以下几点:

① 集体体育活动可安排新教的、较难的内容和重点的材料。早操可只做操和简单的变换队形,每月可安排一套操。户外体育活动应复习巩固集体体育活动所教内容,也应适当教授新内容,但难度不应太大。

② 可先安排集体体育活动的材料,再安排户外体育活动的材料和体育内容。

③ 每周应根据幼儿年龄特点和活动能力,适当安排独立锻炼的时间。教师把场地器材准备好,由幼儿自选内容,独立活动,但教师仍应注意照顾和指导。

④ 可把重点材料和活动内容尽量安排在上午。先安排重点的、连续性要求较高的

材料,后安排其他材料。

⑤ 每天户外活动内容和每次集体体育活动的材料都要注意锻炼身体的全面性和多样性。

⑥ 注意材料与体育内容之间的关系。

四、班级集体体育活动计划

活动计划是一次集体活动的教学方案,也称教案。编定教案,是组织集体教学活动的重要环节之一。一个好的教学方案,是实现教学最优化的关键。关于体育教育活动的设计将在第七章进行详细讲解,此处不再赘述。

五、每日早操和户外活动计划

幼儿园的每日早操和户外活动计划是专门为幼儿设计的体育活动安排,目的是通过有趣的活动促进幼儿的身体发展、社交技能和认知能力。早操一般安排在幼儿入园不久后,包括简单的热身运动、儿歌舞蹈、基本体操动作等,以吸引幼儿的兴趣并让他们的身体逐渐活跃起来。户外活动可以安排在上午和下午的特定时间段,例如餐后或学习活动之间。根据幼儿的年龄和发展阶段,设计适合的游戏和活动,如滑梯、秋千、攀爬架、团队游戏等。确保所有活动都在成人监督下进行,并采取必要的安全措施,如检查活动场地和设备。

第四节 幼儿园体育教育活动的内容

一、幼儿园体育活动开展的基本元素

在幼儿园体育活动的开展中,涉及以下几种基本元素:幼儿、材料、同伴、环境、教师等。对这些元素进行细致分析,有助于更好地理解幼儿园体育活动类型,并有针对性地安排体育活动。

(一)幼儿

幼儿园内不同年龄段的幼儿在体能、运动能力、兴趣、认知和社交技能等方面存在明显差异。因此,针对不同年龄段的幼儿,教师在体育活动的内容、组织方式、目标设定和评价方法等方面需要区别对待。

1. 小班幼儿

小班幼儿的体育活动通常以情节为主,采用模仿性动作,通过平行练习和跟随的组织方法,完成基本动作和技能的发展。

2. 中班幼儿

中班幼儿的体育活动可以借助情节，强调动作与认知的结合，并适当增加竞赛性组织方式，逐步扩展专项技能的综合练习。

3. 大班幼儿

大班幼儿的体育活动可选择性地采用情节，鼓励幼儿创造性地使用材料和与伙伴互动，增加规则性游戏，促进幼儿间的合作。

(二) 材料

幼儿园体育活动中材料的使用非常频繁，种类繁多。在户外自主性体育活动中，幼儿倾向于选择熟悉的单一材料或成品材料，大型材料占较大比例。基本体操活动中多使用轻器械，包括成品材料和教师自制材料。在有组织的集体体育活动中，教师根据目标的不同，使用材料更加多元化。

(三) 伙伴

伙伴是集体体育活动中的重要组成部分，在幼儿园集体体育活动中，伙伴之间主要存在着以下三种结合方式。

1. 两人或三人间体育活动类型

(1) 相互协同，共同合作完成某一内容，如两人三足。

(2) 互为辅助，互为"材料"，共同完成某一内容，如"穿山洞"——一个充当山洞，一个钻过。

(3) 以某一幼儿为主，跟随式完成某一内容，如游戏"你是我的影子"。

(4) 相互对抗共同完成某一内容，如猜拳跨步。

2. 大集体及小群体组合体育活动类型

(1) 幼儿个体独立完成相同内容的活动，相互不影响，可形成个体之间的相互模仿，多在小班中进行。

(2) 幼儿以单组、个体相互轮换的方式共同完成相同内容的活动，没有角色的分配，相互之间形成联合的关系，多在中班进行。

(3) 幼儿小组合作，为达成统一目的相互协商，共同完成某一体育活动。

3. 混龄组合体育活动类型

(1) 集体混龄：两个不同年龄班，围绕同一体育主题，以相对独立的方式共同操作。

(2) 定配混龄：不同年龄段的两名幼儿相互结合成相对稳定的关系，在体育活动中，"以大带小"进行活动。

(3) 择优混龄：同定配混龄，区别在于选择较大年龄段中社会性发展较好的幼儿来促成"以大带小"。

(四) 环境

幼儿园环境是促进幼儿参与体育活动的关键因素之一，通常分为固定性环境和创造性环境两大类。

固定性环境指的是幼儿园现有的建筑结构、户外场地及设施。这些设施为体育活动提供了场地,如:利用楼梯攀登来锻炼幼儿的下肢力量和耐力;使用楼道进行迷宫式行走练习;利用室内空间进行寻物、取物和物品归类练习;利用楼层间的距离进行提拉和传接物品的练习。户外环境提供了更多样化的体育活动机会,例如:利用小山坡进行滚翻练习;利用大型体育设备进行综合技能练习;利用过道进行平衡车或车轮类练习。

创造性环境则是指在教师的引导下,幼儿使用园内各种器材创造性地组合成新的运动环境。例如:幼儿可以使用轮胎堆积并用垫子和竹梯覆盖,创造出人工小山来进行练习。创造性环境主要采用低结构性材料,既可以由教师设计安排,也可以由师幼共同创造,甚至可以由幼儿自主设计。其核心目的是利用环境变化激发幼儿不同的动作表现,服务于幼儿身体活动的多样化需求。

(五) 教师

教师在幼儿园体育活动中扮演多种角色,包括研究者、策划者、设计者、管理者、组织者、引导者等,同时也与幼儿平行互动,如合作者、参与者,有时也扮演跟从者、学习者等角色。

二、幼儿园体育活动开展的具体内容

幼儿体育的主要任务是培养幼儿的基本动作能力和身体素质,以促进幼儿的正常生长发育,并持续提升幼儿的体质。同时,考虑到幼儿的年龄特点、身心发展水平和社会性发展需求,幼儿园体育活动内容应体现多样性。一方面,幼儿园体育活动要不断完善幼儿的基本动作,使幼儿扩展和学习基本动作技能。另一方面,要结合社会性要求,形成具有一定社会性的体育活动内容,包括队列队形活动、体操活动、竞技性体育项目以及拓展性体育项目的运用等。所有体育活动的开展都应强调以游戏为基础平台,让幼儿在愉悦的情绪中进行有效的身体锻炼。此外,应利用多样化的材料和创造多元环境,以支持幼儿自主性体育活动的开展,鼓励幼儿在自主探索和互动中提高运动技能和社交能力。

(一) 基本动作和基本动作技能

基本动作是幼儿自我形成的动作经验,也是所有运动能力发展的基础,包括走路、跑步、跳跃、投掷、攀登、钻爬等大肌肉活动。不断练习基本动作,不仅可以促进动作技能的成熟,还能增强幼儿的体质。由于基本动作的成熟主要在学前期,幼儿体育教育往往通过这些基本动作练习来锻炼幼儿身体。

基本动作技能是在基本动作的基础上形成的,是以多样化的身体表现形成的新动作模式。基本动作技能需要通过学习和不断练习才能内化为个体的动作能力。这些技能既有简单的,也有复杂的,是更高专项技能动作发展的基础。基本动作技能训练主要有三个目标取向:一是在基本动作的基础上形成变化,创造新的动作,如高抬腿走步,可以发展大腿力量;二是将若干基本动作有效组合,如开并腿跳跃,强调双腿间的协调能力；三是基本动作的精细化，如掷准动作，要求更协调的手眼配合。

3~6岁是幼儿基本动作发展的关键期，动作的协调性和准确性为未来的生活、学习和运动能力打下基础，也反映幼儿发育的各项指标。身体素质和体质的发展很大程度上依赖于基本动作的练习。因此，在幼儿园中有意识地培养幼儿的基本动作和基本动作技能非常重要。本章将在第四章具体介绍学前儿童动作发展及基本动作技能教育。

（二）体育游戏

体育游戏是一种结合了体育活动和游戏元素的活动形式，旨在通过有趣和互动的方式提高参与者的身体素质、运动技能和团队合作能力。学前儿童体育游戏是专为学前儿童设计的体育活动，旨在促进学前儿童的身体发育、运动技能和心理素质的发展。这些游戏通常规则简单易懂，适合幼儿的认知水平，同时注重安全性和保护性，确保幼儿在参与过程中不会受伤。游戏形式多样，涵盖跑、跳、爬、投掷等基本运动技能，通过有趣的情境和任务激发幼儿的兴趣和参与度，促进身体协调性和灵活性的发展。此外，体育游戏强调互动性和团队合作，鼓励幼儿之间的交流和合作，培养社交技能和团队精神。通过参与体育游戏，幼儿不仅能够提高身体素质，还能增强自信心和规则意识，为全面发展打下坚实的基础。本书将在第五章具体介绍学前儿童体育游戏。

（三）体适能活动

学前儿童体适能活动是指通过一系列有计划、有组织的体育活动，帮助学前儿童提高身体素质、运动技能和发展健康习惯，以提高其适应日常生活、娱乐运动和应对环境紧急情况的能力。体适能活动具有以下特点：

（1）全面性：学前儿童体适能活动不仅关注身体技能的训练，还注重培养幼儿的健康习惯和心理素质。

（2）游戏化：活动通常以游戏的形式展开，通过有趣的情境和任务，提高幼儿的参与度和兴趣。

（3）个性化：根据幼儿的特点、身体状况和运动目标，制定个性化的训练计划。

（4）多维度：涵盖柔韧平衡、速度、耐力、灵敏、协调等基本运动素养，为从事其他体育运动打下基础。

幼儿园开展的体适能活动可划分肌力类、灵敏类、跳跃类、平衡类、柔韧类、速度类和协调类。本书将在第六章具体介绍学前儿童体适能活动。

（四）其他活动

1. 队列队形活动

队列队形活动是集体体育活动中不可或缺的组织形式。它不仅是幼儿练习正确身体姿势的平台，也是有效开展集体体育活动的重要手段，对于培养幼儿的集体意识、方位感、节奏感、本体感和协同性等方面都具有重要作用。

2. 结合各种器材的体育活动

在幼儿园中，体育器材相当于幼儿的体育玩具，是激发幼儿运动兴趣、形成各种运动能力的重要媒介。每种体育材料都有其独特的运动价值，幼儿在活动中不仅能锻炼身体，还能提高对材料本身的认知。

3. 基本体操

基本体操是一种简便、易于普及的动作内容，有助于促进幼儿身体机能的协调发展，是日常体育活动的重要组成部分，具有多元的发展价值。

4. 基础专项运动技能

基础专项运动技能基于各种竞技体育和群众体育项目，旨在培养专项动作能力，例如：足球、篮球、排球、曲棍球、高尔夫球、门球、轮滑、中华武术、体育舞蹈、艺术体操、跆拳道、跳绳等。这些项目涵盖的各种单项技能，更注重动作的科学性和有效性。许多专项技能是基本动作及其技能的综合运用。根据幼儿的年龄特点，这些项目在幼儿园的应用主要结合幼儿生长发育的需求，动作技能的学习、练习与应用更注重基础性和幼儿化特征。

5. 拓展性体育活动

拓展性体育活动的主要任务是锻炼幼儿的心理承受能力，即心理负荷。这类活动旨在帮助幼儿在体育运动中培养较强的心理素质，是塑造幼儿勇敢、坚定意志品质的重要途径。

第五节 幼儿园体育教育活动的组织类型

一、晨间锻炼和早操活动

晨间锻炼和早操活动是幼儿园一日生活的开端，也是幼儿在教师组织引导下进行的专门性身体锻炼。在我国，幼儿园通常将这段时间分为两个相对独立的部分，第一部分是入园后至早操前的自由体育游戏或分组小型器械练习，第二部分是早操，包括正规的集体做操、教师组织的体育游戏或韵律活动。

（一）价值和意义

1. 增强体质

晨间锻炼和早操多在户外进行，让幼儿享受新鲜空气和阳光。在寒冷季节，户外运动能提高幼儿对低温的适应力，减少呼吸道疾病。体育游戏和器械练习，以及慢跑、队列练习和深呼吸活动，能全面锻炼幼儿身心；早操和韵律活动对提高灵敏性、协调性、节奏感和动作健美有独特作用。

2. 锻炼意志

夏热冬冷和运动中的压力，有助于形成幼儿良好的意志品质。坚持锻炼有助于培养幼儿积极乐观态度、良好生活习惯和对体育运动的爱好,这些品质和体质的增强将使幼儿终身受益。

3. 培养纪律性

集体走步、跑步、队形队列练习和基本体操练习是培养纪律性的良好机会。这些活动让幼儿学会服从集体,与他人共同游戏、舞蹈,学习交往、合作和分享,培养集体归属感和亲社会人格倾向。

4. 振奋精神

晨练和早操有效消除睡眠后的抑制状态,调整肌体到适宜的兴奋状态,使幼儿精力充沛、精神饱满、情绪愉快地开始一日生活。

(二) 内容和组织

1. 内容

晨练活动一般包含集体的体育游戏活动,集体的慢跑或走、跑交替锻炼活动,自由或分组的中、小型器械锻炼活动。

早操活动一般可以划分为队形队列练习和操前律动、集体的基本体操练习、操后律动和队形队列活动。

2. 组织

幼儿园的晨练活动和早操活动通常在教师的组织和指导下按班级进行。然而,由于不同幼儿园提供的课程存在差异,教师在组织这些活动时的工作方式也会有所不同。

日托幼儿园的晨练活动通常在幼儿基本到齐后开始。教师会组织幼儿到指定场地进行集体游戏活动,这些活动的运动量一般不会太大。一旦幼儿的情绪和身体状态适宜,年龄较大班级的教师会安排幼儿进行场地和器械的布置,随后进行分组或自由选择的器械活动。活动结束后,幼儿将参与场地和器械的整理,并自然过渡到早操活动。

全托幼儿园的晨练活动在幼儿起床并整理个人卫生后开始,主要包括伸展、深呼吸运动,以及集体慢跑或走、跑交替活动。早饭前,有时也会开展一些运动量适中的游戏活动。早饭后,幼儿会先进行教室整理或安静活动,等待日托幼儿到齐后,再一起进行中、小型器械锻炼和早操活动。

在那些特别强调体育教学的幼儿园,特别是配备有专职体育教师的幼儿园,无论是否为全托,通常会在中、小型器械锻炼前安排深呼吸运动和集体慢跑或走、跑交替活动。在器械练习环节,专职体育教师会指导幼儿进行专门的身体素质练习或器械技能练习。

(三) 指导建议

1. 晨练活动

① 晨练活动一般可持续 30~40 分钟,根据幼儿的年龄、气候条件、幼儿园课程特点适当调整。

② 全托幼儿园起床后至早餐前的锻炼时间应短,运动量不宜过大,以免造成肌肉、关节或韧带损伤。空腹剧烈运动可能导致血糖降低,引发头晕恶心等不良反应,且可能

影响早餐食欲和消化吸收。早餐后,全托幼儿园和提供早餐的幼儿园应稍作休息,再进行轻量级户外锻炼,避免立刻剧烈运动引起不适。

③ 场地器材的布置整理应在教师指导下由幼儿完成,教师指导程度根据幼儿年龄不同而有所差异。

④ 教师应组织幼儿参与锻炼中使用的小型器械设计和制作,培养幼儿的创造性思维、动手能力和对材料工具的敏感性。

⑤ 教师应培养幼儿的自主自律能力,随着年龄的增长,给予幼儿更多自主选择的机会,指导幼儿为自己安排锻炼计划。

2. 早操活动

① 早操活动应呈现从中强到强,再逐渐到弱的强度变化,适应幼儿早操前后的身心状态。在早操前,幼儿已经在比较自由的体育活动中达到了适度的身心兴奋水平;在早操中,集中统一锻炼可以达到更高兴奋水平;在早操后,一般会进行集体智力活动,通过适当的放松环节,使肌体和精神下降到适宜智力活动的兴奋水平。

② 早操活动通常伴随音乐进行,音乐质量对活动效果和幼儿健康、审美能力发展至关重要。应选择符合体育活动要求且审美价值丰富的音乐,注意音响清晰度和音量适中。

③ 操节编排应避免过度柔美,注意锻炼压力,加强早操的实际锻炼效果。

④ 教师应根据季节和气候调整早操运动量,寒冷季节增加运动量,如多做刚健的大幅度的动作,加快做操的速度,提高做操的力度,将同一套操连续做两遍等;炎热季节减少运动量,如做舒缓的动作,放慢做操的速度,减弱做操的力度等。

⑤ 教师可为本园本班创编操前操后韵律活动,吸引中、大班幼儿参与,鼓励幼儿提供音乐,创编韵律动作,甚至自行设计班级韵律活动。

二、户外体育活动

(一) 价值和意义

幼儿参与户外体育活动,不仅能享有更广阔的活动空间,还能沐浴阳光、呼吸新鲜空气,对幼儿的骨骼发育、呼吸系统和神经系统的健康发展极为有益。此外,户外活动还能满足幼儿对多样化环境、多样化活动以及身心动静交替的需求。在户外,幼儿能够进行更为自主和自由的体育活动,这有助于补充早操、体育课等较为固定体育活动形式的局限性,更有效地满足不同幼儿的个性化发展需求。同时,通过自由选择活动,幼儿不仅能学习如何做出选择,还能在自主活动中增强自主性和自律意识。

(二) 内容和组织

1. 内容

(1) 利用环境和大型设施的锻炼活动

城镇幼儿园可以利用楼梯、操场、沙池、游泳池、游戏城堡、假山或人造树墙迷宫等进行体育锻炼活动;农村幼儿园则可以利用周边的田埂、土坡、水沟、树林等自然资源开展体育活动。

(2) 利用大、中、小型专业体育器械的锻炼活动

大型器械活动包括利用攀登架、攀岩墙等开展的活动；中型器械活动包括利用如拳击袋、平衡木等开展的活动；小型器械活动包括利用各种球类、毽子、皮筋、跳绳、沙袋等开展的活动。

(3) 利用各种替代性器械或自制器械的锻炼活动

可以使用桌子、板凳、梯子、轮胎、包装纸箱等常见物品作为替代器械，或自制小器械，如用废弃饮料罐制作的拉力器、高跷等进行锻炼活动。

(4) 各种体育游戏

体育游戏包括教师传授的游戏、幼儿相互传授的游戏，甚至包括幼儿自己即兴"发明"的游戏。

2. 组织

(1) 时间安排

在大部分幼儿园中，为幼儿安排的其他户外体育活动时间通常在上午9:30至10:30之间，以及下午午睡起床后或离园前。各幼儿园各班级可根据具体情况，将活动时间分为2次、3次或更多次，确保幼儿每天的户外体育活动总时间大约在1至2小时。

(2) 场地利用

由于大多数幼儿园特别是城市幼儿园的户外场地有限，因此通常会根据年龄班级甚至班级交叉使用场地，以充分利用空间。场地的共享方式可以根据不同年龄、不同班级的月度、周度或当日活动的一般或特殊计划来统筹安排。例如：

① 全体幼儿可以按照年龄、班级或小组，在事先划分好的活动范围内进行活动。

② 全体幼儿可以自由选择不同的锻炼项目，在按项目划分的活动区内进行锻炼，并在各个项目区之间自由流动或根据约定自觉流动。

③ 全体幼儿可以选择不会影响他人也不受他人影响的空间，进行统一的身体练习，如拍球、跳绳、踢毽子、跳皮筋等。

(三) 指导建议

1. 个性化选择

应充分考虑每个幼儿的不同兴趣、爱好和能力水平，为幼儿提供自主选择运动项目、器材、锻炼伙伴、场地调整以及解决问题和纠纷的机会。同时，教师应根据幼儿发展的实际问题及时进行引导或指导。例如，对于不愿积极参与锻炼的幼儿，给予激励或具体指导；对于过度兴奋或运动量过大的幼儿，给予适当的疏导或调整。

2. 安全保障

教师应高度重视安全隐患，随时对幼儿进行安全监察和指导。例如，在投掷和快速移动活动中，应与静止活动隔离；教育幼儿不要将器械对准同伴挥舞或投掷，尤其在击活动靶游戏时，避免投掷物击中同伴的脸部；在移动项目中，避免在静止活动区穿插移动。在攀登架或滑梯等大型组合器械周围，特别注意监控幼儿的行为，防止莽撞行为和不安全动作，如倒爬滑梯和从高处跳下。在沙池和水池活动中，应制止幼儿用沙或水泼

洒他人眼睛,或在水池内推搡同伴、将同伴头部浸入水中。教师间应分工合作,主班老师和有经验的老教师应注意提醒新教师警惕安全隐患,防范安全事故。

3. 创新激发

及时引入新的锻炼方式以激发幼儿的学习和锻炼热情,并鼓励幼儿分享从园外学到的新运动或自己发明的新运动方式。

4. 社交互动

可定期安排跨班级、跨年级的活动,以增进不同群体间幼儿的交往,促进社交技能的发展。

三、室内体育活动

室内体育活动是在教室或专门的体育活动室内进行的体育活动。目前,一些有条件的幼儿园已经开始增设设施,如专门的体育馆、室内游泳池、舞蹈或体操房、室内攀岩墙、室内海洋球池、室内旱冰场或球场以及"感觉统合器械治疗"专用教室等。

（一）价值和意义

室内体育活动的安排考虑到特殊气候条件、运动项目的特殊要求或器械维护的需要。在阴雨和极端寒冷或炎热的季节,具备室内锻炼条件的幼儿园能够保障幼儿持续进行体育活动。室内环境的优势在于地面通常为地板或铺有地毯,便于进行各种户外不便进行的动作,同时音乐或对话也更容易听见,这有助于满足创造性身体表现活动的需要。

（二）内容和指导建议

室内体育活动内容包括室内器械活动,如充气城堡游戏、跳床游戏、垫上运动及各种球类运动;以及创造性身体表现活动,如体操、舞蹈、戏剧表演、身体探索活动等。

室内体育活动的指导建议如下:

① 要求幼儿穿袜子、赤足(以锻炼足底)或穿指定的鞋子参加活动。
② 根据场地大小合理安排幼儿人数,避免拥挤。
③ 利用专门设备播放音乐,提供纱巾、纸带、藤圈或能发出柔和音响的小型打击乐器等,以引发和丰富幼儿的创造性活动。
④ 可以播放故事录音或录像,激发幼儿的活动兴趣。
⑤ 要求幼儿保持适当音量,不干扰他人活动。
⑥ 指导幼儿自行布置和整理场地器材,培养自主能力。

四、午后锻炼活动

午后锻炼活动是指午睡起床后在寝室内进行的锻炼活动。午后锻炼活动有助于将幼儿的身体调整到适宜的兴奋状态和良好的工作状态,使他们精力充沛、精神饱满、情绪愉快地开始下午的活动。

午后锻炼活动主要包括起床后的自我服务劳动和午练体操(部分操节),通常伴随儿歌或音乐进行。儿歌内容通常与自我服务的程序和技能要求相关。

午后锻炼活动中,对低龄幼儿的指导应尽可能细致,对有特别困难的幼儿应给予特别帮助,而对年长幼儿则应逐步培养其独立性。让幼儿轮流领操,鼓励他们对自己的劳动提出新的要求,引导和指导幼儿提供新的音乐和参与创编新的操节。

五、其他形式的体育活动

(一) 运动会

幼儿园运动会的内容包括体育表演、体育竞赛和体育娱乐三种类型的活动。这些活动不仅包括幼儿参与的项目,也包括教师、家长和社区有关人员的参与。幼儿园运动会意义在于:首先,提高了幼儿参与体育锻炼的兴趣,并检验他们体育学习与锻炼的效果。其次,运动会为不同班级和同龄班级的幼儿提供了相互交往和交流的机会,增强了团队精神。最后,它促进了日常体育工作的开展,并向家长提供了了解子女发展和幼儿园教育情况的机会。

由于幼儿园运动会参与人员众多,涉及的管理、服务工作复杂,因此组织指导工作也相当繁重。除了遵循一般运动会的组织程序外,组织指导幼儿园运动会还特别需要注意以下要点:

① 平时就要做好准备,避免临时突击。
② 确保面向全体,让每个人都能参与。
③ 强调团结合作,主要以集体和合作项目进行比赛。
④ 鼓励坚持到底,不容许中途放弃。
⑤ 重视参与和娱乐的重要性。
⑥ 注意运动卫生和运动安全。
⑦ 确保医务人员和后勤保障人员做好防范意外的准备。
⑧ 预先通知家长和其他成人参与人员,让他们了解如何配合教师、支持幼儿活动的重要信息。
⑨ 通常安排在春季或秋季,或者与春季、秋季的节日(如"六一"儿童节、"十一"国庆节)结合起来。

(二) 三浴锻炼

尽管三浴锻炼目前尚未广泛开展,但它对提高幼儿身体素质和培养积极的个性品质具有重要作用。三浴锻炼主要包括日光浴、风浴(或空气浴)和水浴。这些活动通常在一个时段内连续进行,例如:先进行热身体操,然后是日光浴和风浴,再次进行热身体操,最后进行温水或冷水浴。

三浴锻炼应在气候和气温适宜的条件下进行。进行日光浴时,应为幼儿配备遮阳眼镜。体质较弱的幼儿应逐步适应,健康幼儿也应从适宜的气温和水温开始锻炼。

① 让幼儿和家长了解三浴锻炼的意义,并在家长自愿的基础上参与。
② 根据当地季节特点和幼儿园的实际情况,制定并适时调整锻炼计划。

③ 医务人员和后勤保障人员应监测气温、水温、水质，并确保器械设备的卫生安全。

④ 锻炼应循序渐进，避免过度。

⑤ 培养幼儿的安全意识，建立安全行为规范，预防事故发生。

（三）远足

远足活动让幼儿走出幼儿园，迈向更广阔的自然环境，这不仅能增强幼儿体质、锻炼幼儿意志，还能培养幼儿的纪律性，开阔幼儿的视野，丰富幼儿的心智和经验。城镇幼儿园可以安排春游、秋游，参观附近的社会服务设施，如公园、植物园、儿童乐园等。农村幼儿园则可以根据地理条件和资源，因地制宜地设计远足活动，主要强调让幼儿体验徒步行走一段路程。

远足活动的指导建议如下：

① 根据幼儿的实际情况，制定合适的远足计划，并循序渐进地增加难度。

② 对幼儿进行安全教育，强调外出时的纪律和行为规范。

③ 结合沿途的自然景观和文化特色，进行随机教育，丰富幼儿的知识。

④ 对体弱的幼儿给予特别的鼓励和帮助，确保他们也能享受远足的乐趣。

⑤ 做好安全防范措施，对于长途远足，必须携带应急药品，并在必要时有医务人员随行。

（四）劳动

劳动锻炼与体育锻炼的主要区别在于，除了锻炼身体，劳动还能让幼儿从劳动成果中获得满足感。在劳动中，幼儿不仅能得到体力锻炼，学习相关知识技能，还能体验团队合作，培养责任感，增强完成任务的意识和克服困难的勇气。最重要的是，通过享受劳动成果，幼儿能认识到过程和结果都具有重要意义。

幼儿园的劳动内容包括自我服务劳动、班级值日生劳动、种植养殖劳动、厨房劳动，以及其他教学或生活活动中衍生的劳动等。例如，参与集体活动、游戏区活动、节庆活动、家长开放日、运动会的场地布置和收拾；在远足或参观游览活动中捡拾垃圾、树叶或参与收获；自我穿衣脱衣、铺床叠被、擦拭桌椅、摆放碗筷、冲洗茶杯、搓洗毛巾；在教师指导下洗水果、制作点心、调制饮料；在种植园地拔草、松土、捉虫；为园内饲养的动物加工饲料；甚至在幼儿园停水时，组织大班幼儿参与运水。

幼儿园开展劳动活动的指导建议如下：

重视劳动安全，杜绝安全隐患，加强劳动安全教育，教会幼儿正确使用劳动工具，避免使用工具时的嬉闹态度，确保人身安全。

根据幼儿的年龄和能力发展水平，循序渐进地进行劳动技能指导，严格督促幼儿达到要求，避免养成马虎、不负责任的态度。在幼儿园阶段，劳动教育应更注重培养积极态度，引导幼儿感受参与劳动和享受劳动成果的快乐。

（五）集体舞蹈

集体舞蹈常被喻为"儿童步入社会生活之门"。它不仅培养幼儿交往意识和团队精神,还发展幼儿随音乐运动身体的能力、审美意识,以及空间认识和调控能力。快乐的舞蹈对养成活泼快乐的个性和积极向上的生活态度具有重要意义。

集体舞蹈是多人共同参与的舞蹈活动。在幼儿园,集体舞蹈的组织方式大致分为三种:

① 经典式集体舞蹈:队形和动作基本固定,主要发展幼儿的空间智能、人际智能、音乐智能和人际交往智能。特点体现在空间变化和创造与不同伙伴交往的机会。

② 创造性集体舞蹈:队形和基本动作相对稳定,旨在培养幼儿的创造或即兴创造意识和能力。教师会在舞蹈中留出空间,让幼儿提出创意或进行即兴变化。

③ 自娱性集体舞蹈:自由聚集跳舞,队形和动作由教师或幼儿即兴提出并变化。关键在于享受共同舞蹈和自由运动的快乐。通过"自告奋勇"的方式,培养幼儿积极参与和勇于提出建设性意见的态度。

幼儿园组织集体舞蹈活动的指导建议如下:

① 鼓励幼儿积极参与和享受活动过程,不过分强调技能或动作的"优美、协调"。

② 鼓励幼儿交往,让幼儿体验与同伴在活动中交往的乐趣。

③ 学习新舞蹈时合理安排空间,避免造成学习困难和秩序混乱。

④ 可在节日或家长开放日组织集体舞蹈交流活动,如与来宾共舞或班级间的舞蹈联谊和观摩学习活动。

思考与练习

1. 结合《"健康中国 2030"规划纲要》,分析幼儿园体育教育总目标与分目标(运动能力、健康行为、体育品德)之间的逻辑关系。针对 3~4 岁、4~5 岁、5~6 岁幼儿的动作技能发展特点,举例说明如何设计分阶段的学习要求。

2. 根据"直观性原则"和"兴趣性原则",设计一个适合中班(4~5 岁)幼儿的体育活动方案。要求包含活动目标、材料选择、组织形式及具体实施步骤,并说明如何通过感官体验和游戏化设计激发幼儿参与兴趣。

3. 以"人体机能适应性规律"为基础,假设某幼儿园计划组织一次 30 分钟的户外体育活动(如障碍跑)。试分析如何合理分配运动负荷,并提出保障幼儿安全的具体措施。

4. 结合"队列队形活动"和"团队协作类体适能活动",论述如何在体育活动中培养幼儿的规则意识、合作能力及包容精神。请结合具体案例,说明教师应如何引导幼儿解决冲突并达成共同目标。

5. 某幼儿园所在地区冬季寒冷多雨,户外活动受限。请基于"室内体育活动"和"午后锻炼活动"的内容,设计一周(5 天)的室内体育计划,要求涵盖基本动作技能、体适能训练及创造性表现活动,并说明如何利用有限空间和材料保持活动的多样性与趣味性。

第四章
学前儿童动作发展及基本动作技能教育

本章概述

本章系统阐述儿童基本动作技能的发展规律与教育策略,涵盖投掷、接球、踢球、挥击、跑、跳核心技能。基于动作发展序列模型(如整体序列法、部分序列法)和动态系统理论,详细解析各技能的分阶段特征及生物力学原理,强调个体差异、任务约束与环境因素的影响。教学内容设计遵循分层递进原则,融入游戏化活动与差异化评价,注重安全性、趣味性与发展性。通过理论与实践结合,帮助教师科学指导学前动作技能进阶,促进其体能提升、协调性增强及运动兴趣培养,为儿童未来参与复杂运动奠定基础。

学习目标

1. 掌握幼儿基本动作技能(如投掷、接球、踢球等)的发展规律与阶段特征,理解动作发展序列模型(整体序列法、部分序列法)及生物力学原理。

2. 能够根据幼儿动作发展阶段特点,设计分层递进的教学活动,灵活运用游戏化策略与动态反馈方法,促进动作技能进阶。

3. 激发幼儿参与体育活动的兴趣与自信心,培养团队协作意识,减少运动焦虑,形成积极运动态度。

4. 结合个体差异与环境约束,科学指导幼儿动作技能实践,提升其体能、协调性与动作规范性,为未来参与复杂运动奠定基础。

动作发展是一个贯穿整个生命周期的复杂过程。婴幼儿的固有姿势反射和基础动作通常称为"刻板动作",它们是儿童期组合动作和学习更自主动作技能的基础。从儿童期到成年期,在任务、环境和个体特性(包括功能和结构)的影响下,人们学习、应用、精细化并改变各种动作模式。例如,幼儿身高和体重的增加会影响其动作模式,因为个体结构的约束会随之变化;环境因素,如运动场草地状况和体育馆木质地板的光滑程度,也会对幼儿跑步等动作技能的发展产生影响;不同任务,如用双手接篮球或气球,要求幼儿采用不同的动作模式来完成任务。教师可以通过调整任务和环境因素来影响幼儿动作技能的发展。

基本动作技能可以分为位移技能(如跑步)、非位移技能(如扭转)和操作技能(也称为物体控制技能,如投掷)。基本动作技能包括跑步、连续前滑跳、单脚跳、连续垫跳、双脚跳、投掷、接球、踢球等。发展和提高这些技能对于熟练掌握各类运动、竞赛和舞蹈至关重要。幼儿掌握的基本动作技能是他们有效完成动作的基础,也是探索环境、获取周围世界知识的重要手段。可以将发展基本动作技能比作学习字母表中的字母或字符,字母是学习单词的基础,幼儿通过不同组合形成句子和篇章。同样,在动作技能发展中,如果幼儿没有掌握正确的基本动作模式,他们完成动作组合的能力将受限。

儿童在大约3~8岁的早期至中期形成多种基本动作技能的基础。这些基础使他们在动作反应中有更多选择,提供更大的自由度。例如,儿童在踢不同大小和重量的物体时,无论是静止还是运动的,都能建立一系列动作模式,胜任许多特定任务。在足球、篮球、乒乓球等需要快速变化动作顺序和方向的比赛中,这些充分发展的动作技能使儿童在回应队友或对手的动作时有更多选择。通过持续练习,儿童储备了不同的动作技能模式,能够在遇到复杂动作情况时做出反应。

1980年,西菲尔德提出的金字塔形模型(如图4-1所示),是最早的动作技能发展模型之一,称为动作熟练度发展序列模型。在这个模型中,反射是所有动作技能发展的基础,而基本动作技能是在反射基础上发展而来的更广泛动作技能。

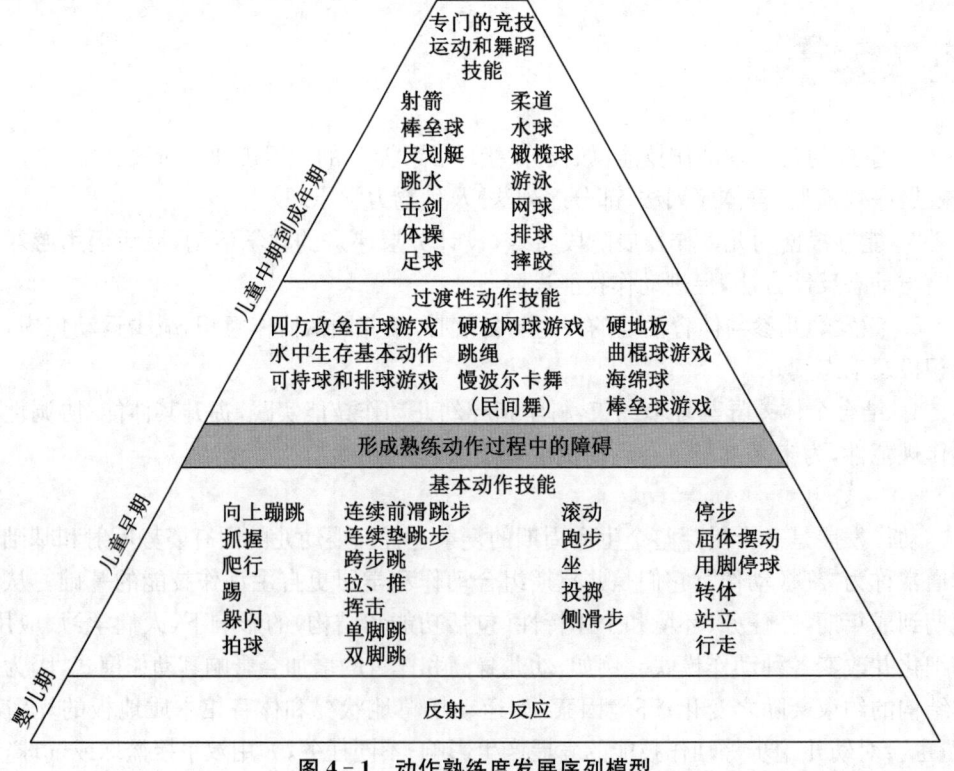

图4-1 动作熟练度发展序列模型

第一节 投 掷

投掷动作是幼儿运动技能发展中的一项基本且重要的能力,它不仅有助于增强幼儿的上肢力量和协调性,还能促进手眼协调和空间感知能力。在儿童早期,投掷通常从简单的抛球或丢沙包开始,逐步发展到更复杂的技能,如棒球中的投球或篮球中的投篮。正确的投掷技巧应包括稳定的站立姿势、恰当的握持物体方式、身体各部分协调一致的动作以及准确的目标定位。通过游戏和练习,幼儿可以逐渐提高投掷的力度、控制和精确度,这对他们参与团队运动和日常体育活动具有积极的影响。家长和教师应鼓励儿童在安全的环境中练习投掷,同时提供适当的指导,帮助他们掌握正确的技巧,培养运动自信,并享受运动带来的乐趣。

一、上手投掷动作的整体发展序列

上手投掷是一种运动技能,特别是在需要将球或物体以较高抛物线投掷到远处或目标的体育活动中常见。这种投掷方式的特点是利用身体的协调性和力量,通过一个连贯的动作将物体从手中释放出去。

运动或动作技能的发展序列可分为两种方法:整体序列法和部分序列法。上手投掷动作发展的整体序列划分为五个阶段,表4-1概述了五个阶段及各阶段的动作特点。

表4-1 上手投掷的整体发展序列

发展阶段	关键词	动作特点
第一阶段	砍	面向前方 手臂的砍切动作 下肢静态支撑躯干无扭转
第二阶段	扔掷	手臂上挥 扔掷 "组块"转体后续动作手臂跨越身体
第三阶段	同侧跨步	手臂高挥 同侧上步 躯干小幅度的扭转 后续动作手臂跨越身体
第四阶段	异侧跨步	手臂高挥 异侧上步 躯干小幅度的扭转 后续动作手臂跨越身体

(续表)

发展阶段	关键词	动作特点
第五阶段	熟练者	手臂向下后挥 异侧上步 分层次的转动 上肢和下肢的后续动作

如图4-2所示，投掷动作的第一阶段特点是下肢静态支撑，身体面向前方，臀部后翘和手臂进行砍切动作来产生力量，但效率较低。进入第三阶段，儿童开始能够采用同侧跨步的动作模式，即手脚同侧同步运动。到了第四阶段，儿童发展到能够使用异侧跨步的投掷模式，即手脚动作方向相反，这使得投掷更加有效。到了第五阶段，儿童已经掌握了熟练投手所需的投掷准备姿势和相应的肌肉力量。

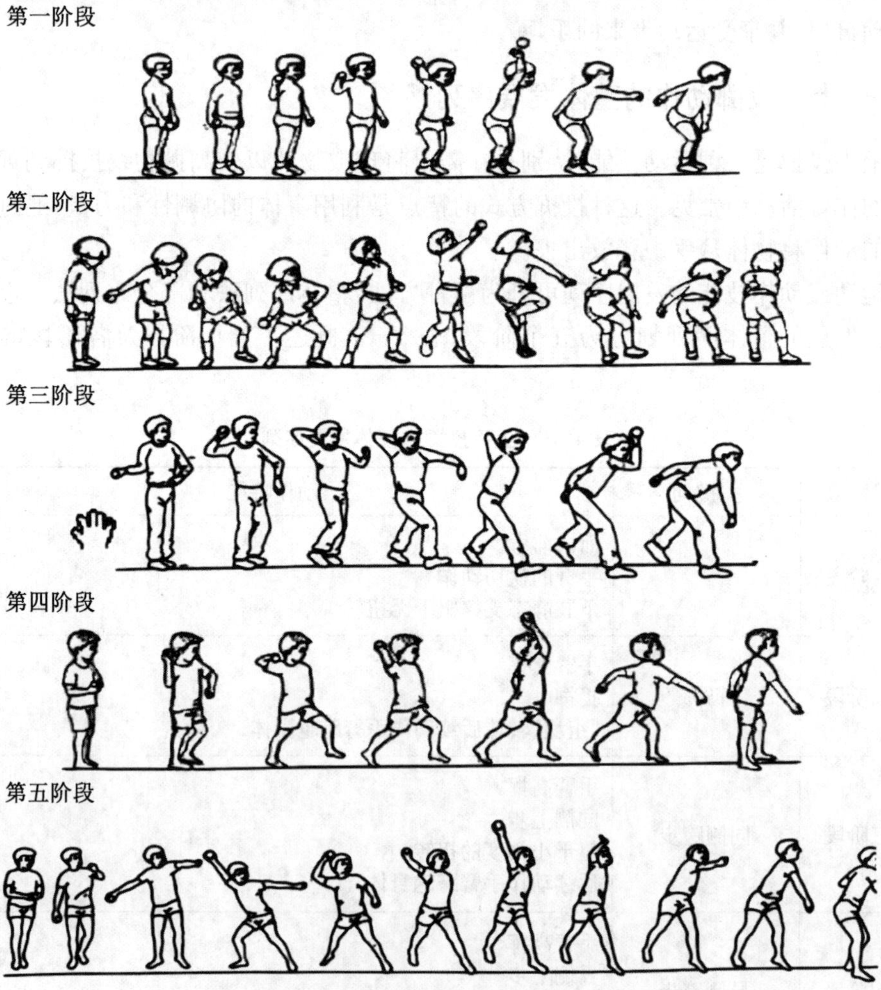

第一阶段

第二阶段

第三阶段

第四阶段

第五阶段

图4-2 投掷动作整体发展序列各阶段线性轨迹

投掷动作发展的整体序列法对教师评价和追踪儿童投掷技能的发展非常有帮助。它能够敏锐地识别投掷动作形式的变化,并通过不同阶段的特征来观察儿童的进步,进而激励他们继续发展技能。然而,整体序列法因持有对投掷动作发展的绝对化观点而受到批评。该方法将第五阶段视为"理想的、成熟的最终阶段",但现实中,投手们在非人为控制的环境下往往会根据任务和环境的要求调整他们的投掷模式。整体序列法的另一个缺陷是,它假设所有投手在同一阶段的动作模式是相同的,但实际上,不同投手在每个阶段的动作模式存在显著差异。与之相对的另一种研究投掷动作发展的方法认为,动作发展的顺序应由身体各部分的动作发展状况决定,而不仅仅是全身动作的发展状况。

二、上手投掷动作的部分发展序列

根据部分序列法,投掷动作的发展应当依据身体各部分的发展情况来确定,即将动作分解为迈步、后引、躯干转体、上臂前挥和前臂前挥等各个组成部分进行分析。在表4-2中,这五个动作部分各自的发展序列被详细列出,每个分解动作都包含3到4个发展阶段。每个儿童的动作发展可以根据这些阶段进行排序。例如,步伐1、手臂后引1、躯干1、上臂1、前臂1(S1、B1、T1、H1、F1)描述的是儿童处于非有效投掷状态,没有脚步动作,手臂后引和躯干转体也未发生,上臂与前臂虽成斜线但未明显后倾,主要依靠手臂完成动作,类似于整体序列法第一阶段的"砍切"动作。

与整体序列法相比,部分序列法提供了更精细的生物力学分析,能够区分不同的步伐长度(如短距离S3和长距离S4的异侧跨步),以及躯干动作的力学原理,区分"组块转动"(髋部、躯干和肩部作为一个整体转体)和"递次转动"(先转髋、后扭躯,最后转肩)。上臂和前臂的动作,即上臂滞后和前臂滞后,也在力量传递和增大投掷力度中起着重要作用。

高水平投掷者,如棒球投手,能展示S4、B4、T3、H3、F3的动作。在这一动作中,投手采用大跨步,手臂持球由下向后逆时针挥动,髋部、躯干和肩部依次扭转,产生充足的转动惯性,上臂滞后于肩部,前臂滞后于上臂,在棒球被掷出的瞬间形成"鞭"状发力。这些身体部位的动作联动产生巨大力量,传递给球,手臂必须利用整个身体产生的力量并通过后续动作发挥出来。

部分序列法强调,所有分解部分并不像整体序列法描述的那样有完美连接,但也不是完全独立。例如,儿童从无跨步到有同侧跨步的变化,并不意味着身体的其他部位(如躯干)也会随之变化。部分序列法还指出,各个身体部位动作的变化速率和时间不同。虽然部分序列法基于阶段论,但动态系统理论提供了对这种发展序列的或然性解释。部分序列法描述了投掷动作行为特征的多种可能组合结构,解释了儿童根据不同个体、任务和环境约束做出不同组合的投掷动作现象。在27种可能的组合结构中,有14种表现出投掷动作的行为特征,代表投掷动作的一般模式。

表 4-2 上手投掷动作的部分发展序列

各部分的动作	发展序列和具体特征
脚步动作 分解序列	S1 无脚步动作：儿童从最初的站立姿势开始扔球。 S2 同侧步：儿童迈出的脚步与扔球手臂同侧。 S3 异侧步，短步伐：儿童迈出的小步与扔球手臂异侧。 S4 异侧步，长步伐：儿童迈出的脚步与扔球手臂异侧，并且两脚之间的距离大于儿童站立高度的一半。
后引动作 分解序列	B1 无手臂后引动作：球直接从最初持球位置出手。 B2 肘和上臂弯曲：球从头后侧或同侧位置出手，此前上臂有意识的上举并伴随着肘的弯曲。 B3 手臂呈弧形向后上引：球从头后侧位置出手，此前肘关节伸展，手臂绕圆弧形过头后引，或倾斜后引或垂直从臂后提起。 B4 手臂显弧形向后下引：手臂开始向后向下是弧形运动，至腰部以下位置，最后球向上从头后侧出手。
躯干（骨盆—脊柱）动作 分解序列	T1 无躯干动作或单一的前后方向动作（以右臂投掷为例）：发力阶段只有上肢在运动。在向前挥臂的时候往往会带动躯干左转。但在挥臂之前，没有转体动作。如果因挥臂带动躯干转动，髋部也会相应地前屈以配合上肢发力动作。有时候儿童会遵循先伸展躯干，再屈髋的动作序列。 T2 上体或整个躯干"组块"的转体动作（以右臂投掷为例）：躯干和髋部如一个整体或组块一样先向右转体，再迅速向左转体。有时，只有上体进行转动，而髋部正对投掷方向保持僵直状态没有转动或者仅仅是随着上体的转动而顺势转动。 T3 分层次的转动（以右臂投掷为例）：发力阶段，髋部领先于上体向左转动。具体地说，当投掷选手沿投掷的反方向转体后，髋部首先开始向前转动，而此时，上体仍保持向后转体的姿态。
向前挥动过程中 上臂动作 分解序列	H1 上臂的斜挥动作：上臂前挥至躯干的纵切面时，以高于或低于肩关节水平线的出手角度将球斜挥抛出。有时候，当向后引臂的时候上臂会和躯干形成一个直角，同时肘部指向目标，并在投掷过程中保持这个姿势。 H2 上臂与躯干联动但独立的动作：上臂与躯干联动，前挥至水平时将球抛出。上臂和躯干形成一个直角。当双肩转至面向前方的时候，上臂经肩部的水平面，独立挥动到身体纵轴的前面（从侧面观看）。 H3 上臂的滞后与躯干的动作：上臂与躯干联动，前挥至水平方向时将球抛出，但是当躯干上部已经充分前倾的时候，可清楚地（从侧面）看到上臂仍然在身体纵轴的后边。在上臂完全转向前面之前，没有内收的动作。
向前挥动过程中前臂动作 分解序列	F1 前臂没有滞后：整个投掷过程中，前臂和球稳定地向前挥动直至球出手。 F2 前臂滞后：在投掷过程中，前臂和手的动作经常会滞后于身体其他部位的动作。例如当转动身体的时候，前臂和手基本上在体后相对静止不动，或相对向下或后移动。它们会充分地后向下延伸，或在肩部（上体）转至面向前方之前时一直保持静止的位置。 F3 延迟的前臂滞后：前臂的挥动动作通常会延迟到最佳的身体转至面向前方的时候才开始。

三、上手投掷动作的教育活动

（一）教学目标

1. 技能目标

掌握正确的投掷姿势与动作技巧，包括稳定的站立姿势、手臂挥动轨迹及跨步协调。

2. 体能目标

增强上肢力量、手眼协调能力及空间感知能力。

（二）教学内容设计

1. 初级阶段（阶段 1~2）

（1）基础动作练习

静态站立抛掷：使用轻质沙包或软球，强调手臂"砍切"动作和身体正面朝向目标。

定点投掷：在无跨步状态下，练习手臂上挥与目标定位。

（2）游戏活动

"沙包入筐"：设置低矮目标筐，鼓励幼儿将沙包抛入筐内，强化手眼协调。

2. 中级阶段（阶段 3~4）

（1）动作进阶练习

同侧跨步投掷：结合第三阶段的躯干小幅扭转，练习手脚同侧协调动作。

异侧跨步投掷：引入第四阶段的异侧跨步，强调下肢与上肢反向运动的力量传递。

（2）游戏活动

"移动靶投掷"：设置可移动目标（如悬挂的呼啦圈），幼儿需跨步后投掷命中目标。

3. 高级阶段（阶段 5）

（1）综合协调练习

分层扭转训练：模仿第五阶段的分层次转动（髋—躯干—肩），结合长跨步与手臂后引动作。

鞭打式发力练习：利用轻质棒球或纸球，练习手臂滞后与全身联动发力。

（2）游戏活动

"投掷接力赛"：分组进行异侧跨步接力投掷，要求动作连贯且精准，培养团队协作能力。

（三）教学方法与策略

1. 分层教学法

根据儿童动作发展阶段分组，设计差异化任务。例如，初级阶段幼儿以静态抛掷为主，高级阶段幼儿侧重全身协调动作。

2. 示范与模仿

教师分步骤示范动作(如跨步、转体、挥臂),引导幼儿观察并模仿细节。

3. 游戏化教学

将投掷技能融入趣味游戏,如"打地鼠投掷"(投掷沙包击中地面标记)或"保龄球挑战"(用球击倒塑料瓶)。

4. 动态反馈

利用视频回放或同伴互评,帮助幼儿直观了解动作不足,及时调整。

(四)教学活动示例

1. "彩虹弧线"练习

(1)目标:掌握手臂高挥与抛物线控制。

(2)方法:在场地悬挂不同高度的彩带,幼儿需将沙包投过彩带形成弧线,观察落点位置。

2. "旋转投手"挑战

(1)目标:强化躯干分层次扭转能力。

(2)方法:幼儿站立于转盘上,投掷时通过髋部带动躯干转动,体验力量传递过程。

3. "精准大师"竞赛

(1)目标:提升投掷精确度与力量控制。

(2)方法:设置同心圆靶标,不同区域对应不同分值,累计得分高者获胜。

(五)教学评价

1. 过程性评价

(1)教师观察记录幼儿动作是否符合阶段特征(如是否出现异侧跨步或分层次转体)。

(2)通过课堂游戏参与度、动作完成质量进行即时反馈。

2. 总结性评价

(1)技能测试:设定固定距离与目标,评估投掷命中率及动作规范性。

(2)成长档案:记录幼儿从"砍切"到"熟练者"阶段的进步轨迹,结合部分序列法的分解动作分析(如跨步长度、手臂后引程度)。

3. 同伴互评

分组活动中,幼儿互相观察动作,用简单标准(如"跨步是否正确""手臂是否后引")进行评价。

第二节 接

一、接动作概述

在运动、竞赛和日常活动中,"接"是一个常见的动作技能,主要涉及手的操作,并以抓住物体为目标。接球的表现取决于多种因素,如球的位置、速度、形状、大小和轨迹等。人们通常用单手或双手完成接球动作。儿童在初级阶段常用手掌和手臂接气球、大球和沙包等,例如幼儿园和小学生常玩"叫号接球"和"扔沙包"游戏。

儿童要接住球,需要发展一系列技能,包括手眼协调、用眼跟踪物体的能力、连贯地预测并截获物体,以及运用触觉意识通过手指操作来接住动态物体。在接球技能中,熟练的接球手最关键的特征是能够跟踪和预测球的轨迹,并调整身体位置和姿势以成功接球。他们能控制手掌和调整手指以适应球的大小和力度,精确地截获物体。在具体动作中,手指、手掌和手臂需同时对球施加力量,以缓解接球时的冲击力。在世界级棒球、板球和橄榄球比赛中,我们能看到许多具有非凡技能的接球手,他们的快速反应往往决定队伍的成败。以下将详细介绍熟练接球手的主要动作特征,如表4-3所示。

表4-3 熟练接球手的动作特征

准备阶段	接球阶段
用眼睛注视来球 根据来球的飞行特点,协调身体位置 双脚微分站立 在接球前,双臂放松置于体侧或体前	移动双手截住来球,需根据物体的空间特征来精确的调整手指的位置(接高球时,手指向上,接低球时手指则略微向下) 手后移以缓冲 手指在恰当的时机抓住球 身体的重心从前向后转移

经常可以观察到,缺乏接球经验的儿童在接球时常表现出以下反应:他们会把头转向侧面,闭上眼睛,因为害怕被飞来的球击中脸部而侧身远离球。此外,他们难以判断和跟踪球的飞行轨迹,通常只在球即将到来的最后一刻才做出反应。他们的手臂常常僵直地放在身体前方,而不会根据球的空间位置调整身体、手臂和手掌的动作。如果他们能接住球,更多是因为投手的经验丰富,而非他们自己掌握了接球技能。他们的手指僵硬,不会在球飞来时用手臂和手掌来缓冲球的冲击力。如果球是以较大力量投掷的,那么球很可能会在接触后从儿童手中弹出。当接球时机与球的到达时间不同步时,许多儿童在接到惯性较大的球后会遇到身体平衡问题。对于小球,儿童几乎无法接住;而对于大球,他们可能会用手臂将其搂在胸前。从发展的角度来看,儿童与家长、教师或同伴之间的接球练习,比让他们参加一些超出其发展水平的有组织的竞技运动更为有益,后者可能会给儿童带来不愉快的经历。

二、双手接球动作的整体发展序列

根据整体序列法,双手接球的整体发展序列如表 4-4 所示和图 4-3 所示。第一个阶段描述的是几乎没有任何接球技能经验的儿童,在准备接球时,他们将手臂放在身体前面,一旦有球击中他们的胳膊,他们会以延迟了的反应把球搂在自己胸前。儿童通过胸前的搂抱、打捞等动作来逐步发展接球的技能,并逐渐过渡到用手接球。在进入第四个阶段,儿童通常会表现出一个明显的特点,即只能接住抛到身体上的球,抛到身体以外的球则会越过他们。在第五阶段,儿童开始能够移动身体来接球。这些接球动作技能的发展阶段的划分已在一些综合性的追踪研究中得到了初步确认。在这些阶段中,只有达到第五阶段的发展水平,才具备在竞技运动中所需要的接球的基本技能。

表 4-4 双手接球的整体发展序列

发展阶段	关键词	动作特点
第一阶段	延迟反应	手臂的延迟 反应手臂向前伸展 触球后把球搂在胸前
第二阶段	抱球	手臂先向两侧伸展做弧线的画圈动作 用胸将球抱住 原地或跨出一步
第三阶段	捞球	用胸触球手臂前伸到球的下方 用胸将球抱住 可能移动一步接球
第四阶段	用手接球	只用双手接球原地或者迈出一小步
第五阶段	移动接球	移动身体用双手接球

60%的男女儿童能够达到相应阶段的水平。在接球技能的发展中,女孩通常先于男孩,这在多数动作技能的发展中较为罕见。接球技能的第一个阶段通常出现在儿童大约 20 个月大时,第二个阶段在 38 个月左右出现,而到 48 个月大时,性别差异尚未显现。女孩大约在 60 个月大时达到第四个发展阶段,而男孩则在 72 个月大时达到同一阶段,比女孩晚了大约 12 个月。女孩在 76 个月大时达到接球技能的成熟阶段,而男孩则需到 82 个月大。

第一阶段

第二阶段

第三阶段

第四阶段

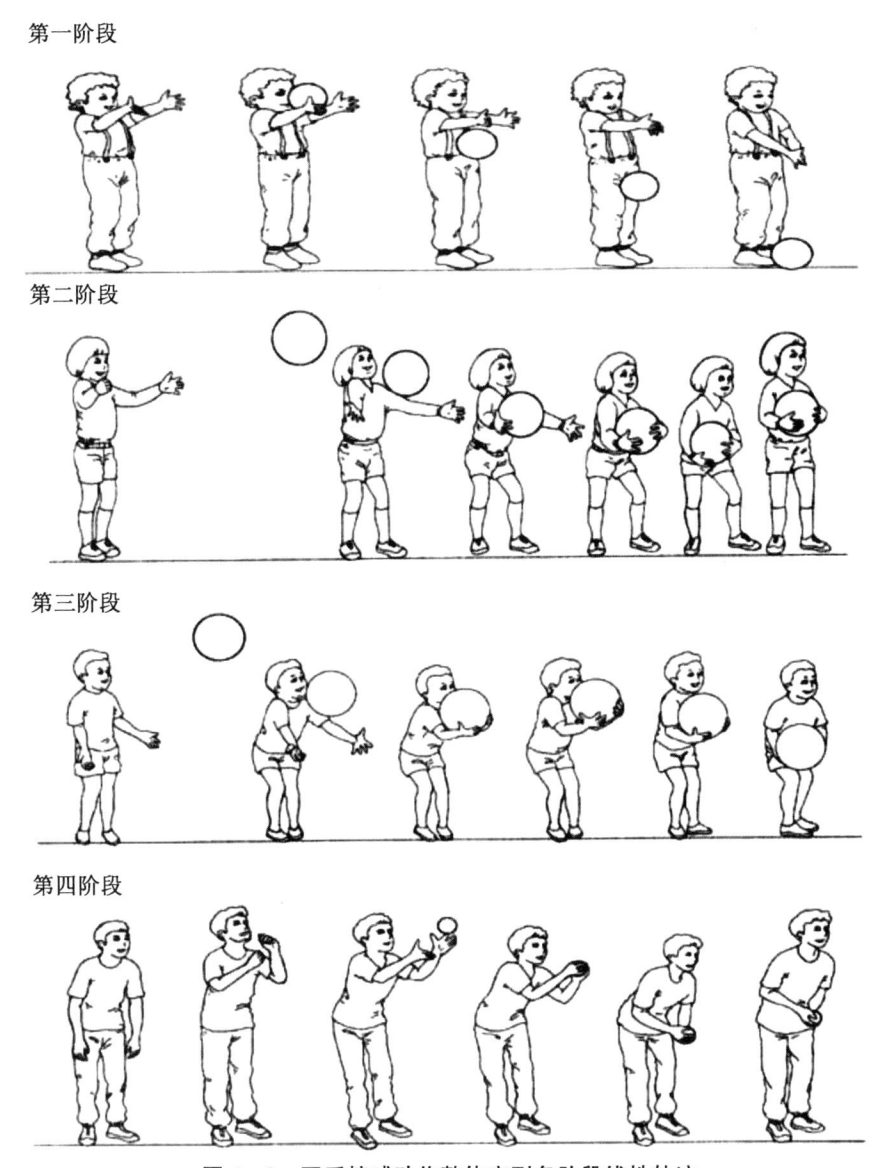

图 4-3 双手接球动作整体序列各阶段线性轨迹

三、双手接球动作的部分发展序列

接球动作技能的部分发展序列由身体相关部位的动作组成,这些动作按照一系列步骤组合在一起。该序列包括手臂动作的四个发展阶段、手掌动作的三个发展阶段,以及的身体动作的三个发展阶段,见表4-5。

表 4-5　双手接球动作的部分发展序列

各部分的动作	发展序列和具体特征
手臂的动作	A1 几乎无反应：手臂向前伸展，几乎没有根据飞行的球而进行的动作，而且借助胸将球抱住。 A2 抱球：手臂先向两侧伸展然后做一个弧线的画圈动作，借助胸将球抱住。 A3 捞球：手臂伸展向前并移动到球的下方，借助胸将球抱住。 A4 手臂后让：手臂伸展迎球，手、手臂及身体后让缓冲接球，用手抓住物体。
手的动作	H1 掌心向上：手掌面向上方。 H2 掌心朝里：双手手掌相对。 H3 手掌调整：手掌随着将要接到的球的飞行的情况和球的大小进行相应的调整。根据球飞来的高度来调节大拇指与其他指头的距离。
身体的动作	B1 无调整动作：对于球的飞行路线，身体没有进行任何相应的调整。 B2 笨拙的调整：手臂和身体随着球飞行的路线开始移动，但是，头仍然僵直，使接球动作笨拙，接球似乎不能保持平衡。 H3 适宜的调整：脚步、身体和手臂都能随着飞过来的球进行相应的调整。

个体差异、任务特性和环境条件等多种因素共同影响接球动作的表现。表 4-6 对双手接球动作的约束因素进行了分类，并从个体、任务、环境约束三个方面进行了详细说明。

表 4-6　双手接球动作的约束因素

个体约束	任务约束	环境约束
性别 年龄 经验	球的位置和飞行轨迹 距离和高度 球速	球的大小 球的颜色和球的背景 观察时间

四、双手接球动作的教育活动

（一）教学目标

1. 技能目标

掌握双手接球的基本动作模式，包括手臂迎球、手掌调整、身体移动协调，以及缓冲接球的技巧。

2. 体能目标

提升手眼协调能力、反应速度及动态平衡能力。

（二）教学内容设计

1. 初级阶段（阶段 1~2）

（1）基础动作练习

静态接球：使用大号软球或气球，教师近距离缓慢抛球至幼儿胸前，引导其双臂前伸接球后搂抱。

画圈迎球:模仿整体序列第二阶段,幼儿双臂向两侧伸展后画弧线,用胸部抱球。

(2) 游戏活动

"抱抱球"挑战:设置固定距离,幼儿需用双臂画圈动作接住抛来的软球,成功接球后给予奖励。

2. 中级阶段(阶段 3~4)

(1) 动作进阶练习

低位捞球:练习手臂前伸至球下方,用胸部缓冲接球(第三阶段)。

双手接球定位:抛球至幼儿身体两侧,要求其原地或迈一小步后仅用双手接球(第四阶段)。

(2) 游戏活动

"捞月小能手":将球抛至幼儿腰部以下位置,鼓励其用手臂捞球后接住,提升低位接球能力。

"定点接球赛":设置不同高度的目标点(如膝盖、胸口、头顶),幼儿需根据抛球位置调整接球姿势。

3. 高级阶段(阶段 5)

(1) 综合协调练习

移动接球训练:抛球至幼儿身体周围不同方向,要求其通过脚步移动调整位置接球。

动态缓冲练习:抛掷速度稍快的球,引导幼儿接球时手臂后移缓冲,身体重心从前往后转移。

(2) 游戏活动

"接球大闯关":设置多个抛球点(如左、右、前、后),幼儿需快速移动并连续接球,累积得分。

"团队接力接球":分组进行移动接球接力,每组需完成指定动作(如跨步接球、转身接球)后传递至下一人。

(三) 教学方法与策略

1. **分层教学法**

根据幼儿接球发展阶段分组,初级阶段以静态接球为主,高级阶段强化移动与缓冲技巧。

2. **示范与模仿**

教师分步骤示范接球动作(如手臂画圈、手掌调整、脚步移动),强调"眼盯球—手迎球—身调整"的连贯性。

3. **游戏化教学**

将接球技能融入情景游戏,如"太空接球"(用发光球模拟流星)或"动物接球"(模仿不同动物接球姿势)。

4. 动态反馈与调整

利用慢动作视频回放,帮助幼儿观察接球时的动作细节(如手掌是否调整、身体是否平衡)。

(四) 教学活动示例

1. "追踪飞球"练习

(1) 目标:提升手眼协调与轨迹预测能力。

(2) 方法:教师用彩色气球或慢速飞盘抛掷,幼儿需全程注视球的飞行轨迹并完成接球。

2. "缓冲大师"挑战

(1) 目标:掌握接球缓冲技巧,减少球体反弹。

(2) 方法:使用弹性球或沙包,幼儿接球时需手臂后移缓冲,记录球在手中停留的时间。

3. "移动迷宫接球"

(1) 目标:强化动态移动与身体调整能力。

(2) 方法:在场地上设置障碍物(如锥形桶),幼儿需绕过障碍物移动接球,模拟真实比赛场景。

(五) 教学评价

1. 过程性评价

(1) 教师观察记录幼儿接球动作是否符合阶段特征(如是否用手接球、能否移动调整)。

(2) 通过游戏中的接球成功率、动作流畅度进行即时反馈。

2. 总结性评价

(1) 技能测试:设定不同难度任务(如固定位置接球、移动接球),评估命中率与动作规范性。

(2) 成长档案:结合部分序列法分析幼儿的手臂、手掌、身体动作发展(如是否达到A3、H3、B3阶段)。

3. 同伴互评

分组活动中,幼儿互相观察接球动作,用简单标准(如"是否盯球""手臂是否后移")进行评价。

第三节 踢

一、踢动作概述

踢是一种用脚击打物体的动作形式,是许多运动中的关键技术,包括足球、踢毽子等。执行踢的动作,需要眼足协调、平衡和动作感知能力。静态和动态平衡对于踢至关重要。高水平的踢球选手会根据生物力学原理优化踢球动作,熟练的踢球者能根据球的力度、距离、轨迹和预期的踢球效果进行调整。在职业足球比赛中,足球运动员能展示出数百种不同的踢球方法。例如,他们可以轻巧地将球踢出几米远,或用力踢出半场。踢球动作的种类取决于接球时球的速度和位置,以及预期的踢球结果。熟练踢球者的动作特征如表4-7示。

表4-7 熟练踢球者的动作特征

准备阶段	躯干稍向后倾用力阶段	触球时,上身后倾后续动作阶段
连续助跑 触球前支撑腿大步或跨步动作 在球后侧或旁边的支撑点落脚	踢球腿后摆,膝关节弯曲 用力摆腿顺序——先大腿,再小腿触球时,伸腿	由于踢球腿用力向前上摆动,经常导致支撑腿离地,表现出跳跃步,以缓冲力量 躯干后倾 手臂反向运动以减缓腿的力量

没有经验的踢球者与熟练的踢球者不同,他们不能清晰地展示踢球的准备、发力和完成三个阶段,且踢球动作缺乏力度。初学者通常会站在球后,轻轻地从地面抬起脚,没有明显的后摆就将球踢出。他们的上半身保持不变,手臂垂放在身体两侧。当脚触球时,踢球腿会弯曲,一旦球被踢出,腿就会迅速收回。显然,如果儿童以上述方式踢球,他们将无法在运动比赛中或更复杂的环境中有效踢球。

二、踢球动作的发展

以距离为目标的踢球动作发展经历四个阶段。如表4-8和图4-4所示,在第一阶段,技能处于萌芽期的儿童静止地站在球后,简单地抬起腿轻触球,使球向前滚动至不远处。儿童基本上保持这种踢球动作,直到进入第三阶段。至少在第三阶段,儿童开始采用上步踢球或加助跑踢球的模式。在这个阶段,他们开始用力踢球,做出将腿向后摆动的动作,然后用力将球踢出。到了第四阶段,儿童能够运用支撑腿大跨步或跳跃步接近球,踢球腿用力摆动触球,并用跟随动作来缓冲踢球时产生的冲击力。这些阶段反映了儿童踢球技能的逐步发展,从最初的简单触碰到能够控制踢球的力量和准确性。

表 4-8 踢球动作的整体发展序列

发展阶段	关键词	动作特点
第一阶段	原地用脚推球	一点点（没有） 腿的摆动 原地站立 脚"推"球 踢球后（经常）后退
第二阶段	原地腿摆动	腿向后摆动 原地站立 手臂和腿反向摆动
第三阶段	移动踢球	脚以较低的弧度迈出 胳膊反向运动 踢球后向前或侧做后续迈步
第四阶段	跨—踢—单脚跳	快速接近球 躯干后倾 踢球前有跨跳步踢球后表现出单脚跳

第一阶段

第二阶段

第三阶段

第四阶段

图 4-4 踢球动作整体发展序列各阶段线性轨迹

超过60%的男孩和女孩在特定年龄达到了相应踢球阶段的动作技能发展水平。在第一个阶段,男孩和女孩的踢球动作技能大约在出生后第20个月出现。从这时起,男孩的表现开始优于女孩,随着年龄的增长,这种差异变得更加明显。男孩在大约第40个月进入第二个阶段,而女孩则在第46个月左右进入,比男孩晚了6个月。男孩在54个月时进入第三个阶段,女孩则在74个月大时进入。之后,经过一段较长的过渡期,男孩在87个月大时展现出第四阶段的动作技能,女孩则在99个月左右开始。在踢球动作技能的发展中,男孩显示出较大优势,不仅在动作过程的发展上,也在动作表现的结果上,如踢球的距离通常比女孩更远。由此可见,性别对踢球动作技能的发展有影响。随着年龄的增长,由性别造成的动作技能差异趋于更加明显。

随着踢球动作技能的发展,儿童的动作表现为跨步更大、腿后摆幅度更大、触球更有力、身体倾斜幅度更大,以及缓冲动作更连贯。观察儿童踢球时,会发现他们经常交替使用不同的腿来完成踢的动作。尽管关于脚使用习惯的研究不多,但成年踢球者的常见模式是左脚支撑,右脚踢球。在童年早期,大多数儿童双脚混用,直到童年中期才可能转为主要使用右脚。有趣的是,左脚踢球的现象相对稳定,虽然右手为主的文化倾向影响明显,如大多数人使用右手写字、吃饭、刷牙等,但对脚的使用,来自环境的压力相对较小。因此,如果不有意识地限制,儿童很可能会成长为能够灵活使用左右脚的人。

在踢球时,有经验的儿童相比成人,髋关节、膝关节和脚踝的最高动作速率较低,且在踢球时机上存在差异。儿童踢球动作的运动链主要是从躯干向四肢的顺序,以获得最佳的动作表现。然而,儿童和成人在踢球时髋关节的最高线性速度发生的时机不同,成人是在踢球的同时,而儿童则是在踢球前。在所有四个动作技能发展阶段,儿童踢球时膝关节都有弯曲。此外,有经验的运动员在大腿减速和小腿加速之间存在一定的协调性。

三、踢凌空球动作的发展

踢凌空球是球类运动中的一项动作技能,即用脚击打空中的球,尤其是踢球者自己抛起的球,难度较高,要求运动员能准确地将球抛到脚前并踢中。它是一项复杂技术,需要眼、手、脚的协调、平衡以及相应的动作感知能力。为了实现理想的动作效果,踢凌空球的动作技术应遵循生物力学原理,使得踢球者能将球踢向精确的位置和距离。一个完整而正确的踢凌空球动作通常包括三个阶段:准备阶段、发力阶段和后续动作阶段。高水平踢球者在踢凌空球时的动作特征如下表4-9所示。

表4-9 高水平踢球者在踢凌空球时的动作特征

准备阶段	用力阶段	后续动作阶段
手臂伸展至躯干前面 持续移动至球 踢球前的大步(或跨步)动作 躯干轻微向后倾斜	摆动腿后摆,膝盖弯曲 大腿带动小腿依次向前用力摆腿 触球时腿伸直 触球时脚腕伸展 躯干后仰	手臂移动至身体两侧,并相对于踢球腿反向摆动 摆动腿有力地向前向上运动,支撑腿离开地面或跳起来(以减缓冲力)

无踢凌空球经验的人和踢球技术较差的人在表现上极为相似,与有经验的踢球者在准备阶段、用力阶段和后续动作阶段所展现的技能有显著差异。缺乏经验的人往往会将球抛得过高,且不具备熟练踢球者所具有的发力过程。技术一般的踢球者可能从固定姿势开始,用手抛出的球轨迹成轭状,不等球落到适当高度就急于抬腿踢球,手臂也会随着腿部动作抬起。他们的抛球动作和摆腿时机不当,腿部缺乏后摆,摆动腿似乎是被"推"到支撑腿前,脚踝部分呈直角。由于缺少发力过程,上半身几乎不参与动作,技术较差的凌空踢球者也缺乏有效的后续缓冲动作,抛球后手臂自然下垂于体侧。

凌空踢球动作技能的部分发展序列包括三个步骤,具体包括球离手动作的四个发展阶段,专注于上肢动作的触球动作的三个发展阶段以及专注于腿部动作的触球动作的三个发展阶段。

表 4-10 踢凌空球动作的部分发展序列

各部分动作	发展序列和具体特征
球离手阶段:上肢动作	H1 上抛:双手持球,支撑脚着地后(如果向前迈步),将球向上抛出。 H2 将球从胸高处延迟下落:双手从两侧持球,支撑脚落地后(如果向前迈步),将球从胸高处下落。 H3 将球从齐腰处下落:一只手从球的旁边挪到球的下部,另一只手从腰部向前上挥摆,球在支撑脚着地的同时或之前落下。 H4 将球从胸高处先下落:一只手从底部挪到球的下部,另一只手则移到球的旁边和顶部。双手向前上持球,在胸前落下,此时,开始踢球动作。
触球阶段:上肢动作分解	A1 手臂下摆:球离手后,手臂从球两边回落到臀部两侧。 A2 手臂内收:球出手后,向内收双臂;当踢球腿往前摆动的时候,踢球腿的同侧臂可能需要往后摆。 A3 手臂反方向摆动:球出手后,双臂从两边向内收;触球时,于踢球腿异侧的手臂与踢球腿一起往前摆动;踢球腿的同侧手臂则内收并向后摆动。
触球阶段:下肢动作分解	L1 无步伐动作或小步移动,踝关节弯曲,不挪动或挪动一小步:踢球腿在和支撑腿平行或者从稍靠后的位置前摆;触球时,膝关节少年之或弯曲成 90 度角(后者更常见),球落在膝关节的上方或下方;触球时,大腿积极上摆,踝关节倾向于背屈。 L2 大步,踝关节伸直:可以向前迈几步,支撑腿向前迈的最后一步是跨一大步;触球的时候,踢球的大腿减速或者停止向前移动,踝关节有弯曲;膝关节在触球时呈 20～30 度角或者伸展动作。 L3 跨步和跳跃:儿童可以采用多步的助跑方式,但是最后一步其实是以跨跳的形式过渡到支撑脚上;触球后,踢球腿的动力可以把身体带离地面。

图 4-5 描述了踢凌空球整体发展序列的四个阶段。除了抛球阶段的动作不同外,其他动作基本上反映出了与普通踢球动作技能相一致的发展过程。在第一阶段,儿童尚未掌握抛球技巧,发力时腿部后摆有限。到了第三阶段,儿童能够将球抛到脚部,并能在踢球前先迈出一步。至第四阶段,儿童增加了一些必要的元素以加大踢球力度,并通过结束动作来缓冲发力。学前儿童处于动作技能发展的初级阶段,儿童一般直到小学后期才能较为熟练地完成踢凌空球动作。

第一阶段

第二阶段

第三阶段

第四阶段

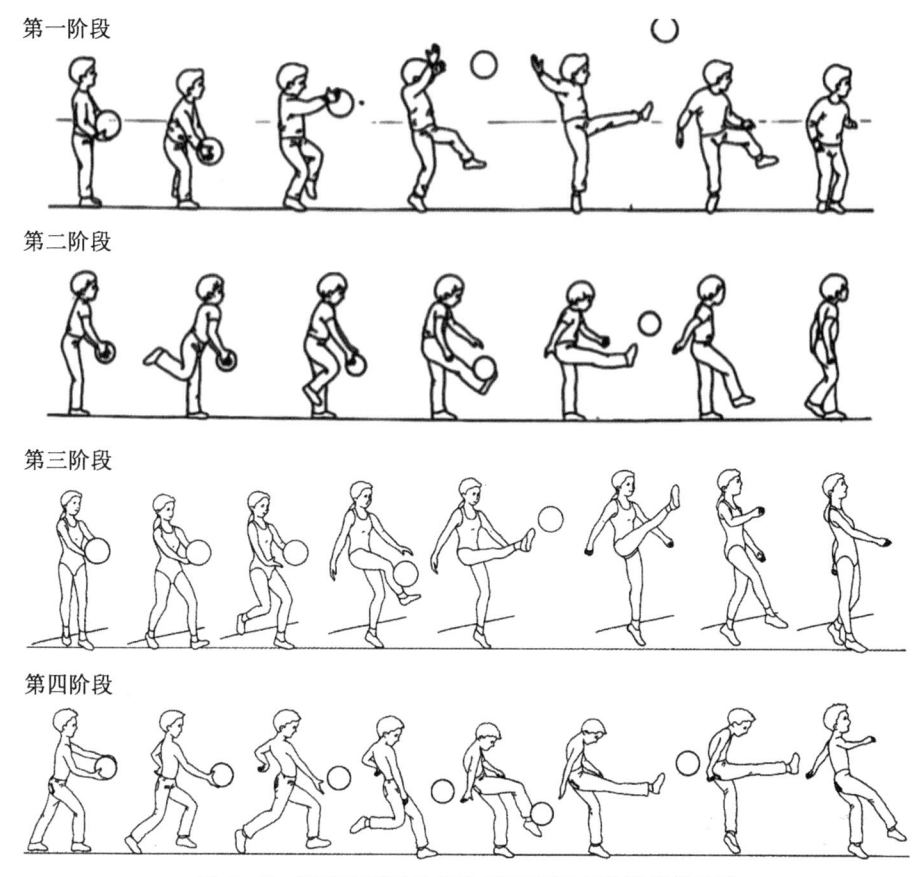

图 4-5　踢凌空球动作整体发展序列各阶段线性轨迹

四、踢球动作的教育活动

(一) 教学目标

1. 技能目标

掌握踢球的基本动作模式(如原地推球、助跑踢球、凌空踢球),逐步提升动作的连贯性、力量控制与准确性。

2. 体能目标

增强下肢力量、动态平衡能力及眼足协调能力。

(二) 教学内容设计

1. 初级阶段(阶段1～2)

(1) 基础动作练习

原地推球:使用软质足球或气球,引导幼儿用脚背轻推球,强调"支撑腿稳定、踢球腿小幅摆动"。

手臂反向摆动练习：模仿第二阶段动作，练习踢球时手臂与踢球腿反向摆动，增强身体协调性。

（2）游戏活动

"推球接力赛"：设置短距离赛道，幼儿用脚推球至终点，传递下一名队员，培养基础控球能力。

2. 中级阶段（阶段 3～4）

（1）动作进阶练习

助跑踢球：结合第三阶段"移动踢球"特点，练习助跑后踢球，强调跨步幅度与摆腿力量。

跨跳踢球：引入第四阶段动作，通过跨步跳跃接近球，触球后单脚跳缓冲，模拟真实比赛场景。

（2）游戏活动

"移动靶射门"：设置可移动球门（如锥形桶围成），幼儿需助跑后踢球命中目标，提升动态准确性。

"踢球保龄球"：用足球击倒排列的塑料瓶，计算击倒数量，强化力量控制与方向感。

3. 高级阶段（踢凌空球）

（1）综合协调练习

抛球自踢：练习单手抛球至脚前，调整抛球高度与踢球时机，逐步掌握凌空踢球技巧。

分层次发力：模仿高水平踢球者动作，分解"大腿带动小腿"的摆腿顺序，结合躯干后倾与手臂反向摆动。

（2）游戏活动

"凌空球接力"：分组进行抛球—踢球接力，要求球不落地，培养空中控球能力与团队协作。

"精准传球挑战"：设置不同距离的传球目标，幼儿需凌空踢球至指定区域，提升精准度。

（三）教学方法与策略

1. 分层教学法

根据幼儿动作发展阶段分组，初级阶段以静态练习为主，高级阶段侧重动态协调与复杂技术。

2. 示范与模仿

教师分步骤演示踢球动作（如支撑腿站位、摆腿路径、手臂协调），强调"眼盯球—腿摆动—身平衡"的连贯性。

3. 游戏化教学

将技能训练融入情景游戏，如"足球小将闯关赛"（结合障碍跑与踢球射门）或"星球大战"(用发光球模拟太空踢球)。

4. 动态反馈

利用慢动作视频回放,帮助幼儿观察动作细节(如触球点是否准确、躯干后倾幅度是否合理)。

(四) 教学活动示例

1. "定点射门挑战"

(1) 目标:提升踢球力量与方向控制。

(2) 方法:设置不同分值的球门区域(如近、中、远距离),幼儿依次射门,累计得分高者获胜。

2. "跨跳踢球接力"

(1) 目标:强化跨步跳跃与后续缓冲动作。

(2) 方法:每组幼儿需跨跳后踢球至队友处,接球者重复动作,完成接力最快组获胜。

3. "凌空球大师"训练

(1) 目标:掌握抛球与踢球时机协调。

(2) 方法:幼儿单手抛球后凌空踢球至目标网,记录成功次数,逐步增加抛球高度与距离。

(五) 教学评价

1. 过程性评价

(1) 教师观察记录幼儿踢球动作是否符合阶段特征(如是否跨步、摆腿幅度是否充分)。

(2) 通过游戏中的射门命中率、动作流畅度进行即时反馈。

2. 总结性评价

(1) 技能测试:设定固定任务(如原地踢球距离、凌空踢球准确性),评估动作规范性。

(2) 成长档案:记录幼儿从"原地推球"到"跨跳踢球"的进阶轨迹,结合部分序列法分析下肢动作(如是否达到 L3 阶段)。

3. 同伴互评

分组活动中,幼儿互相观察踢球动作,用简单标准(如"是否助跑""手臂是否反向摆动")进行评价。

第四节 挥击

一、挥击动作概述

挥击是一种重要的球类用力技能,广泛应用于多种运动形式,并在体育教育中占有重要地位。常见的挥击形式包括侧击、下手击、上手击、单手击和双手击。所有这些挥击方式都在一定程度上受到任务要求和环境特点的影响,例如目标的位置、空中的球以及环境和任务导向的其他约束因素。

在最初的挥击形式中,儿童可能会用手或身体的其他部位,以及短柄球拍来挥击气球和球,可以单手或双手完成挥击动作。进入小学阶段,儿童可以学习单手挥击动作,如乒乓球,或双手持棒挥击,如棒垒球,以及其他运动项目中的专门挥击形式,例如羽毛球的正手高远球、排球的上手发球和扣球动作等。乒乓球是中国的国球,许多家庭都参与乒乓球活动,儿童在手握球拍的环境中成长。除了乒乓球,还有许多其他体育娱乐活动也以挥击为基本动作,如羽毛球、网球、壁球、排球、棒球和垒球等。在研究挥击动作的发展序列时,可以发现挥击动作和投掷动作在生物力学上有许多相似之处。

手眼协调对于挥击动作来说非常重要,因为它是连续跟踪和拦截物体的基本保证。近远法则是动作发展方向与序列的一个重要原则,即儿童的动作技能学习和发展是从身体中线向外开始的。当儿童挥击气球时,最难以控制的部位是他们的手,因为手距离身体最远。然而,在使用球棒击球时,球棒的顶端变成了距离身体最远的部位。显而易见,当儿童试图控制比身体远端还远的物体时,他们需要付出更大的努力来感知球棒在三维空间中的位置。经常可以看到学前儿童在使用球棒击打固定在球撑上的皮球时出现打偏的情况。对于成人来说,面对静止物体挥击球棒却打偏是不可思议的,但对儿童来说,这是一个复杂且具有挑战性的任务,因为他们需要感知球棒远端的位置,并努力精确地使球棒远端击中球。在这种情况下,儿童可能需要使用较短的球棒,抓住球棒的中间位置,或者直接用手击球以降低任务难度。当儿童经过训练能够熟练掌握挥击动作后,他们便能做出准确的判断,并在短时间内完成精确的动作。

挥击动作有多种形式,但在动作技能发展的研究中,特别关注用球棒挥击、从体侧挥拍击球以及上手击球,如网球和排球的发球动作。熟练的挥击包括三个阶段:准备动作、用力动作和后续动作。表4-11展示了熟练挥击手在完成挥击动作时的动作特征。

表 4-11 熟练挥击手在完成挥击动作时的动作特征

	体侧挥动球拍	用球棒挥击
准备动作阶段	把球拍沿水方向后摆,即引拍 侧对目标	身体侧转,两脚前后站立,重心在后腿上 当双手做后引棒动作时,上步并将重心前移
用力动作阶段	持球拍的异侧腿大步迈进准备击球 充分地向前挥击 躯干和髋部依次转动产生转动惯量 将引拍、迈步、下肢与躯干的转动、挥臂、触球和后续动作连贯起来以产生最大的力量 击球前伸展两臂	持棒的异侧腿大步迈进准备击球 充分地向前挥击 躯体依次地转动产生转动惯量 将引棒、迈步、下肢与躯干的转动,挥臂,触球和后续动作连贯起来以产生最大的力量 击球前伸展两臂
后续动作阶段	手臂挥动到身体的另一侧 身体的重心越过支撑腿	腕关节的滚动 球棒挥动到身体的另一侧 身体的重心移至前脚

缺乏经验的击球手的挥击动作往往类似于新投掷手将球"砍"出的动作。他们在尝试挥击时,通常面对目标,采取过肩"砍"的动作;并且往往是将球拍或球棒由高到低地挥出,手臂常常是先弯曲后伸直。此外,挥击前的引拍动作往往很小或根本没有,经常缺乏步伐移动。即使偶尔有脚步动作,也往往是身体同侧的腿在移动。躯干和臀部缺少转体动作,手臂和手腕僵硬,无法调整球拍或球棒的角度来适应来球。儿童在初学挥击动作时,挥拍(棒)的时机常常与物体的飞行节奏不同步。

二、挥击动作的发展

图 4-6 展示了挥出球棒的四个发展阶段。在第一阶段,儿童在挥动球棒时双脚保持静止,身体前倾。到了第三阶段,他们开始通过向前移动同侧腿来接近球,同时异侧腿向体侧迈出。在最后一个阶段,儿童开始掌握如何移动异侧腿,以完成有力的摆动和流畅的后续动作。

第一阶段

第二阶段

第三阶段

第四阶段

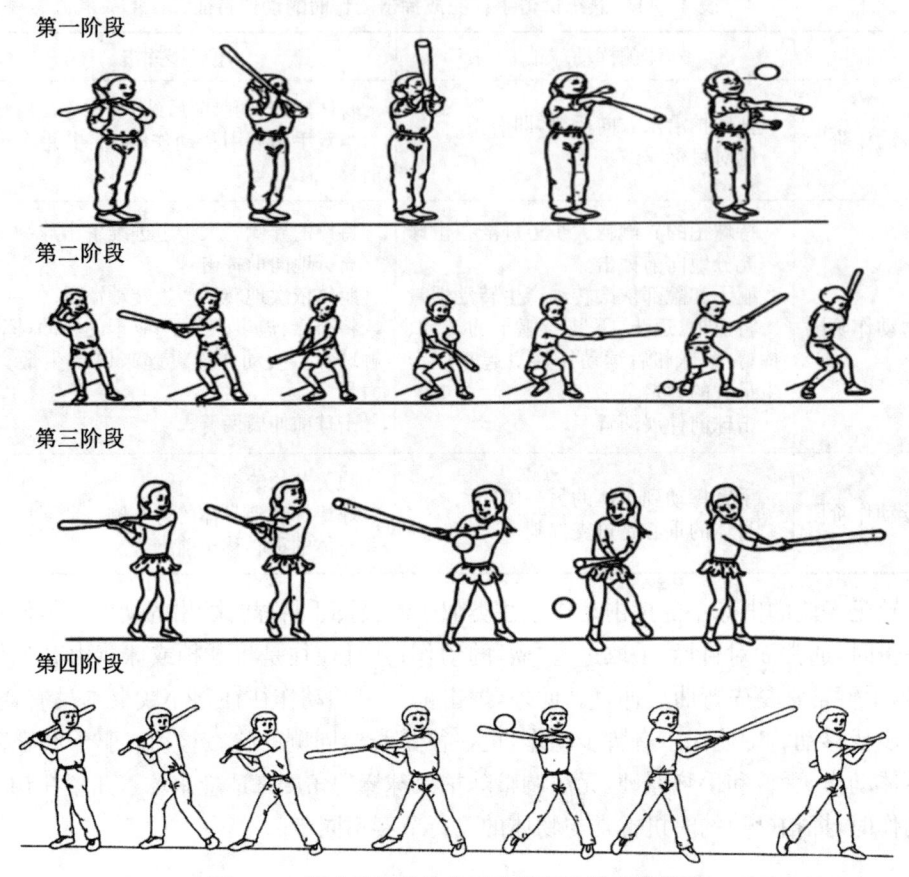

图 4-6　挥击动作整体发展序列各阶段线性轨迹

三、挥击动作的教育活动

(一) 教学目标

1. 技能目标

掌握挥击动作的基本技术(如引拍、跨步、躯干转动、挥臂触球),提升手眼协调与动作连贯性。

2. 体能目标

增强上肢力量、动态平衡能力及空间感知能力。

(二) 教学内容设计

1. 初级阶段(阶段1～2)

(1) 基础动作练习

静态挥击:使用短柄球棒或轻质球拍,练习双脚静止状态下的挥击动作,强调手臂后引与小幅挥动。

固定球击打:将球置于支架上,引导儿童用球棒或球拍击打静止球,强化手眼协调与击球点控制。

(2)游戏活动

"击球保龄球":用球棒击打软球撞击塑料瓶,计算击倒数量,培养基础力量与方向感。

2. 中级阶段(阶段3)

(1)动作进阶练习

同侧跨步挥击:模仿第三阶段动作,练习同侧腿向前迈步的同时挥动球棒,强调身体前倾与手臂伸展。

动态击球:抛掷轻质气球或软球,要求幼儿在移动中挥击,提升动态追踪与击球时机判断能力。

(2)游戏活动

"移动靶挑战":设置移动目标(如悬挂气球),幼儿需跨步后挥击命中目标,增强动作协调性。

3. 高级阶段(阶段4)

(1)综合协调练习

异侧跨步挥击:引入第四阶段动作,练习异侧腿跨步与躯干转动结合,模拟真实比赛中的发力模式。

分层次发力训练:分解"引拍—跨步—转体—挥臂"动作顺序,结合球棒或球拍击球,强化力量传递效率。

(2)游戏活动

"全垒打接力赛":分组进行异侧跨步挥击接力,要求动作连贯且击球距离达标,培养团队合作与竞争意识。

"精准击球大师":设置不同区域的目标(如近、中、远距离),幼儿需调整挥击力度与角度完成精准击球。

(三)教学方法与策略

1. 分层教学法

根据幼儿动作发展水平分组,初级阶段以静态练习为主,高级阶段侧重跨步与躯干协调。

2. 示范与模仿

教师分步骤演示动作(如引拍幅度、跨步方向、转体时机),强调"眼盯球—身转体—臂挥动"的联动。

3. 游戏化教学

将技能训练融入情景游戏,如"棒球小英雄"(角色扮演击球手)或"星球大战"(用发光球模拟击打陨石)。

4. 动态反馈

利用视频回放或即时反馈,帮助幼儿观察动作细节(如跨步是否协调、转体是否充分)。

(四) 教学活动示例

1. "击球接力赛"

(1) 目标:提升跨步挥击的连贯性与团队协作能力。

(2) 方法:每组幼儿依次完成异侧跨步挥击,将球击向指定区域,下一名队员接力,完成速度最快组获胜。

2. "击球九宫格"

(1) 目标:强化击球精准度与力量控制。

(2) 方法:在地面绘制九宫格,不同区域对应不同分值,幼儿挥击球至格内,累计得分高者获胜。

3. "动态追踪训练"

(1) 目标:增强动态击球能力与手眼协调。

(2) 方法:教师抛掷不同轨迹的球(如高抛、弹地球),幼儿需调整站位与挥击时机完成击球。

(五) 教学评价

1. 过程性评价

(1) 教师观察记录幼儿动作是否符合阶段特征(如是否跨步、转体是否连贯)。

(2) 通过游戏中的击球成功率、动作流畅度进行即时反馈。

2. 总结性评价

(1) 技能测试:设定固定任务(如静态击球准确性、动态击球距离),评估动作规范性。

(2) 成长档案:记录幼儿从"静态挥击"到"异侧跨步挥击"的进阶轨迹,结合动作发展序列分析(如是否达到第四阶段)。

3. 同伴互评

分组活动中,幼儿互相观察动作,用简单标准(如"跨步是否正确""转体是否充分")进行评价。

第五节 跑

一、跑动作概述

跑是一种位移技能,通过两脚交替作为支撑点来推动身体向前移动。它是由步行延伸而来,包含一个两脚同时离地的阶段。跑形式多样,大多数儿童和青少年的竞技活动和游戏都需要跑动。例如,一个流行的追逐游戏"警察与小偷",扮演警察的儿童需要抓到扮演小偷的儿童,此游戏通常在限定区域内进行,要求参与者不停地跑动。此外,跑步也是体育课程中必不可少的教学内容,教师通常会组织儿童进行不同形式的跑步练习,跑步也是儿童最早发展的动作能力之一。

儿童跑步动作技能的发展首先要求每条腿都有足够的力量推动身体向前和向上运动,同时需要具备维持身体平衡的能力。他们还必须有协调双腿以保持连续稳定步伐的能力。随着儿童跑步动作的不断发展,他们可以更有效地在跑步方向上增大力量,同时减少对跑步成绩起消极作用的多余动作。例如,儿童逐渐摒弃上抬膝关节的动作,转而前倾上身使身体移动更加平稳;他们学会正确的摆臂动作,即前后摆臂,与同侧腿的动作方向相反,而不是越过身体中线的左右摆臂。这些动作技能的发展变化使他们的跑步技术更加符合生物力学原理。熟练跑步者的动作特点包括高效的步幅和步频、稳定的躯干姿势和协调的上下肢动作。熟练的跑步者的跑步动作特点如表4-12所示。

表4-12 熟练跑步者的动作特征

力的产生阶段	摆动阶段	支撑阶段
上体前倾 在蹬离地面时,腿伸展成180度 摆动腿屈膝前摆 屈臂且与同侧腿反向用力	双脚离地的空中阶段 离地后摆动腿弯曲以缩短腿的摆动力矩,从而再尽快变为支撑腿	从脚跟过渡至脚趾,或脚前掌着地

而缺少经验的跑步者通常上体直立,更多地利用手臂保持平衡而非助力前进。初学者的跑步姿态较宽,步伐较短,常采用扁平足式的触地,他们通常会抬高膝盖,将手臂保持在高位或中位以帮助稳定躯干。从生物力学角度来看,这种手臂和腿部的动作对提高跑速是低效的,因为它们并没有有效贡献于前进动力。然而,这些动作可以帮助儿童轮流用左右腿交替支撑,推动身体重心前进,完成跑步动作。许多年幼儿童由于脚小和重心高,在动态运动中更难保持稳定,因此他们需要适应单脚支撑并推动身体移至另一只脚。

二、跑动作的整体发展序列

如表4-13和图4-7所示,整体序列法将跑步技能的发展分为四个阶段。儿童刚开始学会跑步时，手臂主要起到保持平衡的作用。随着跑步技能的提高，他们逐渐学会利用手臂摆动来增加跑步速度和效率。在第一阶段，儿童跑步时采用小步伐，并将大腿抬得很高，同时手臂上扬、肩膀耸起，以保持身体平衡。这种姿势被称为"高位保护"，有助于儿童在摔倒时用手保护自己。这个阶段的跑步动作也被称作一种快速的摇摆走。进入第三阶段时，儿童开始将手臂放到体侧，并与腿部动作同步前后摆动。到了第四阶段，儿童的手臂摆动变得更加屈臂、有力和协调。随着动作技能的提高，儿童在奔跑时的身体姿态会从直立逐渐转变为水平前倾。成熟的奔跑者在奔跑中，髋部与肩部之间的假想线与垂直方向的角度大约为10度左右，这种适度的前倾有助于他们更快地水平前进。在跑动过程中，当奔跑者的重心前移，这种前倾有助于他们维持动态稳定性，并控制因身体重心移至支撑点外而产生的失衡感。到了动作发展的第四阶段，奔跑者会充分伸展蹬地腿至脚趾，以蹬地提供推动力。

表4-13 跑技能的整体发展序列

发展阶段	关键词	动作特点
第一阶段	高位保护跑	手臂—高位保护 脚扁平着地 小步子 两脚与肩同宽
第二阶段	中位保护跑	手臂—中位保护 身体直立 腿接近完全伸展
第三阶段	脚跟—脚趾 手臂伸展	手臂—低保护 手臂反向摆动 肘关节几乎完全伸展 脚跟—脚趾着地
第四阶段	手臂有力摆动	脚跟—脚趾着地（疾跑时是脚前掌—脚跟着地） 手臂与腿反向摆动 加厚跟大幅度动作 肘关节弯曲

第一阶段

第二阶段

第三阶段

第四阶段

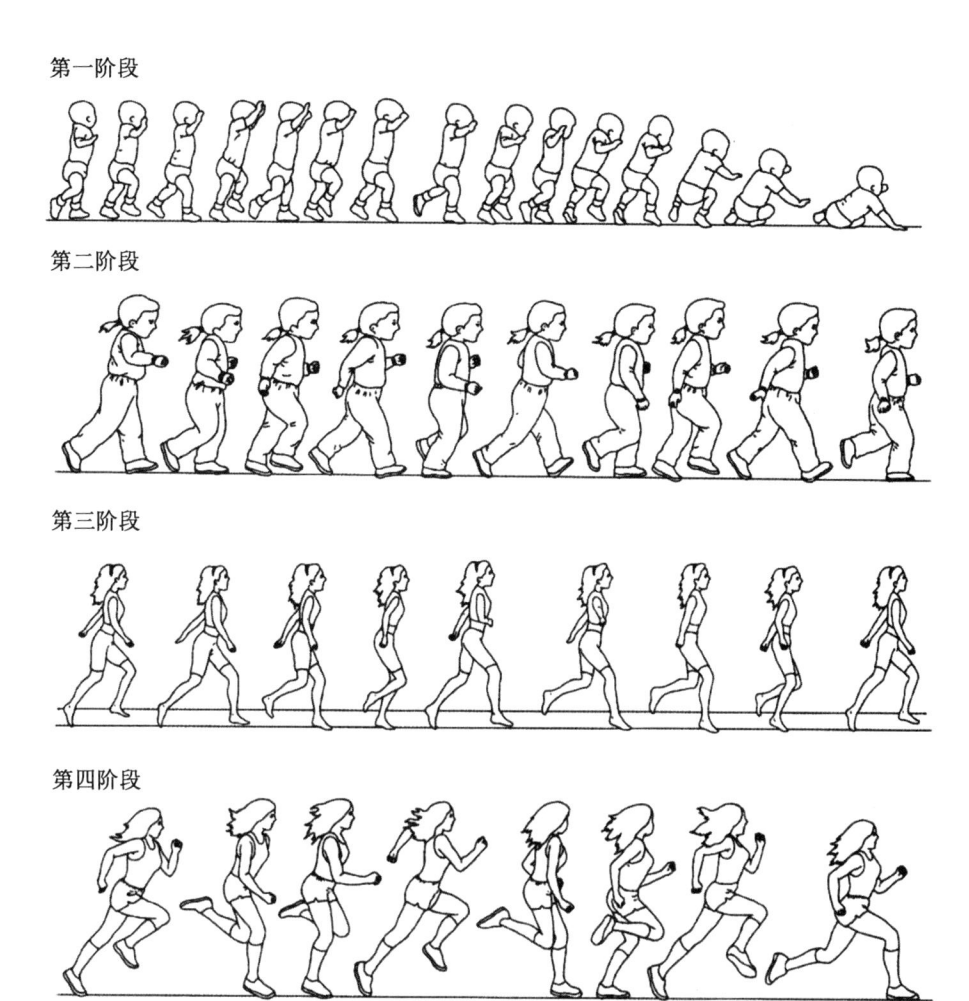

图 4-7　跑动作整体发展序列各阶段线性轨迹

三、跑动作的部分发展序列

根据部分发展序列法，跑的动作包括腿的动作和手臂动作，身体部分序列法描述的跑动模式与整体序列法的趋势是一致的。动作的转变体现在从最初的步履蹒跚到后来的脚后跟或前脚掌着地，手臂动作则从"高举保护"转变为肘关节弯曲的前后摆动。

表 4-14　跑动作的部分发展序列

各部分动作	发展序列及特征
腿的分解动作	L1：极小的腾空，全脚掌着地，脚趾外展，摆动腿外展。 L2：腾空时间增加，经常出现全脚掌着地，步幅加大，膝关节折叠至少成90度角，大腿有侧摆，导致摆动腿的脚越过身体中线置于身体后侧。 L3：腾空时支撑腿完全伸展，脚跟或脚前掌着地，摆动腿脚踝放松，膝关节提升前摆。

(续表)

各部分动作	发展序列及特征
手臂分解动作	A1:手臂高位保护,或中等保护,对跑动没有作用。 A2:摆动的方向与同侧髋部和腿的动作方向相反。 A3:摆动方向与同侧腿的动作方向相反,但越过身体中线,肘关节在前摆时弯曲,后摆时伸展。 A4:摆动方向与腿的动作方向相反,手臂前后摆动,肘关节弯曲。

通过童年早期的练习,个体可以形成有效的跑步动作模式。因此,为儿童提供充分的练习跑步技能的机会非常重要,他们也应该体验多种形式的跑步,如短跑、慢跑和变向跑等。这些练习机会将为儿童有效移动的动作技能发展打下坚实的基础。良好的跑步形式是其他基本位移技能和健康生活方式的重要保证。

四、跑动作的教育活动

(一)教学目标

1. 技能目标

掌握跑步的基本动作模式(如上体前倾、摆臂协调、蹬地发力),提升步频与步幅的协调性。

2. 体能目标

增强下肢力量、心肺耐力及动态平衡能力。

(二)教学内容设计

1. 初级阶段(阶段1~2)

(1)基础动作练习

高位摆臂跑:引导幼儿模仿第一阶段动作,双臂高举保持平衡,强调小步幅、全脚掌着地。

直线慢跑:设置短距离直线跑道,鼓励幼儿保持身体直立,逐步适应连续交替步伐。

(2)游戏活动:

"平衡小超人":幼儿头顶软垫或气球慢跑,防止掉落,增强身体控制能力。

"小步快跑接力":分组进行短距离小步快跑接力,培养基础跑步节奏。

2. 中级阶段(阶段3)

(1)动作进阶练习

摆臂协调训练:练习手臂反向摆动(与同侧腿动作相反),强调肘关节伸展与前后摆动方向。

脚跟—脚趾着地跑:通过标志物提示,引导幼儿从全脚掌过渡到脚跟—脚趾触地,提升蹬地效率。

(2)游戏活动

"摆臂机器人":幼儿模仿机器人动作,手臂严格前后摆动,强化摆臂与腿部协调。

"追逐影子":设置移动光源,幼儿需调整步伐与摆臂节奏追逐地面光影,增强动态反应能力。

3. 高级阶段(阶段4)

(1)综合协调练习

前倾加速跑:模仿第四阶段动作,练习上体适度前倾(约10度),结合屈臂有力摆动与蹬地腿充分伸展。

变向跑训练:设置折返点或障碍物,要求幼儿快速变向时保持摆臂协调与重心稳定。

(2)游戏活动

"疾风冲刺赛":分组进行短距离冲刺,记录最快速度,强调前倾姿势与摆臂发力。

"障碍挑战赛":布置锥形桶、软垫等障碍,幼儿需灵活调整步频与方向完成赛道,培养综合协调能力。

(三)教学方法与策略

1. 分层教学法

根据幼儿跑动发展阶段分组,初级阶段以平衡与基础步频为主,高级阶段侧重摆臂协调与蹬地效率。

2. 示范与模仿

教师分步骤演示动作(如上体前倾角度、摆臂路径、蹬地腿伸展),强调"眼视前方—臂摆动—腿发力"的联动。

3. 游戏化教学

将技能训练融入情景游戏,如"动物赛跑"(模仿猎豹、袋鼠等动物跑姿)或"时空穿梭"(用音乐控制跑步速度变化)。

4. 动态反馈

利用慢动作视频回放,帮助幼儿观察动作细节(如触地方式是否规范、摆臂是否越过中线)。

(四)教学活动示例

1."摆臂接力赛"

(1)目标:强化摆臂与腿部协调性。

(2)方法:每组幼儿手持彩带跑步,彩带需随摆臂节奏飘动,动作不协调者需重新完成,最快完成组获胜。

2."蹬地小火箭"

(1)目标:提升蹬地力量与步幅控制。

(2)方法:在地面标记蹬地区域,幼儿需用力蹬地跃过标志线,记录最远距离并鼓励逐步突破。

3."节奏跑挑战"

(1)目标:培养步频与呼吸协调能力。

(2)方法:播放不同节奏的音乐(如快、中、慢速),幼儿需跟随节奏调整跑步速度,保持动作规范性。

(五)教学评价

1. 过程性评价

(1)教师观察记录幼儿跑动动作是否符合阶段特征(如摆臂方向、触地方式)。

(2)通过游戏中的完成度、动作流畅度进行即时反馈。

2. 总结性评价

(1)技能测试:设定固定任务(如30米短跑计时、变向跑完成时间),评估动作规范性与效率。

(2)成长档案:记录幼儿从"高位保护跑"到"前倾摆臂跑"的进阶轨迹,结合部分序列法分析腿与手臂动作(如是否达到L3、A4阶段)。

3. 同伴互评

分组活动中,幼儿互相观察动作,用简单标准(如"摆臂是否反向""蹬地是否充分")进行评价。

第六节 跳

一、跳动作概述

跳是一种身体弹射技能,包括双脚的腾空和落地。为了正确完成这种爆发性位移动作,个体需要具备一定的力量并保持动态平衡。起跳时,手臂、腿和躯干必须协调一致,在空中不断调整位置,并在落地时准备好缓冲。其他一些弹射技能,如跨步跳和单脚跳也被认为属于跳这一动作技能范畴。跳包含了双脚起跳和双脚落地,它可以在多种方向上进行。尽管立定跳远在许多运动项目中并非必备技能,但在儿童早期,发展跳跃动作技能有助于协调性和腿部力量的提升。

儿童通常在两岁左右就已开始发展跳的动作技能,但这项技能尚未成熟。幼儿园和小学阶段是发展跳跃表现的重要时期。最初的前跳的行为包括膝关节弯曲和反复下弹,以实现起跳腾空。这些尝试代表了最基本的跳的模式,通常还包括两侧手臂的动作以辅助身体向上。然而,儿童在这个阶段实际上还不能有效地推动自己离开地面,因为他们缺乏足够的力量,也未能掌握合适的时机来克服重力,实现身体腾空。双脚起跳的难度发展为从高处向下跳——向上跳——向前跳——跳过物体。

如表 4-15 所示,具有成熟动作模式的跳跃者在起跳前的准备动作、爆发力的产生以及跳的整个阶段都具备了精细化的动作。他们知道在起跳时如何合理地安排时间,并精确地协调身体各部分以产生最大的推动力朝既定目标跳去。在腾空阶段,动作熟练者可以改变他们的手臂和腿部动作,在着地时做好后继缓冲。

表 4-15 熟练立定跳远者的动作特征

准备阶段	起跳阶段	腾空阶段	落地缓冲阶段
膝盖蹲屈 手臂前后摆动	手臂用力向前上方摆动,腿部向前上方用力蹬地 从脚趾到躯干、手臂和手指等部位,做好充分的展体 前倾角度大约在 45 度左右	手臂向下向后摆动 腿向前上方快速移动,同时保持膝关节弯曲	前伸脚后跟触地 大腿与地面平行 手臂向前摆动促使身体前移 臀部走弧线,在几乎贴近脚后跟时再向上方移动

缺乏双脚立定跳跃经验的人在尝试跳跃时,往往会表现出一些共性特征。例如,他们通常难以实现腾空,或者仅能使双脚略微离开地面。初学者在屈膝时角度往往不到 90 度,并且在用力时很少能够同时做到用力展臂、展体和伸展躯干。由于儿童对起跳时机的把握不准确,平衡能力、力量素质较差,以及腿部协调性尚未建立,他们常常无法双脚同时起跳,并可能表现出多余的手臂动作,这些动作对有效跳跃并无帮助,且多数情况下在着地时容易失去平衡。

二、立定跳远动作的发展

根据整体发展序列法,儿童立定跳远的动作发展经历四个阶段(如图 4-8 所示)。儿童从站立位置开始,双脚起跳,尽可能跳得远。由于儿童还不适应身体前倾的状态和向远距离跳,前两个阶段包含了垂直向上跳的动作。跳跃的一个关键要素是儿童在起跳瞬间有意识地前倾并失去平衡。对于初学者来说,重心前移可能会感到害怕,他们可能会通过向上或向后移动手臂和躯干,或在空中舞动手臂来抵消这种感觉。随着儿童跳跃技能的提高,他们能够在身体前倾的起跳位置通过快速向前上方摆动手臂来产生推动力。在跳跃动作技能发展的早期,儿童还不能在跳跃中完全伸展腿部,而是将腿直接置于身体下方。随着技能的发展,腿部开始伸展,身体倾斜角度也逐渐接近 45 度。到了第四阶段,儿童在起跳时整个身体能够完全伸展。

第一阶段

第二阶段

第三阶段

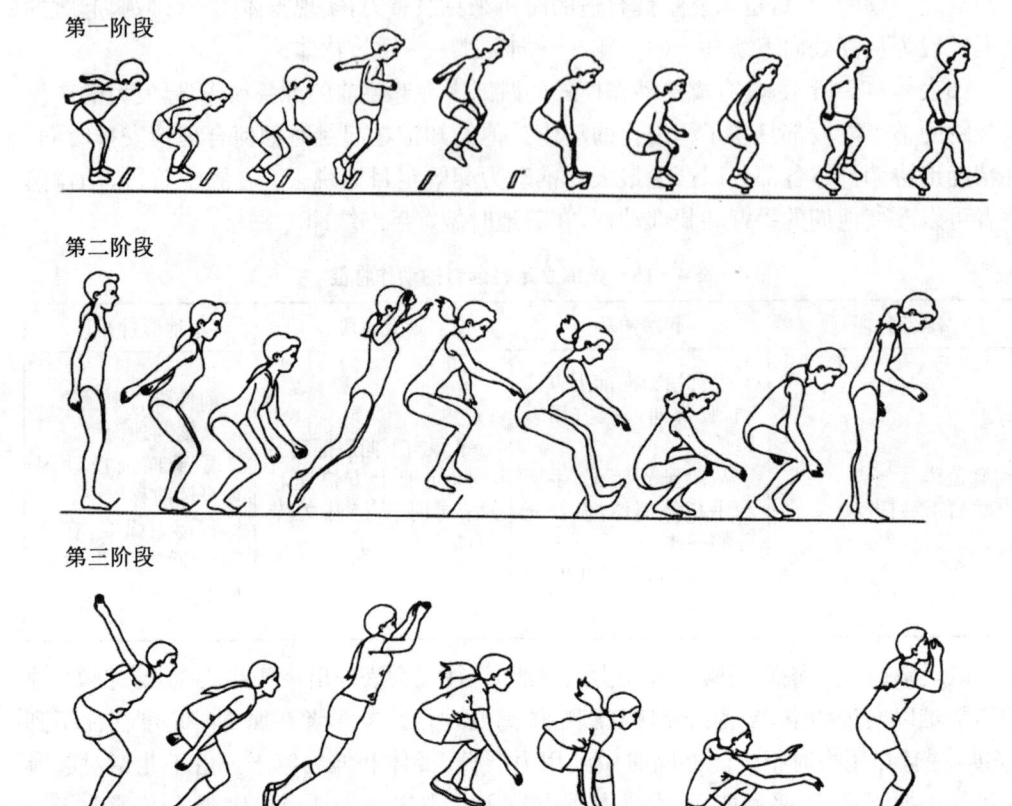

第四阶段

图 4-8　立定跳远动作整体发展序列各阶段线性轨迹

根据部分发展序列法，儿童立定跳远动作可分解为腿部动作和手臂动作，发展序列特征如表 4-16 所示。

表 4-16　立定跳远动作的部分发展序列

各部分动作	发展序列及特征
腿部动作	L1：单脚起跳，几乎没有屈膝的准备动作。 L2：脚跟离地前，膝关节开始伸展。 L3：膝关节伸展与脚后跟离地同步。 L4：脚跟先离地，随后膝关节伸展，跳跃者身体明显前倾。

(续表)

各部分动作	发展序列及特征
手臂动作	A1：手臂无动作或耸肩。 A2：手臂外展，向前或向两边摆动。 A3：起跳时手臂前摆但是没有完全伸展至超过头的位置。

练习机会和身体发育对提高儿童的跳跃能力至关重要。完成一次成功的立定跳远需要无数次尝试和练习，以发展协调性和准确把握起跳时机。通常，学前儿童的腿部动作发展比手臂动作快，只有约30%的儿童腿部和手臂动作发展水平一致，初学者需要学习如何协调身体完成这一复杂技能。此外，身高和腿长的增加以及力量的增长对改善动作模式和增加跳远距离都有显著帮助，因为足够的力量是将身体从站立位置牵引腾空的关键，而这种能力需要时间来发展。尽管跳跃动作在2岁时就已出现，但它是需要最长时间才能发展成熟的技能之一。大多数儿童直到10岁左右才能达到动作的第四阶段。跳跃技能发展所需时间较长，这与技能的复杂性、身体尺寸的变化，以及儿童在运动、游戏、舞蹈中较少运用这种技能有关。

三、纵跳动作的发展

纵跳是篮球、排球、跳水和体操等运动项目的重要组成部分。纵跳与立定跳远的主要区别体现在身体位置、起跳角度和动作速度上。在立定跳远中，臀部伸展更快；而在纵跳中，脚踝和膝关节伸展更快，身体必须直接向上跃起以克服重力。纵跳在生物力学方面对协调性和起跳时机的把握也略有不同于立定跳远。尽管如此，在实践中，两者的基本动作特征非常相似。起跳时，可以观察到从脚到手臂的完全伸展。由于跳跃者的身体是直接竖直向上跃起，而非向外，因此他们无需向前倾斜。通过在练习者头顶正上方设置触摸目标，可以提高他们的纵跳能力和表现。

纵跳动作的发展可分为三个阶段：起始阶段、初级阶段和成熟阶段。表4-17阐述了各个阶段的特征，这三个阶段与前面描述的立定跳远发展阶段紧密相关。

表4-17 纵跳发展的起始、初级和成熟阶段

发展阶段	起始阶段	初级阶段	成熟阶段
动作特征	准备姿势的蹲伏动作不协调连贯 起跳时身体没有伸展 缺乏双脚起跳的能力缺乏一定的跃起高度	膝关节弯曲蹲伏角度超过90度 双脚起跳 身体没有完全伸展，手臂开始辅助用力和保持平衡 着地时缺少平衡	膝关节弯曲蹲伏角度在60到90度之间 起跳时整个身体完全伸展 有控制地落地

四、单脚跳动作的发展

单脚跳是一项需要力量、时机选择和平衡能力的身体弹跳技能。儿童在执行单脚

跳时必须单脚起跳并同脚落地，这使得单脚跳比双脚跳更具挑战性。完成这一动作需要良好的平衡感和强大的腿部力量。此外，儿童在单脚着地时还需做好缓冲动作。由于脚小，儿童在起跳和落地时提供的支撑和缓冲较小，这使得单脚跳动作技能的出现比双脚跳晚约半年到一年。

尽管成年人很少使用单脚跳，但为了给儿童打下广泛的基本动作技能基础，增加他们选择运动形式的灵活性，发展这一技能仍然重要。单脚跳也是儿童游戏和舞蹈的一部分，"跳房子"是一种流行的户外游戏，要求儿童从一个方框单脚或双脚跳到另一个方框，同时跨越放有石头或小布袋的方框。许多民间舞蹈也将单脚跳融入舞蹈动作中。单脚跳动作熟练者的动作特征包括支撑脚保持很好的平衡；支撑腿在起跳时完全伸展，落地时弯曲；非支撑腿在跳的过程中前后摆动；手臂与摆动腿方向相反；身体前倾。

缺乏单脚跳经验的儿童往往身体更垂直，需要用手臂辅助腾空，用非支撑腿保持平衡。初学者通常会将大腿放在身体前的水平或斜线位置，以在失去平衡时让摆动腿着地，避免跌倒。他们能做出的单脚跳动作范围很小，几乎是垂直向上跳，水平移动距离有限。这种垂直运动有助于将支撑腿直接置于身体下方，保持平衡。由于单脚跳需要支撑腿推动身体向上和向前，年幼的练习者如果仅依靠腿部力量而没有手臂动作，可能无法完成单脚跳。小学阶段的练习者通常通过手臂的上下摆动来帮助身体腾空，但在此过程中容易失去平衡。三岁以下的儿童很少能完成单脚跳跃的初级动作或连续单脚跳。非优势腿的单脚跳技能发展通常落后于优势腿。3~5岁儿童的单脚跳很少能达到高级水平。学龄前和小学低年级是锻炼和发展儿童单脚跳跃技能的关键时期。

根据整体发展序列法，学习单脚跳有四个发展阶段（如图4-9所示）。前两个阶段中，身体大部分处于垂直状态。在第一阶段，儿童将非支撑腿的大腿置于身体前与地面平行的位置，膝盖弯曲，双臂靠近肩部跳离地面。第二阶段中，他们将非支撑腿的大腿移至与地面成斜线的位置，使脚落在身体下方或稍微滞后于支撑腿，此阶段也常可见练习者手臂的动作。进入第三、第四阶段的练习者展示出更成熟的动作技能。他们具有更好的平衡能力、更强的腿部力量，以及对动作时机的精准把握。有经验的练习者将非支撑腿摆直，脚置于身体后，帮助身体在跳跃时前倾，手臂也开始与运动方向一致地工作。到了第四阶段，儿童在单脚跳时非支撑腿前后摆动，与前两个阶段相比，他们能跳得更远；支撑腿在起跳时完全伸展，落地时弯曲以缓冲。

第一阶段

第二阶段

第三阶段

第四阶段

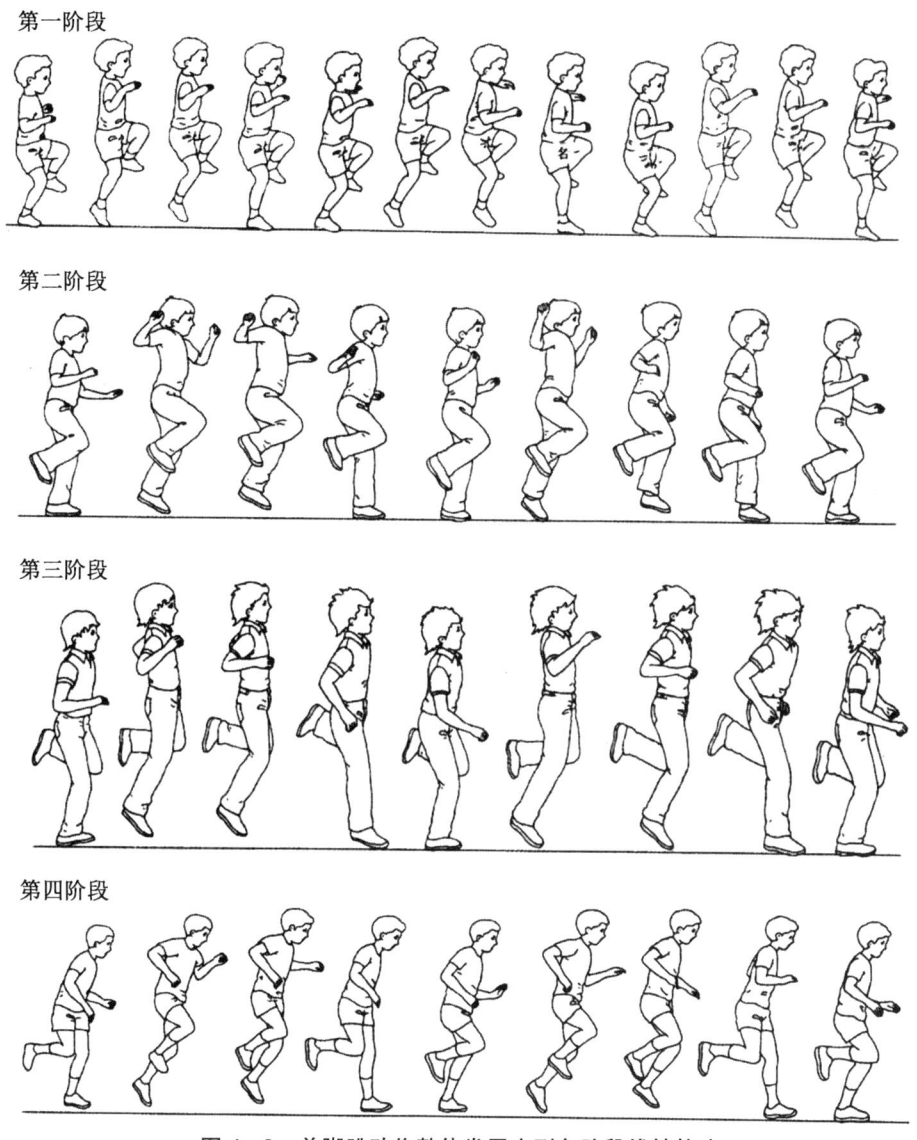

图 4-9　单脚跳动作整体发展序列各阶段线性轨迹

根据部分发展序列法,可以利用腿部动作的三个发展阶段和手臂动作的四个发展阶段来分析单脚跳的动作模式(如表 4-18 所示)。

表 4-18　单脚跳动作的部分发展序列

各部分动作	发展序列及特征
腿部动作	L1:摆动腿在体前或体侧短暂腾空,身体如被上提而非弹射。 L2:摆动腿没有积极下落,膝和踝小幅度伸展,并稍微前倾帮助身体做"前倒"动作。 L3:弹射起跳,摆动腿协助但仍然位于身体前方。 L4:摆动腿积极摆动,支撑腿完全伸展。

(续表)

各部分动作	发展序列及特征
手臂动作	A1：两侧不动，手臂基本处于高位但几乎没有动作。 A2：两侧开始摆动，手臂上摆保持平衡。 A3：两侧辅助，手臂上下摆动。 A4：半相向，摆动腿动作方向稍微与手臂动作方向相反。 A5：相向用力，手臂动作方向与摆动腿和支撑腿动作方向相反以帮助作用力的产生。

单脚跳是一项较为费力的活动，要求同一侧下肢在起跳时提供动力，在着地时进行缓冲，并在下一次起跳时施加更大的力量。当大多数儿童开始学习单脚跳时，他们的跑步技能已经进入第二阶段。而且，当他们掌握单脚跳的第一阶段技能时，已经练习双脚跳跃至少6个月。这种高能量消耗的技能不仅有助于儿童发展力量、协调性、平衡能力和节奏感，而且在儿童能够进行连续单脚跳时，还能有效锻炼他们的心肺功能和耐力。

五、连续前滑跳步和侧滑步动作的发展

连续前滑跳步和侧滑步技能密切相关，它们都要求有节奏地进行，一脚腾空并落向接近另一只脚的地方，且通常使用不对称或不均匀的步法。连续前滑步是儿童接触的首个不对称运动技能，主要涉及向前移动，而侧滑步则涉及向身体两侧的移动。儿童通常在两岁左右开始发展连续前滑跳步技能，跑步是发展连续前滑跳步技能的前提。体育教师经常利用连续前滑跳步来发展学生的腿部力量和协调性，并采用多种形式的滑步练习来增进心肺功能。一些学生在练习民间舞蹈时，需要运用连续前滑跳步和滑步来完成特定舞步。

连续前滑跳步是一项要求非均匀模式的动作技能，其步幅比普通前跨步要长。擅长连续前滑跳步的儿童在独自练习时能够保持流畅且有节奏的动作模式。他们还能按照既定的节奏或节拍移动，具备足够的腿部力量，能够用单脚推动身体向前上方运动。熟练的连续前滑跳步练习者的动作特征包括动作流畅，有节奏感；明确区分前后腿；后腿着地落在前腿旁边或稍微后于前腿；脚贴近地面；腾空时，膝部稍微弯曲；左右腿都能作为引导腿。

几个关键因素导致缺乏经验的练习者难以掌握连续前滑步技能。他们未能展现出使用左腿或右腿作为引导腿的能力，通常只能将非优势腿置后，而使用优势腿作为引导腿。初学者难以保持动作的连贯性，因此也就无法实现流畅和节奏感。在尝试连续前滑步时，他们往往会不自觉地将动作转变为跑的形式。由于经验不足，练习者需要将注意力集中在动作模式上，这常常导致落地或迈步过重，出现与正确动作无关的力量使用。

根据整体发展序列法，儿童在发展连续滑步技能时最常出现三个阶段（如图4-10所示）。

在起始阶段，儿童的连续前滑步表现出类似跑步的模式。观察初学者进行连续前滑步时，可以注意到他们的脚步落地声沉重。在腾空阶段，他们的腿部动作类似于跑

第一阶段

第二阶段

第三阶段

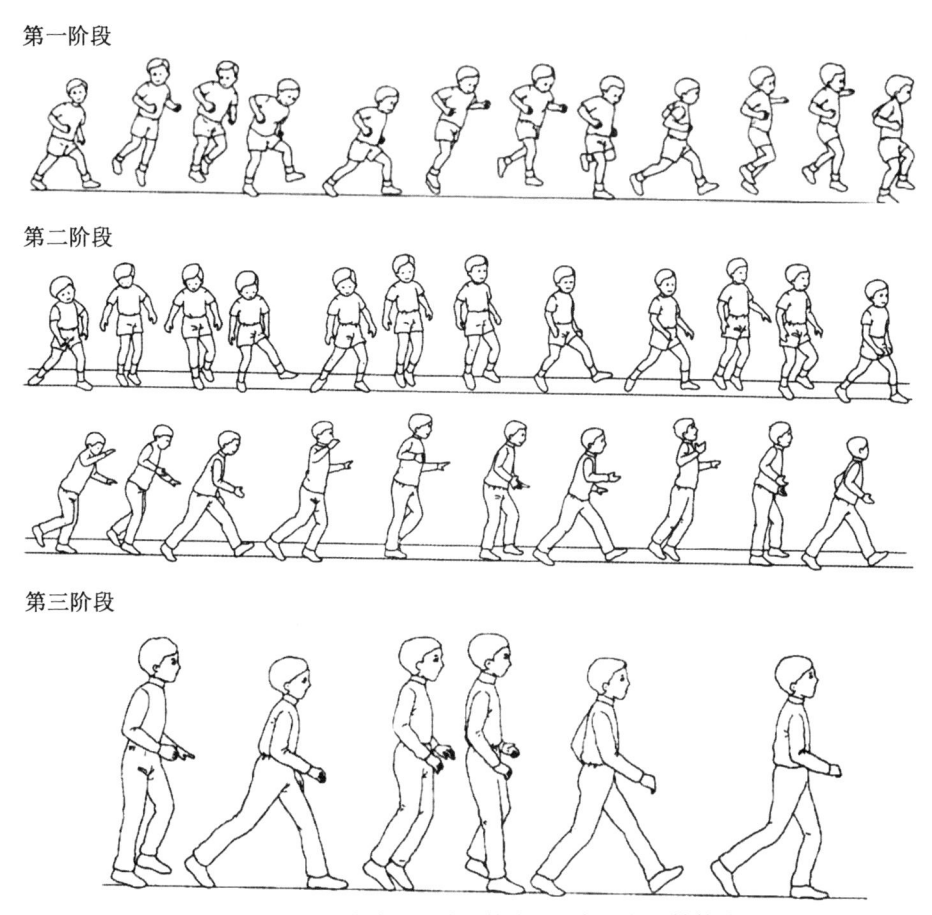

图 4-10　连续前滑跳动作整体序列各阶段线性轨迹

步,即后腿在腾空时超过前腿,膝关节高抬弯曲。

随着动作技能水平的提升,儿童进入第二阶段,此时他们已能更清晰地区分前后腿的位置。然而,儿童在执行动作时,后腿往往显得僵硬,容易出现髋部向身体侧面倾斜的倾向。这种僵硬使得第二阶段的动作相比第一阶段更为缓慢和夸张。在前两个阶段,垂直方向的动作占主导,这意味着儿童主要将作用力施加到向下蹬地的动作上,身体有显著的上提动作,而非向前移动。他们的胳膊也会做出夸张的摆动,以增加向上的动力。

进入第三阶段的熟练儿童可以轻松地完成流畅且有节奏的连续前滑步动作。在腾空阶段,当髋部向前移动时,脚保持在离地面较近的高度。达到这一水平的儿童能够轻松改变滑步方向,并能结合双手和双臂进行拍手等动作。当儿童的双腿动作都发展到第三阶段时,前滑步技能就能有效地应用于竞技项目、舞蹈以及为提高心率而设计的活动中。

六、连续垫跳步动作的发展

连续垫跳步是一种有节奏的两步式技能,连续垫跳步是两个动作序列的结合,要求先用一只脚进行一次单脚跳步,再用另一只脚进行一次单脚跳步。连续垫跳步是位移动作技能中最复杂的一项,因为它需要在重心转移到另一条腿前,用同一条腿执行两种技巧。连续垫跳步是最后发展的一项位移动作技能,一般来说,当儿童达到单脚跳的第三阶段时,连续垫跳步就开始出现了。此时,他们已经有了足够的动态平衡感和腿部的力量,以及用两只脚进行单脚跳的足够的经验来完成跳跃。熟练的连续垫跳步者具有一些观察者能够评估的共同特性:有节奏的重心转移和能轻松保持这种模式的能力;有限的垂直运动;有限地使用上肢进行发力;用脚趾进行起跳和落地。

不熟练的跳跃者的连续垫跳步方法会看上去很不连贯。他们必须要注意力非常集中才能够顺序完成同一只脚的单脚跳跃然后再用另一只脚进行重复动作。实际上,第一次尝试连续垫跳步的人经常只在身体的一边呈现出这种模式。连续垫跳步的初学者也会用过大的力量,因此,他们在学习这项技能的过程中非常容易疲倦。在学习连续垫跳步的最早阶段,手臂并没有对跳跃的完成有很大贡献。

根据整体发展序列法,连续垫跳步被分成三个整体动作阶段(如图 4-11 所示)。总的来说,儿童的连续垫跳步由最开始的生疏的、不连贯的动作如尝试夸张地将上肢抬高,逐渐演变为轻松的、有节奏的动作。

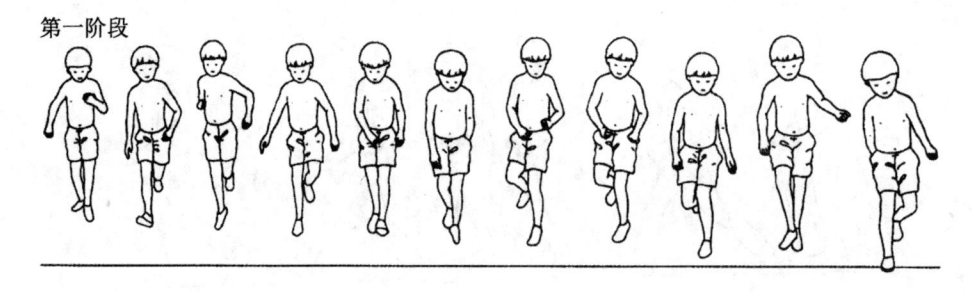

第一阶段

第二阶段

第三阶段

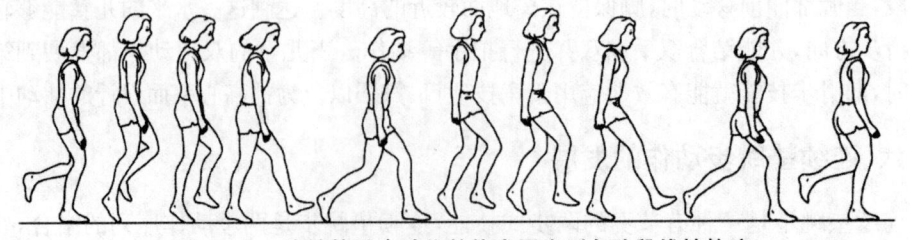

图 4-11　连续垫跳步动作整体发展序列各阶段线性轨迹

在第一阶段,初学者未能完成标准的踏步—单脚跳动作,并表现出三种常见模式之一:① 一个不完整的连续垫跳步模式,导致沉重的踏步和缓慢的单脚跳;② 在尝试技能时,每侧进行两次单脚跳;③ 身体一侧呈现真正的连续垫跳步模式,而另一侧只用一只脚进行单独踏步。在这个阶段,上臂很少用于协助发力。

进入第二阶段,较为熟练的连续垫跳步者能够完成并维持踏步—单脚跳模式,但往往会跳得过高。他们的上臂在起跳时过分上举,并在离地阶段无目的地舞动。此阶段的儿童也经常抬高膝部。

到了第三阶段,连续垫跳步者通过减少上跳幅度来提高技能。在单脚跳时,脚与地面的距离很近,手臂动作相比上一阶段有显著减少,且手臂常进行与腿部相反方向的摆动。第三阶段的连续垫跳步表现出轻松和节奏感,儿童能够轻松维持这种交替模式。

根据部分发展序列法,连续垫跳步的腿部和手臂动作的发展序列如表4-19所示。

表4-19 连续垫跳步动作的部分发展序列

各部分动作	发展序列及特征
腿部动作	L1:只用一只脚完成跳跃,另一只脚只向前迈步。 L2:交替进行踏步—单脚跳,整个脚掌着地。 L3:交替进行踏步—单脚跳,用前脚掌着地。
手臂动作	A1:双臂一起协助,双臂同步抬起和落下,帮助进行单脚跳的身体上升。 A2:半相向运动,开始双臂一起抬起,然后演变成半相对运动。 A3:完全相向运动,双臂相反于非支撑腿运动。

研究连续垫跳步技能的发展是5至6岁儿童的主要关注点。在此之前,应重视单脚跳和有节奏的连续前滑步,以便儿童能够学会完成连续垫跳步所需的动作模式、平衡感、节奏感和力度控制。连续垫跳步对儿童来说是一项有趣的心肺锻炼活动。

七、跳动作的教育活动

(一)教学目标

1. 技能目标

掌握不同跳类动作(立定跳远、纵跳、单脚跳、连续滑步跳等)的基本技术,提升起跳力量、空中姿态控制及落地缓冲能力。

2. 体能目标

增强下肢爆发力、动态平衡能力及心肺耐力。

(二)教学内容设计

1. 立定跳远

(1)初级阶段(阶段1~2)

① 基础动作练习

垂直弹跳:双脚原地弹跳,强调屈膝下蹲与手臂后摆的协调发力。

短距离跳远:设置低矮目标线,引导幼儿小幅前跳,逐步适应身体前倾。

② 游戏活动

"青蛙过河":用软垫模拟荷叶,幼儿需立定跳远跨越"荷叶",强化蹬地力量。

(2) 高级阶段(阶段3~4)

① 综合练习

分层次发力训练:分解"屈膝—摆臂—蹬地—展体"动作顺序,结合标志物练习远距离跳跃。

② 游戏活动

"跳远积分赛":设置不同距离的分值区域,幼儿根据跳跃距离累积得分。

2. 纵跳

(1) 初级阶段

① 垂直跳跃练习:双手触碰悬挂的软球或彩带,强调膝关节弯曲与手臂上摆。

② 游戏活动

"摸高挑战":设置可调节高度的目标点(如气球),幼儿纵跳触碰目标。

(2) 成熟阶段

① 综合训练

连续纵跳:练习连续触地起跳,强调落地缓冲与快速发力。

② 游戏活动

"跳跃拍手":幼儿纵跳腾空时完成拍手动作,提升空中姿态控制。

3. 单脚跳

(1) 初级阶段

① 静态单脚跳:扶墙或栏杆练习单脚原地跳跃,强化平衡能力。

② 游戏活动

"金鸡独立跳":单脚跳跃绕过障碍物,保持身体稳定。

(2) 高级阶段

① 动态训练

连续单脚跳:设置标志点,要求幼儿单脚连续跳跃完成赛道。

② 游戏活动

"跳房子升级版":结合单脚跳与方向变化,挑战复杂路径。

4. 连续前滑跳步与侧滑步

① 基础练习

节奏滑步:跟随音乐节拍练习前滑跳步,强调动作连贯性与节奏感。

② 游戏活动

"滑步接力赛":分组进行前滑跳步接力,要求动作流畅且不中断。

5. 连续垫跳步

（1）初级阶段

踏步—单脚跳分解练习：分解动作练习"踏—跳"节奏，逐步过渡到连贯动作。

（2）高级阶段

① 综合训练

交替垫跳步：左右脚交替完成垫跳步，结合手臂协调摆动。

② 游戏活动

"节奏大师"：根据音乐节奏完成垫跳步，强化动作与音乐的同步性。

（三）教学方法与策略

1. 分层教学法

根据儿童跳跃发展阶段分组，初级阶段以静态练习为主，高级阶段侧重动态协调与复杂组合。

2. 示范与模仿

教师分步骤演示动作（如蹬地角度、摆臂路径、落地缓冲），强调"眼视目标—臂摆动—腿发力"的联动。

3. 游戏化教学

将技能训练融入情景游戏，如"超级马里奥闯关"（跳跃躲避障碍）或"跳跃星球"（用发光标志模拟星球跳跃）。

4. 动态反馈

利用视频回放或即时反馈，帮助幼儿观察动作细节（如起跳高度、落地稳定性）。

（四）教学活动示例

1. "跳跃大冒险"

（1）目标：综合提升多种跳跃技能。

（2）方法：设置包含立定跳远、单脚跳、垫跳步的障碍赛道，幼儿依次完成挑战。

2. "空中造型师"

（1）目标：强化空中姿态控制。

（2）方法：幼儿纵跳腾空时模仿特定造型（如展翅、抱膝），教师记录最佳动作。

3. "滑步舞会"

（1）目标：培养连续滑步的节奏感。

（2）方法：播放节奏明快的音乐，幼儿分组编排滑步舞蹈，展示创意与协调性。

（五）教学评价

1. 过程性评价

（1）教师观察记录幼儿动作是否符合阶段特征（如摆臂幅度、蹬地角度）。

（2）通过游戏中的完成度、动作流畅度进行即时反馈。

2. 总结性评价

（1）技能测试：设定固定任务（如立定跳远距离、纵跳摸高高度），评估动作规范性与成绩。

（2）成长档案：记录幼儿从"基础跳跃"到"复杂跳"的进阶轨迹，结合部分序列法分析腿部与手臂动作（如是否达到 L4、A3 阶段）。

3. 同伴互评

分组活动中，幼儿互相观察动作，用简单标准（如"落地是否平稳""节奏是否一致"）进行评价。

思考与练习

1. 结合动作发展序列模型，比较"整体序列法"与"部分序列法"的异同，并举例说明两种方法在分析幼儿投掷或踢球动作发展中的适用性与局限性。

2. 观察一名处于"上手投掷动作第三阶段"的幼儿，描述其动作特征（如跨步、躯干扭转、手臂挥动等），并设计一项针对该阶段的游戏化教学活动，说明如何通过调整任务或环境促进其动作进阶。

3. 根据跑动作发展的四个阶段，为初级阶段（阶段1～2）幼儿设计一节10分钟的跑步技能训练课，包含教学目标、活动内容与评价方法，并解释分层教学策略的运用。

4. 以"接球动作"为例，论述个体约束（如年龄、性别）、任务约束（如球速、轨迹）和环境约束（如球的大小、场地）如何共同影响幼儿接球技能的发展，并提出针对性教学建议。

5. 选择"跳类动作"（如立定跳远或单脚跳），结合动态系统理论，分析幼儿在动作发展过程中如何通过个体能力、任务需求与环境条件的互动形成适应性动作模式，并举例说明教师在教学中如何利用这种互动促进技能提升。

第五章 学前儿童体育游戏

本章概述

游戏是促进幼儿身心全面发展的核心载体,本章系统阐述学前儿童体育游戏的理论框架与实践方法。学前儿童体育游戏以身体训练为基础,融入教育目标,通过趣味化活动实现运动能力、认知发展与社会情感的协同提升。本章通过理论解析与实操示范,为教育工作者提供科学设计、组织与评价体育游戏的系统性指导,通过游戏化路径实现幼儿体质增强、动作协调、认知发展与社会适应的多维目标。

学习目标

1. 理解学前儿童体育游戏的核心概念与分类体系,明确不同年龄段游戏设计的适应性原则。

2. 掌握体育游戏的设计与实施方法,能够根据小、中、大班幼儿的身心发展特点,灵活组织分层化、趣味化的体育活动。

3. 提升体育游戏的多领域融合实践能力,能够将各领域目标融入游戏设计,促进幼儿认知、情感与动作能力的协同发展。

第一节 学前儿童体育游戏概述

一、学前儿童体育游戏的概念

体育游戏是以身体训练为核心内容、以游戏活动为组织形式、以促进身心协调发展为目标的特殊教育手段。相较于竞技运动与智力游戏,其突出特征在于将教育目标融入趣味性活动中,尤其符合学前儿童身心发展规律。作为幼儿园综合教育体系的重要载体,体育游戏既满足幼儿身心发展需求,又承载教育者对幼儿运动能力、社会情感及认知发展的科学引导,集中体现现代教育理念中的儿童本位观与教学智慧。

在幼儿园教育中,体育游戏主要包括自主性和干预性两种主要形式。

(一)自主性体育游戏

自主性体育游戏是以幼儿为主体,建立在幼儿自我需求基础之上的一种自主、自愿、自发、自我选择的体育游戏行为,是在一定情境中的一种自我表现。自主性游戏表现出幼儿通过体育游戏自我展开和学习的过程,同时也反映了幼儿兴趣、能力、认知、情感需求等方面的特点。

(二)干预性体育游戏

干预性体育游戏主要包括两种形式:一种是引导性体育游戏,一种是指导性体育游戏。

1. 引导性体育游戏

引导性体育游戏是幼儿园体育游戏中隐性干预的一种教育方式,主要是指教育者运用环境、材料、同伴及幼儿园课程等因素,对幼儿自主性体育行为施加影响的过程。这些因素往往是教育者认可的、有价值的内容。这种游戏形式在幼儿园体育教育中起着非常重要的作用,既反映出教育者的期望,又反映了幼儿的喜好。因此,引导性体育游戏应成为教育者着重考虑的问题。

2. 指导性体育游戏

指导性体育游戏是幼儿园体育游戏中显性干预的一种教育方式,主要是指以教育者为主体或主导,来组织幼儿进行体育游戏的一种方式。体育游戏的目的、内容方法、规则主要来自教师的设计或选择,游戏的评价由教师完成。

自主性体育游戏和引导性体育游戏反映出幼儿对体育活动的自主取向,是幼儿一般能力的重复练习,是幼儿在游戏中不断满足自我需求和自我完善各种能力的过程。此类型的体育游戏目标泛化,内容可变性强,常常随不同情境而改变。此类型的体育游戏是幼儿各方面的现实反映,因此也是教育者认识和解读幼儿体育兴趣、能力等方面的主要途径之一。

指导性体育游戏是在正确评估幼儿兴趣取向及各种真实能力的基础之上进行有目的设计与选择的一种体育活动形式。由于目标趋于具体,因此反映出教师对于幼儿体育能力等方面发展的期望。指导性体育游戏是学习体育游戏的过程,是对幼儿某种能力的挑战,所以表现出教育者对于幼儿各种能力发展的不断促进和影响。

自主性体育游戏既是活动的起点,也应成为游戏的终点。也就是说,干预性体育游戏内容的选择及活动的开展要能很好地服务于幼儿自主性体育游戏的发展。一方面,在指导性体育游戏中不断提高幼儿体育活动的能力,另一方面,应提供更多幼儿可自主操作的内容进行教学,使指导性体育游戏活动具有可延续性的意义。因此,自主性体育游戏、引导性体育游戏及指导性体育游戏三者相辅相成。

二、学前儿童体育游戏的分类和内容

（一）学前儿童体育游戏的分类

学前儿童体育游戏种类繁多，从不同的角度对于游戏进行整理归类，有利于教师对于体育游戏的认识及使用。

（1）根据幼儿基本活动能力分类。主要包括走步的游戏、跑步的游戏、跳的游戏、投类游戏、攀类游戏、爬行类游戏等，此种分类是幼儿园常用的分类方式。由于幼儿正处于人体基本活动能力发展的关键期，所以这种基本活动能力类的游戏也是幼儿园体育活动的主要内容。

（2）根据幼儿基本身体素质分类。主要包括力量类游戏、耐力类游戏、速度类游戏、灵敏类游戏、柔韧类游戏、平衡类游戏、动作协调类游戏等。基本身体素质的发展所表现的是各种运动机能的能力，这也是认识幼儿身体发展的主要分类方式。幼儿体育游戏中，主要强调幼儿的灵敏性、平衡能力及协调能力的发展。

（3）根据组织形式分类。主要包括集体游戏、小组游戏、两三人间游戏、个体游戏及分散游戏等。集体游戏常常表现为教师带领，幼儿跟随教师进行游戏，这是中、小班最常用的组织方法之一。中、大班常采用小组游戏的组织形式。两三人间游戏是幼儿自主体育游戏中常见的组织方式，教师在组织游戏中也应多选择此类游戏进行开展，可促进幼儿与同伴的互动能力发展。

（4）根据有无运动器械分类。主要包括徒手游戏和有器械的游戏两种。器械是重要的运动中介，幼儿园中有器械的游戏所占比例很高。

（5）根据器械性质分类。主要包括大型器械游戏和轻器械游戏。大型器械包括海洋池、滑滑梯、平衡木、旋转椅、摇摆桥、攀爬网、秋千等。大型器械游戏多以单一玩法为主，主要涉及平衡能力、攀爬协调能力的发展。轻器械游戏包括各种球类游戏、圈类游戏、绳子类游戏、棒类游戏、罐子类游戏、垫子类游戏、沙包类游戏、组合器械游戏等，轻器械游戏更多以一物多玩为主。

（6）根据专项技能项目分类。包括体操类游戏、足球游戏、篮球游戏、田径类游戏、武术类游戏等。由于幼儿年龄的特点，幼儿园在专项技能项目的选择上具有较大的局限性。在幼儿园中，篮球类游戏及体操类游戏较多。

（7）根据认知发展角度分类。主要分为感知运动类游戏、象征性游戏、规则性游戏等。低年龄段的幼儿更易接受感知运动类的游戏，随着年龄的增长，象征性游戏的内容成为主要的形式。幼儿园高年段开始接受规则性游戏，逐渐成为今后的主要游戏方式。

（8）根据游戏中有无情节分类。主要分为有情节体育游戏及无情节体育游戏两种。有情节体育游戏在幼儿园中运用较多，此类游戏是常常在教师的指导下，通过一定的情境创设，以情节的不断展开为线索，以幼儿角色的扮演为具体运动内容而形成的游戏类型。此类游戏既可以形成表现性游戏，又可以形成有一定竞争性的规则游戏。无情节游戏范围较大，不以情节的展开为线索。

（9）根据幼儿园体育游戏的性质分类。主要分为表现性体育游戏、主题性体育游戏、探索性体育游戏、规则性体育游戏等。

表现性体育游戏主要是指幼儿通过各种角色的扮演进行身体的活动,这种类型的体育游戏更多是以无规则或隐性规则的形式存在,多以集体性的平行游戏为主,以自我身体的表现为目的。此游戏类型在幼儿园中占主要地位。

主题性体育游戏主要是围绕某一中心内容展开的身体运动性游戏。这一中心内容可以是某一器材的多样运用、某一动作的不同表现,也可以是生活类或认知类的内容。主题性体育游戏以某一核心作为身体活动的平台,同时可作为幼儿教育中主题教育的主要延伸部分展开。在幼儿教育中,主题性体育游戏是综合教育的主要手段之一。

探索性体育游戏是一种以身体活动为手段、以思维发展为目的的游戏方式。它建立在幼儿较为熟知的内容基础之上,是进一步拓展的活动形式。它运用幼儿已有经验,以发散性思维追求某一主题的多种表现形式。从一定角度看,此类型可归属于主题性体育游戏的范畴,如物品的一物多玩、某一动作的多种表现方式、用多种动作解决同一问题等。

规则性体育游戏主要是在体育游戏中,通过某些要求规定可操作和不可操作的行为,从而保证体育游戏按设计方法顺利完成。规则性体育游戏在幼儿体育游戏中主要表现为显性的规则要求。中班阶段幼儿开始接受少量规则性要求,随着年龄增长,规则性体育游戏在大班中的数量有一定增加。但总体来说,规则性体育游戏不应成为幼儿教育中的主要类型,即便存在,也是以较为单一或简单的规则进行操作。

(二) 幼儿园集体游戏的基本内容

集以上分类,综合各方面的元素,从幼儿目标达成的视角出发,幼儿园体育活动中主要包括以下体育游戏内容:

(1) 感知运动游戏。包括听觉、视觉、触觉、运动觉、平衡觉等。

(2) 队列性体育游戏。包括原地的队列队形、行进间的队形。

(3) 基本动作技巧性体育游戏。包括身体运动技巧、手指、手腕及上肢运动技巧,下肢运动技巧等。

(4) 基本动作形成的体育游戏。包括走、跑、跳、投、攀、钻、爬等基本动作。

(5) 基本身体素质形成的体育游戏。包括力量、耐力、平衡能力、灵敏性、柔韧性、速度、协调能力等。

(6) 各种运动器材形成的体育游戏。包括一物多玩、轻器械游戏、辅助器械游戏等。

(7) 传统体育游戏。包括民间传统体育游戏及民族体育游戏等。

(8) 专项运动技能活动形成的体育游戏。包括体操、武术、篮球、足球、排球、轮滑、田径、游泳、射箭、棒球、高尔夫球、曲棍球、摔跤等。

(9) 综合运动能力发展的体育游戏等。

三、学前儿童体育游戏的原则与方法

(一) 幼儿园体育游戏开展的原则

在幼儿园教育活动中,把幼儿园组织性体育游戏作为有一定目的性的发展幼儿各种能力的综合平台,是幼儿个性与体育教育相结合的最佳形式。教师在开展学前体育游戏时,应考虑到幼儿的年龄特点、兴趣、需求、动机、个体发展等问题;同时,也要考虑教育中所存在的各种价值。如何处理好这两者之间存在的矛盾,教师应从以下几个方面进行思考:

1. 连续性原则

体育游戏作为幼儿喜欢的活动方式,是情绪、情感的宣泄和获得。在体育游戏中,教师首先要遵循幼儿身体与心理的需要,不要轻易打断幼儿的游戏,或增加与幼儿兴趣相抵触的教育性内容。打断幼儿游戏,会使得游戏的发展中断,使幼儿难以获得高层次的体验,增加与幼儿兴趣相抵触的教育内容,会使得幼儿的游戏质量降低。

2. 幼儿参与性原则

在幼儿园,教师组织的集体性体育游戏是为每个幼儿服务的。教师在进行体育游戏内容的选择或体育游戏创设时,应考虑到此体育游戏是否能让每名幼儿更多地参与到游戏中。如果游戏只是能满足部分幼儿的需求,或游戏使更多幼儿等待、旁观,那么会使得许多幼儿无法获得游戏的快乐,从而降低了幼儿对体育游戏的期待,这也与教育面向全体幼儿的原则相违背。

3. 规则灵活性原则

体育游戏是以幼儿自我需求为核心的,游戏的真正主人是幼儿自身。在集体体育游戏中,当外界条件允许时,教育应尊重幼儿的自我选择和判断,使游戏的规则更能符合幼儿自我的需要,以满足幼儿不断展开的自我意识与成就感。教师应提供自由、和谐、安全的游戏气氛,保持规则的灵活性,如果幼儿要求,可以改变游戏的规则。

4. 尊重差异性原则

教师应重视幼儿的个别差异,接受幼儿的错误,游戏以增加幼儿的自信心、追求快乐为目的。学前儿童能力的发展表现出不等速性,每个幼儿的各种能力表现也有较大的差别。教师应接受一些幼儿因能力的不足而在游戏中造成错误,不因游戏中的错误而责罚。应为幼儿创造和谐、舒心的环境,使每个幼儿最大限度地在体育游戏中获得快乐。

5. 自愿性原则

幼儿参与游戏必须基于自愿的原则,如果个别幼儿不愿参加某种形式的集体游戏,应该允许其独自游戏。集体游戏中往往会出现个别幼儿不接受或不愿意参与的情况。除特殊情况外,应从这些幼儿的角度出发,认可幼儿自我的选择,不应强迫其参与到游戏中来。应允许幼儿在教师的视野内进行自我游戏,最大限度地体现游戏的内涵。

6. 鼓励探索原则

教师应当增加幼儿探索的机会，鼓励幼儿对问题作不同的思考，使幼儿建立成就感。幼儿园集体性体育游戏，追求行为多样性的表现，以全面发展幼儿的各种运动能力。同时，集体性体育游戏也体现价值的多样性，从而符合教育的内涵。早期幼儿的成长过程中，对事物的好奇心是一种优秀的品质，在安全的情况下，幼儿对于事物会根据自我的理解进行操作，教师应允许幼儿对于运动内容及各种运动材料进行多种表现。

7. 幼儿生活主题原则

幼儿园体育游戏多以幼儿生活为主题，引起共鸣，提供符合社会规范的情境，满足情感需求。在3~6岁期间，幼儿对于身边的各种事物都表现出强烈的兴趣，游戏中各种相对熟知的人物、事物、事件等都会让幼儿产生极大的共鸣，教师应在身体运动的游戏中充分运用此类内容，以提高幼儿不断增长的学习欲望。

8. 重视情境创设原则

教师应在体育游戏中运用想象力，强调其中的情境创设。在学前阶段，幼儿年龄越小，对于完整情境的需求越大，幼儿能在一定的情境中，以人代人，以物代物，情感能较快、较容易地投入各种想象的情节之中，在此过程中幼儿会以各种情境作为约束自我行为的潜在规则，能较好地遵守各种情节中的要求。因此，良好情境的创设，既满足了幼儿的需要，又能帮助教师形成各种要求。

9. 正面回馈原则

在体育游戏的评价中，应多给幼儿正面的回馈，不打击幼儿，让幼儿体验到游戏成功的快感，而不是挫折。体育教学性游戏中存在着大量的规则性游戏，游戏中的评价是提高和发展幼儿体育兴趣的重要节点，教师在此过程中应保护好幼儿持续增长的运动兴趣。因此，不管采用何种评价方式，都要以此为原则进行操作。

(二) 幼儿园体育游戏开展的方法

根据以上原则，教师在针对不同年龄段幼儿设计体育游戏时也应考虑到幼儿因年龄的不同而产生的不同需求和特点。

1. 小班体育游戏开展

(1) 组织方法

小班幼儿的体育游戏组织应以平行游戏为主，避免采用规范的队形。在集体体育游戏中，教师可引导幼儿进行模仿练习或采用较为松散的组织方式，便于幼儿操作。游戏过程中，不强调幼儿之间的互动或轮换，更多以集体同步操作为主。

(2) 内容要求

体育游戏内容应以幼儿熟悉的情境、情节和角色为基础，故事情节简单，角色数量较少，动作与情节的结合明确，主要体现单一的身体活动。例如，在一个针对"走"的练习活动中，情节仅围绕"走"展开。活动量和活动区域都应较小，以走、跳、爬、攀、钻、定向跑、平衡等基础动作为主。

(3) 教师角色要求

教师应积极参与游戏,以角色互补或带领者的身份引导幼儿,增强幼儿的参与感和安全感。

(4) 规则要求

尽量避免竞赛性体育游戏,游戏规则应简单易懂,避免过多限制性规则。规则的设置更多是对情节中潜在规则的引导和控制。

(5) 评价要求

体育游戏的评价不应以胜负为标准,而应注重过程性评价。教师应给予幼儿更多表扬与鼓励,增强幼儿的自信心和参与积极性。

2. 中班体育游戏开展

(1) 组织要求

体育游戏的组织方式可以多样化,既可以采用集体同步操作,也可以分组开展活动。中班幼儿以平行游戏和联合游戏为主,幼儿之间的轮换方式可以是分大组轮换,也可以是个体轮换。中班阶段较少涉及小组合作的组织方式。

(2) 内容要求

体育游戏内容仍以幼儿熟悉的情境、情节和角色为基础,但可以适当增加一些非情节性的游戏内容。故事情节中的角色可以更加丰富,以提高幼儿的判断能力和动作变换能力。活动量和活动区域应适当增大,以走、跳、爬、攀、钻、投掷、定向跑、平衡等基础动作为主,并增加一些简单器材的操作。

(3) 教师角色要求

角色性体育游戏中各种角色基本以幼儿来担任,教师可以参与到游戏之中,也可作为游戏的管理者。

(4) 规则要求

中班阶段可以适当引入一些竞赛性体育游戏,但游戏规则仍不宜过于复杂。可以增加一些限制性规则,以明确具体的行为要求。同时,教师应更多地运用情节中的规则来引导幼儿的行为。

(5) 评价要求

由于增加了竞赛性体育游戏,教师在评价时应注重过程与结果的结合。对全体幼儿都要给予鼓励,并根据胜负情况给予不同程度的表扬,以增强幼儿的参与感和自信心。

3. 大班体育游戏开展

(1) 组织要求

体育游戏的组织形式更加多样化,可以包括集体同步操作、分组轮换、个体轮换,以及围绕某一明确主题进行合作等多种形式。

(2) 内容要求

体育游戏可以继续采用一定的情境、情节和角色展开活动,同时非情节性游戏内容的比例应进一步增加。活动量和活动区域应进一步扩大,内容选择也更加丰富多样。多种基本动作的综合运用增多,结合人为材料和器材的使用也更加复杂,器材的使用可以根据游戏需要进行组合或增加。

(3)教师角色要求

在角色性体育游戏中,各种角色主要由幼儿担任。教师既可以参与游戏,也可以作为游戏的管理者,引导幼儿顺利开展游戏,同时帮助幼儿解决可能出现的问题。

(4)规则要求

可以适当引入一些竞赛性体育游戏,但游戏规则仍应保持简洁明了,避免过于复杂。可以增加一些限制性规则,以明确具体的行为要求。同时,教师应更多地运用情节中的规则来引导幼儿的行为,帮助幼儿理解规则的意义。

(5)评价要求

由于增加了竞赛性体育游戏,教师在评价时应更加注重过程与结果的结合。对全体幼儿都要给予积极的鼓励,对胜负方给予不同程度的表扬,以增强幼儿的自信心和参与积极性。同时,教师应引导幼儿正确看待胜负,培养幼儿的公平竞争意识和团队合作精神。

四、学前儿童体育游戏的创编流程

1. 游戏名称、对象、性质与目的

(1)游戏名称。应简单、扼要,点明主题,尽量采用形象化的方式命名。例如:"贴膏药""切西瓜""老鹰抓小鸡"等。

(2)游戏对象。应明确标明适宜的年龄段。

(3)游戏性质。需写明是集体游戏还是自主性游戏。

(4)游戏目的。应写明体育游戏在哪些方面具有发展价值。

2. 游戏准备

(1)幼儿经验的准备。对于需要一定动作技能保障的体育游戏,或对运动器械有一定要求的游戏,应在游戏准备中明确幼儿需要具备的知识、经验和能力,尤其是自主性体育游戏。

(2)运动器械的准备。若使用运动器械,需写明器械的名称及数量。如果是自制运动器械,应详细说明制作方法。

(3)辅助材料的准备。在情境创设过程中,可能需要的头饰、标识物及各种音乐等辅助材料。

(4)场地的准备。若场地有特殊要求,需写明场地的名称或性质,例如:沙池、泥地等。

3. 游戏步骤与方法

主要包括组织方法和操作步骤。组织方法应写明幼儿在游戏开始前的人员安排及组织形式;操作步骤则需对游戏过程中的每个环节进行详细说明。为了使游戏过程更加直观,有些游戏应增加示意图。在示意图中,应标明活动场地的大小、距离、材料设置的位置、幼儿组织的队形、运动路线等。

4. 游戏规则

规则是保证体育游戏顺利进行的必要条件。应充分考虑游戏中可能出现的各种突发情况,以及在这些情况下应如何正确处理。

5. 游戏建议

游戏建议主要包括两个方面:一方面是组织者需注意的问题,组织者应注意游戏中可能存在的客观问题,如安全问题、幼儿能力差异等;另一方面是对游戏的可变性提示,可以提示游戏可能存在的变化,为游戏的拓展和调整提供参考。

第二节 感知运动类体育游戏

感知运动类体育游戏是幼儿园体育的主要内容之一。感知运动能力的发展是幼儿早期发展的核心任务,感知能力的强弱不仅直接影响幼儿的智力发展,还对其一生的成长产生深远影响。虽然感知运动练习的关键期和高峰期在 0～2 岁,但 3～6 岁是感知能力不断完善和提升的最重要阶段。通过感知运动类体育游戏,幼儿不仅能获得丰富的自我体验,还能有效促进基本机能的发展与完善。这类游戏能够对幼儿的运动器官产生积极的刺激,带来愉悦感,也因此成为幼儿非常喜爱的游戏形式之一。

一、小班感知运动类体育游戏

(一) 你是我的好朋友(触觉感知与社会交往体育游戏)

1. 游戏目标

通过身体接触类游戏活动,发展触觉感知能力,培养同伴间的友好互动意识,增强肢体协调与空间反应能力。

2. 游戏准备

场地:安全平整的室内或室外活动场地,无障碍物。

教具:轻柔舒缓的背景音乐,教师提前熟悉游戏规则与安全防护要点。

3. 游戏方法

(1) 初始环节——自由律动

教师组织小班幼儿在场地内随机分散站立,播放柔和的背景音乐,带领幼儿以走步为基础步伐,配合简单的手臂摆动、头部转动等律动动作,引导幼儿放松身体、感知音乐节奏。

(2) 游戏主体——多元拥抱互动

① 当音乐暂停时,教师清晰发出指令"正面抱",幼儿需迅速找到1名身边的同伴,以正面相对的方式互相拥抱,身体贴紧并保持站立平衡。

　　② 音乐再次响起,幼儿随音乐散开,重复自由律动;第二次音乐停止时,教师指令"背后抱",幼儿需更换不同同伴(鼓励选择未拥抱过的伙伴),由一名幼儿从另一同伴的背后环腰抱住,感受不同方位的身体接触。

　　③ 教师随后发出"交换"指令,两名幼儿交换前后位置,重复背后拥抱动作,体验角色转换的乐趣。

　　④ 游戏过程中可多次循环"律动—指令拥抱—交换"环节,逐步提升幼儿对指令的反应速度与同伴合作的默契度。

　　(3) 温馨收尾——集体拥抱

　　游戏尾声,教师发出"抱老师"的指令,全体幼儿以教师为中心聚拢,共同围成温暖的拥抱圈,感受集体归属感与情感联结。

　　4. 教育解析

　　(1) 发展价值

　　① 触觉认知:通过正面、背后等不同方位的身体接触,帮助幼儿感知触觉差异,丰富感官体验。

　　② 社会交往:在"寻找不同好朋友"的过程中,引导幼儿主动发起互动、学会友好合作,缓解入园初期的陌生感,培养初步的同伴交往能力。

　　③ 规则意识:通过听辨音乐信号与教师指令,强化幼儿对"动静交替""指令响应"的规则理解,提升注意力与反应能力。

　　(2) 指导要点

　　① 安全保障:游戏前检查场地安全,强调"轻轻抱""不冲撞",关注动作协调性较弱的幼儿,避免因奔跑过快或拥抱用力导致摔倒。

　　② 个性化引导:若出现多名幼儿争抢同一同伴的情况,教师可灵活调整规则,允许3~4名幼儿组成"拥抱小组",引导其体验多人合作的乐趣;对内向幼儿给予鼓励,帮助其克服交往羞怯。

　　③ 变式拓展:根据班级学情,可组织幼儿手拉手围成圆圈,以"顺时针/逆时针走"替代自由分散律动,通过前后位置关系直接开展"背后抱"游戏,提升活动的有序性与互动效率。

　　(3) 领域渗透

　　结合语言领域目标,教师可在拥抱时引导幼儿互相说"你是我的好朋友",强化情感表达;或在律动环节加入儿歌歌词,同步发展语言与肢体协调性。

　　5. 延伸建议

　　后续活动中可增加"盲人摸朋友"(蒙眼通过触觉辨别同伴)等进阶游戏,进一步深化触觉感知与社会情感的融合教育,为幼儿提供多元的身体互动与情感交流机会。

(二) 老师您在哪里？（听觉定向与空间感知体育游戏）

1. 游戏目标

通过多维度声音信号的辨别与响应，发展听觉定向能力、空间方位感知及身体平衡能力，增强对声音强弱、节奏的敏感度，同时在闭眼探索中建立对教师的信任感与安全感。

2. 游戏准备

场地：宽敞平整、无障碍物的室内或室外活动场地（如铺设软垫的教室、草坪），提前清除地面杂物。

安全保障：教师提前规划活动范围，确保幼儿闭目行走时无碰撞风险；活动前提醒幼儿脱鞋或穿防滑鞋，避免奔跑。

教具：无需特殊道具，教师自备拍手、跺脚、脚步声等自然声响，可根据需要准备铃铛、鼓等乐器（拓展环节使用）。

3. 游戏方法

（1）初始引导——感官准备

教师组织幼儿在场地内自然站立，说明游戏规则："现在我们都是'小耳朵探险家'，闭上眼睛用耳朵找老师，走路时要慢慢地，像小猫咪一样轻轻走哦！"引导幼儿闭目深呼吸，集中注意力感受环境声音。

（2）分层听觉探索（四阶段递进）

第一阶段：响亮掌声导航

教师先站在距离幼儿3～5米处，用连续、响亮的掌声（如"啪啪啪——"）作为信号，幼儿听到后闭目朝声音方向缓慢行走，直至找到教师。教师及时给予拥抱鼓励："你真棒！跟着掌声找到了老师！"

第二阶段：轻声掌声挑战

教师逐步远离（距离增至5～8米），改用间隔的轻掌声（如"啪、啪"），引导幼儿辨别声音的方位与强弱变化，提醒"仔细听，小耳朵要竖起来哦"，鼓励幼儿通过调整行走方向靠近声源。

第三阶段：跺脚声辨位

教师固定站立位置，以跺脚声（"咚咚咚"）替代掌声，引导幼儿区分不同声源的音色特征。幼儿需根据跺脚的节奏和响度，判断教师的具体位置，过程中教师可轻微移动脚步调整声音方向，增加探索趣味。

第四阶段：脚步声追踪

教师在场地内以较重的步伐缓慢行走（如"踏、踏、踏"），幼儿闭目跟随声音动态追踪，教师可适时停下脚步，待幼儿靠近时蹲下张开双臂迎接，强化"声音引导—动作响应"的联结。

（3）游戏循环与结束

每阶段结束后，教师可组织幼儿分享"刚才听到的声音像什么"，再随机切换2～3

种声音信号重复游戏。结束时,教师发出固定信号(如长哨声),幼儿睁眼回到集合点,围坐交流听觉探索的感受。

4. 教育解析

(1) 发展价值

① 听觉能力:通过掌声、跺脚、脚步声的强弱、节奏变化,锻炼幼儿对声音方位、距离、音色的辨别能力,符合《3—6岁儿童学习与发展指南》(以下简称《指南》)中"感知声音的高低、长短、强弱等变化"的目标。

② 空间智能:闭眼行走时需调动本体觉维持平衡,结合听觉信号调整方向,促进幼儿"听觉—运动"神经通路的协调发展。

③ 社会情感:在"寻找老师"的过程中,幼儿通过声音建立与成人的情感联结,缓解分离焦虑,增强安全感与主动探索的勇气。

(2) 指导要点

① 安全护航:始终保持视线关注全体幼儿,重点看护方向感较弱或动作不协调的幼儿,可伸手轻扶其肩膀防止碰撞;强调"闭眼慢走不跑跳",避免幼儿因兴奋导致摔倒。

② 分层引导:根据幼儿能力差异调整声音难度,如对听觉敏感的幼儿,可缩短掌声间隔或降低跺脚响度;对能力较弱的幼儿,教师可先站在其正面发出声音,逐步调整角度(左/右后方)。

③ 情境创设:赋予游戏角色情境,如"老师变成会发声的大树,小探险家们要找到大树妈妈",或加入故事化语言:"现在听到的是'小鼓爷爷'的声音,我们要跟着鼓声去寻宝啦!"提升游戏趣味性。

(3) 领域渗透与变式拓展

① 语言领域:引导幼儿描述声音特征("掌声是'啪啪'的,跺脚是'咚咚'的"),丰富象声词词汇;鼓励表达"我刚才是怎么找到老师的",锻炼语言组织能力。

② 数学领域:在掌声信号中融入数量概念,如"听到3下掌声就停下来""2次跺脚后转向左边",将听觉训练与数概念结合。

③ 信号变式:增加"双重声音规则",如教师拍手时幼儿前进,拍肩时幼儿停止,锻炼幼儿对不同信号的快速判别能力;或使用乐器(三角铁、摇铃)替代自然声响,拓展听觉刺激的多样性。

5. 延伸建议

家庭互动:建议家长在家玩"听音找物品"游戏,用玩具发出声音让幼儿寻找,延续听觉辨位能力的培养。

进阶游戏:中大班可开展"声音地图"活动,幼儿闭眼听教师在不同方位敲击乐器,用贴纸标注声源位置,结合视觉表征深化空间认知。

二、中班感知运动类体育游戏

(一) 搬砖小能手(触觉感知与重量比较体育游戏)

1. 游戏目标

通过触摸与搬运操作,感知物体重量差异,发展触觉敏感度与重量辨别能力,锻炼手臂肌肉力量与身体平衡能力。

2. 游戏准备

(1) 物质准备

① 废旧书籍(厚度相近、重量不同,如精装书与平装书)20～30本,用统一颜色包装纸包裹,去除封面文字信息;

② 不同重量的书籍按"轻""重"两类分组,分别在书脊处粘贴隐蔽标识(如轻书贴蓝色圆点、重书贴红色圆点)。

③ 直径1米的呼啦圈4～5个,作为"砖块堆放区";空旷平整的室内场地,地面无障碍物。

(2) 经验准备

幼儿已具备"轻""重"的生活概念(如"抱妈妈和抱布娃娃感觉不一样"),能理解简单的分组合作指令。

3. 游戏方法

(1) 情境导入——角色体验

教师头戴"工程师"帽子,创设情境:"今天我们都是建筑工地的'搬砖小能手'!工地上有两种'砖',需要你们小组合作找出'轻砖',搬到指定位置。注意哦,砖块被'魔法纸'包起来了,只能用手摸来判断轻重!"

(2) 分组准备——明确任务

① 将幼儿分成4～5人一组,每组对应一个"砖块堆放区"(呼啦圈),圈内混合放置5～6本轻重不同的"砖块"(书籍),如图5-1所示。

② 教师示范触摸方法:双手捧起书,上下掂一掂,臂感受下沉感,引导幼儿观察,"轻的砖拿起来像抱小猫咪,重的砖像抱装满玩具的盒子。"

(3) 游戏过程——合作分类

① 教师发出指令:"请小能手们找出所有轻砖,放在圈外的'轻质材料区'!"

② 各组幼儿轮流触摸圈内书籍,通过掂重、交流感受("这本我觉得轻""这本压得我手酸"),共同讨论并将"轻砖"移至圈外。

③ 教师巡回观察,鼓励幼儿表达判断依据(如"我两只手对比,这本更轻"),对小组合作中出现的分歧(如两人对同一本书重量判断不同),引导用"轮流掂重＋举手表决"的方式解决。

(4) 验证总结——揭秘标识

各组完成分类后,教师展示每本书的隐蔽标识,验证分类结果并鼓掌鼓励:"哇!第

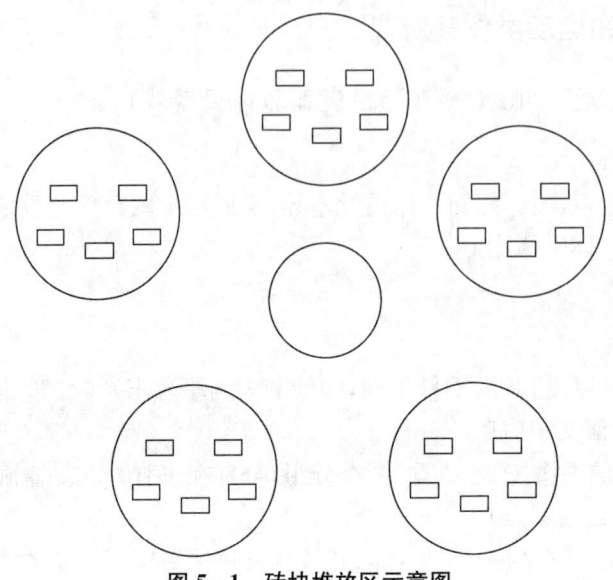

图 5-1　砖块堆放区示意图

三组通过传递触摸,找到了所有轻砖,合作太默契了!"最后组织幼儿用语言总结:"轻的砖掂起来感觉_____,重的砖感觉_____。"

4. 教育解析

(1) 发展价值

触觉与科学认知:通过双手掂重、对比操作,直观感知物体重量属性,建立"轻""重"的量化概念,符合《指南》中"能对事物或现象进行观察比较,发现其相同与不同"的科学目标。

社会与语言发展:小组合作中需表达个人判断、倾听同伴意见,促进"轮流发言""协商解决问题"等社交技能,同时丰富"沉甸甸""轻飘飘"等描述重量的词汇。

动作与健康领域:搬运书籍时需控制手臂力量与身体平衡,锻炼大肌肉群与手眼协调能力,尤其适合中班幼儿"发展动作协调性与灵活性"的需求。

(2) 指导要点

材料分层:根据中班幼儿能力,初始阶段选择重量差异明显的书籍(如轻书 200 g、重书 500 g),避免因差异过小导致判断困难;随游戏熟练,可增加中间重量的书籍(如 350 g),提升辨别难度。

安全与规则:强调"一次只搬一本书""走路不跑跳",防止碰撞或书籍掉落;若幼儿单手搬运重书吃力,引导用双手捧抱,渗透"保护身体"的自我照顾意识。

个性化支持:对触觉敏感度低的幼儿,可提供"重量对比盒"(盒内装不同重量的豆子,摇晃听声音辅助判断);对语言表达弱的幼儿,用"手势投票"(举轻/重卡片)降低参与难度。

(3) 变式拓展与领域渗透

① 难度升级

重量排序：在分类基础上，要求将书籍按"由轻到重"排成一列，并用数字标注顺序（如最轻的标"1"，最重的标"5"）。

任务复杂化：教师指定"把轻砖搬到红色筐，重砖搬到蓝色筐"，增加"颜色识别＋空间方位"双重任务，提升综合反应能力。

② 跨领域融合

数学领域：统计各组搬运的轻/重砖数量，用图表记录（如贴贴纸计数），感知"数量多少"与"重量分类"的关系。

艺术领域：游戏后让幼儿用黏土制作"轻砖"（捏薄）与"重砖"（捏厚），通过触觉操作强化重量概念的具象化理解。

5. 延伸建议

生活迁移：开展"家庭重量小调查"，让幼儿回家触摸不同物品（如苹果与橙子、空瓶与装满水的瓶），用图画记录"轻""重"发现，第二天分享交流。

区域拓展：在科学区投放天平称、不同重量的积木，引导幼儿用工具验证"手感判断"是否准确，初步感知"触觉与测量工具"的关联。

(二) 看我怎么变（视觉追踪与运动模仿综合游戏）

1. 游戏目标

通过无口令视觉模仿训练，发展视觉追踪能力、动作观察能力及身体协调性；基于"观察—判断—模仿"的认知链条，培养专注倾听（视觉专注）与即时反应的学习品质。

2. 游戏准备

(1) 场地

安全宽敞的室内或室外场地，地面平整无障碍物，幼儿间隔1～1.5米站立，避免碰撞。

(2) 教师准备

① 提前设计3～4组难度递进的动作组合（每组包含5～6个连续动作），动作从静态到动态、从局部到全身，例如：

手臂动作：洗脸（双手搓脸）、刷牙（单手握拳上下移动）、开飞机（双臂侧平举）、下雨（手指抖动从上至下）；

躯体动作：拾东西（弯腰屈膝捡物）、泼水（单臂向前推）、拍球（半蹲上下摆臂）；

下肢动作：小鸭子走（屈膝外八字）、小兔跳（双脚并拢跳）、木头人（静止站立）；

综合动作：原地转圈（双臂展开旋转）、左右横移（双脚交替侧走）、蹲起变换（蹲→站→蹲）。

② 准备简单的情境化语言（非指令性引导），如"现在我们变成小画家，要刷颜料啦！"

3. 游戏方法

(1) 情境导入——魔法变身秀

教师站立场地中央,以夸张表情吸引幼儿注意力:"今天老师是'魔法变变侠',我的身体会变成各种有趣的样子,你们都是'小镜子',要把老师的动作一模一样地复制出来哦!"引导幼儿自然站立,目视教师,做好"镜像模仿"准备。

(2) 分层模仿——从局部到全身

① 第一阶段:手臂魔法(静态定位)

教师先做慢动作示范,如"洗脸"(双手捧脸画圈)、"刷牙"(右手握拳在嘴边上下移动),强调动作幅度与方向,重复2~3次后保持静止姿势,观察幼儿是否准确模仿。

互动要点:对模仿准确的幼儿竖起大拇指:"哇!你的'刷牙'动作和老师的小牙刷一样上下动呢!"

② 第二阶段:躯体联动(动态协调)

过渡到包含躯体转动的动作,如"拾东西"(弯腰时膝盖微屈、背部挺直)、"拍球"(半蹲后手臂上下摆动),教师边做边用眼神与幼儿交流,传递"慢慢跟我做"的鼓励信号。

安全提示:提醒幼儿"弯腰时手要扶住膝盖,像保护自己的小膝盖宝宝"。

③ 第三阶段:下肢挑战(平衡与位移)

引入移动类动作,如"小企鹅走"(双脚外撇小步走)、"小青蛙跳"(双脚并拢轻轻跳),教师示范时注重动作节奏(如"跳—站稳—再跳"),避免幼儿因速度过快摔倒。

差异化支持:对平衡能力弱的幼儿,允许其先观察同伴模仿,或教师牵手辅助完成第一个动作。

④ 第四阶段:综合变换(快速反应)

随机组合2~3个已学动作(如"开飞机—拾东西—木头人"),逐步加快动作切换速度(如前一个动作保持3秒~2秒~1秒),锻炼幼儿视觉捕捉与即时反应能力。

趣味强化:教师故意"出错"(如把"刷牙"动作做到头顶),引导幼儿发现并纠正:"哎呀!老师的牙刷飞到头发上啦,谁能帮我变正确?"

(3) 游戏结束——魔法解除

教师做出"收魔法"的标志性动作(如双手合十举过头顶),幼儿自然回到站立姿势,围坐分享:"刚才你最喜欢哪个魔法动作?像变成了什么小动物/角色?"

4. 教育解析

(1) 发展价值

视觉与运动觉整合:幼儿通过观察教师的动作轨迹(视觉输入),调动本体觉调整肢体位置(如"举高手臂时知道自己的手在哪里"),促进"视动统合"能力发展,符合《指南》中"具有一定的平衡能力,动作协调、灵敏"的健康目标。

注意力与学习品质:在无语言指令的情况下,幼儿需全程专注教师的肢体语言,强化"视觉注意力"与"即时模仿"的学习策略,为今后的课堂规则适应奠定基础。

创造性表达:鼓励幼儿在准确模仿后加入个性化细节(如"刷牙时发出'唰唰唰'的

声音"),从"机械复制"过渡到"理解性模仿",萌发初步的创意表现意识。

(2) 指导要点

循序渐进原则:动作难度遵循"静态→动态""单一部位→多部位联动""慢速→快速"的梯度,例如先练"单臂上举"再练"双臂交替摆动",避免幼儿因难度骤增产生挫败感。

视觉引导技巧:教师示范时面对幼儿,采用"镜面教学"(如幼儿左侧动作,教师做右侧镜像动作),降低空间转换的认知负荷;必要时可分解动作(如"拍球"先练"蹲"再练"拍手",最后组合)。

安全与个性化指导:重点关注旋转、跳跃等易失衡动作,提前在地面贴安全标识(如"站稳小脚印");对动作发展滞后的幼儿,可允许其站在教师近处观察,或提供"动作提示卡"(图片辅助理解)。

(3) 领域渗透与变式拓展

① 领域渗透

语言领域:在模仿"下雨""拍球"等动作时,引导幼儿同步说出象声词("哗啦啦""砰砰砰"),将视觉模仿与语言表达结合,丰富多元感官体验。

艺术领域:后续活动中开展"动作画"创作,让幼儿用蜡笔将"旋转""跳跃"等动作姿态画下来,连接"身体感知"与"视觉表征"。

② 信号变式升级

加入节奏变化:配合鼓点快慢变换动作速度(慢节奏做"大树生长"动作,快节奏做"小兔蹦跳"),强化"听觉—视觉—运动"多通道反应。

幼儿主导模式:邀请能力较强的幼儿担任"小老师"示范动作,其余幼儿模仿,培养自信心与领导力,同时增加游戏的互动主体性。

5. 延伸建议

家庭延伸活动:设计"家庭镜子游戏",家长与幼儿面对面站立,一人做动作另一人模仿,可加入"错误挑战"(故意做错让幼儿纠正),提升亲子互动中的观察与反应能力。

区域融合:在建构区投放人体模型,引导幼儿摆放模型做出曾模仿过的动作(如"拾东西"的弯腰姿势),深化对身体各部位运动方式的理解,链接"动作感知"与"空间表征"。

三、大班感知运动类体育游戏

(一) 走过地雷区(触觉沟通与平衡协作体育游戏)

1. 游戏目标

通过双人触觉协作与平衡控制,发展本体觉、空间方位感知及非语言沟通能力,增强肢体协调性与平衡觉统合能力。

2. 游戏准备

(1) 场地与材料

① 长方形"雷区"区域(长 5~6 米、宽 3~4 米),地面随机摆放 30~40 个纸球(直

径10～15厘米,作为"地雷"),间距1～1.5米。

② 如图5-2所示,起点线后设置4条纵队站位区,每队幼儿两两分组(前后两人一组,共4～5组/队),每组幼儿面对面站立,双手相握(掌心相对、四指相扣)。

③ 安全准备:提前检查场地平整度,移除硬物;教师佩戴口哨或手势信号,用于统一指挥。

(2) 经验准备

幼儿已理解"前进""后退""左边""右边"等方位词,具备牵手行走的初步协调能力。

3. 游戏方法

(1) 情境创设——任务导入

教师头戴"指挥官"帽子,以故事激发兴趣:"前方是危险的地雷区！我们需要派出'侦察兵小队',两人一组执行任务。前面的'小向导'负责观察地雷,后面的'小工兵'要蒙眼(背对行进方向)听指令后退,只能通过手的信号沟通哦!"

(2) 分组准备——角色分工

① 幼儿按队分组,每组前面幼儿(面向雷区)为"向导",后面幼儿(背对雷区)为"工兵",明确规则:"向导不能说话,只能通过拉、推、左右摆动手臂传递方向;工兵要慢慢后退,脚步轻抬轻放。"

② 教师示范正确牵手姿势与信号含义:

双手轻拉→"向前走",

左手轻推→"向右转",

右手轻拉→"向左转",

双手停顿→"停下避开地雷"。

(3) 挑战过程——协作通关

① 教师吹哨发出"出发"指令,第一组"向导＋工兵"牵手起步:

"向导"目视雷区,通过手部力量变化引导"工兵"后退(如遇左侧有地雷,右手轻拉示意左转),两人保持同步小碎步,避免踩中纸球。

若"工兵"踩到地雷,该组原地停顿3秒,由"向导"调整方向后继续前进,到达终点(雷区另一端终点线)后举手示意"安全通关"。

② 后续各组间隔10秒依次出发,教师在雷区旁观察指导,重点关注牵手力度是否适宜(避免拉扯过猛将同伴拽倒)。

(4) 总结与分享

① 统计各组"踩雷次数",颁发"最佳默契小队"贴纸,鼓励幼儿分享:"你们是怎么用手告诉同伴'左边有地雷'的?"

② 组织"工兵"与"向导"角色互换(第二轮游戏),让每个幼儿体验不同角色的协作逻辑。

4. 教育解析

(1) 发展价值

触觉与平衡觉统合:"工兵"通过手部触觉信号(拉力、推力方向)判断行进路线,结合本体觉控制后退步幅,锻炼"触觉输入—动作输出"的神经协调能力,符合《指南》中"手的动作灵活协调""具有一定的平衡能力"目标。

非语言沟通与合作:禁止语言交流的规则,迫使幼儿专注于手部力量的细微变化,培养幼儿"默契配合"的能力,使幼儿理解"团队任务需要双方共同努力"。

问题解决与规则意识:遇到密集地雷时,"向导"需快速规划路线,"工兵"需调整身体重心,在试错中学习"慢步观察—分步移动"的策略,同时强化"遵守信号规则"的意识。

(2) 指导要点

① 安全防护

强调"牵手不松手""脚步不超过肩膀宽度",避免因后退失衡摔倒;

雷区边缘设置 1 米安全缓冲区,防止幼儿碰撞场地边界。

② 差异化指导

能力较弱组:初始阶段减少地雷数量(如先放 20 个),或允许"向导"轻声提示方位(过渡性支持),逐步过渡到完全依赖触觉信号;

能力较强组:增加地雷密度,或加入"限时通关"(如 30 秒内通过),提升任务难度。

③ 情绪引导:若幼儿因踩雷沮丧,教师及时鼓励:"没关系！你们发现了一个地雷,下次向导可以早点用手拉你转向哦！"

(3) 变式拓展与领域渗透

① 难度升级

障碍多样化:用不同颜色的纸球代表"不同危险等级"(如红色地雷需跳跃避开,蓝色地雷需单脚绕行),增加动作复杂性;

盲眼协作:让"工兵"佩戴眼罩,完全依赖触觉信号,强化触觉敏感度与方位判断能力。

② 跨领域融合

数学领域:记录每组踩雷数量,用"正"字统计并比较哪队"踩雷最少",渗透简单的数量统计概念;

语言领域:游戏后引导幼儿用"先……然后……最后……"描述通关过程,锻炼叙事性语言表达。

5. 延伸建议

生活迁移:开展"盲人小助手"角色游戏,让幼儿在教室中牵手帮助"盲人同伴"(蒙眼)避开桌椅障碍,将触觉协作经验迁移到真实生活场景。

家园共育:建议家长在家玩"蒙眼走路"游戏(如孩子蒙眼,家长通过拍手引导方向),延续"听觉+触觉"多感官协调训练,增强亲子信任感。

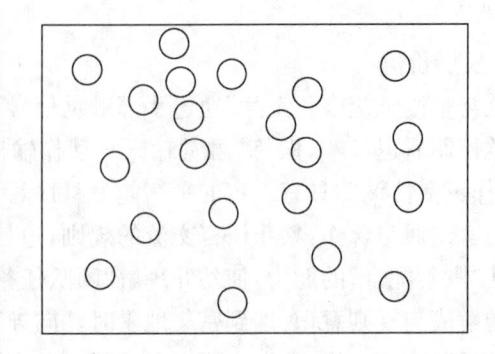

图 5-2　地雷区站位方式

(二) 材料小侦探大挑战(视觉辨别与团队协作体育游戏)

1. 游戏目标

通过户外场地的材料搜寻与分类,强化视觉辨别能力(形状、颜色、材质)、空间方位感知及快速反应能力,提升跑、蹲、搬运等大肌肉动作的协调性与灵活性。

2. 游戏准备

(1) 材料投放

① 结构类材料:户外分散摆放 3~4 类不同特征的结构玩具(如木质积木、塑料雪花片、金属镶嵌块、泡沫拼插板),总数 80~100 件,按难易程度混合隐藏(部分材料置于显眼处,部分藏于器械间隙、草丛、轮胎内等)。

② 分类工具:场地中央放置 4~5 个标有材料特征的收纳筐(如贴"木质积木""塑料雪花片""金属镶嵌块""泡沫拼插板"的图文标识牌),筐体颜色与材料特征对应(如木质筐为棕色,雪花片筐为蓝色)。

③ 任务卡:每组一张图文任务卡(如"寻找所有三角形积木""收集蓝色雪花片"),大班可增加复合特征任务(如"找既是红色又是圆柱形的积木")。

(2) 场地规划

户外操场或草坪,划分 3~4 个材料散落区(如"器械区""绿植区""空旷区"),设置简易障碍路径(如跨过 30 cm 高的绳圈、绕过标志桶),增加运动挑战性。

(3) 分组策略

幼儿 6~8 人一组,自主推选"小队长"(负责分工与协调),组内角色可分为"侦察员"(快速搜寻材料)、"运输员"(搬运材料)、"质检员"(核对材料是否符合任务要求)。

3. 游戏方法

(1) 情境导入——侦探任务发布

① 教师佩戴"任务指挥官"袖标,以角色扮演激发探索欲:"今天我们要完成一项超级任务——帮助结构王国的材料宝宝回家!每个小组会收到一张神秘任务卡,只有团结协作、眼尖腿快的小侦探队才能获胜!"

② 展示分类筐标识,强调规则:"材料宝宝的'家'在中间的分类筐,必须根据任务卡上的特征送它们回家,走错'家门'的材料会被退回哦!"

(2) 分组策略——任务分解与分工

① 队长职责:领取任务卡后,组织组员围圈讨论(如"我们需要找哪些材料?怎么分工找得最快?"),明确各区域搜索负责人(如"小明和小红负责器械区,小亮和小芳检查草丛")。

② 动作示范:教师演示"弯腰轻拾材料""双手搬运大件积木""快速跑而不冲撞"等安全动作要领,强调"看清任务卡特征再捡材料"。

(3) 挑战过程——搜索与分类竞速

① 信号启动:教师吹哨后,各组按规划路线分散搜索,"侦察员"目光快速扫描场地,发现目标材料后大声提示组员:"这里有红色雪花片,在轮胎后面!"

② 分工协作:"运输员"迅速前往搬运,"质检员"在分类筐前核对(如"任务卡要三角形积木,这个是正方形的,不能放进去"),若发现不符,由"侦察员"重新寻找。

③ 障碍穿越:经过绳圈障碍时需双脚跳过,绕过标志桶时需侧身快速移动,提升动作协调性与空间判断能力。

(4) 结束与评价

① 任务验收:教师对照任务卡,检查各组分类筐内材料的准确性与完整性,重点关注"是否按复合特征分类""有无遗漏或错误归类"。

② 总结分享:邀请"小队长"介绍策略(如"我们先找显眼的大积木,再找藏起来的小雪花片"),表扬"分工最合理""分类最准确""动作最安全"的小组,颁发"最佳侦探队"贴纸。

4. 教育解析

(1) 发展价值

视觉与认知发展:通过辨别材料的形状(三角形/正方形)、颜色(红色/蓝色)、材质(木质/塑料),提升视觉细节观察能力,符合《指南》中"能发现事物的排列规律""能根据观察结果提出问题"的科学目标。复合特征任务(如"找既是长条形又是黄色的积木")锻炼逻辑思维,理解"分类标准"的多层级性。

社会与动作发展:小组分工(队长统筹、组员协作)培养领导力与责任意识,跑、蹲、搬运等动作强化大肌肉群控制,符合"动作协调、灵敏""能与同伴分工合作"的健康与社会目标。

常规与习惯渗透:将"分类整理"转化为游戏任务,自然融入"物归原处"的生活常规,帮助幼儿理解"游戏后整理"的意义,养成有序收纳的好习惯。

(2) 指导要点

① 任务难度分层

基础任务(适合能力较弱组):单一特征分类(如"找所有雪花片"),材料隐藏位置较显眼。

进阶任务(适合能力较强组):复合特征分类(如"找蓝色且能拼插的材料"),材料藏于复杂环境(如攀登架高处、轮胎堆叠处)。

② 策略引导

鼓励幼儿使用"扫描法"(按区域依次搜索)、"特征排除法"(先找明显不符特征的材料,缩小范围),培养问题解决策略。

若出现材料混淆(如将镶嵌块误归为积木),引导组员共同观察比较:"看看这个材料有没有小孔?积木是实心的,镶嵌块有连接孔哦!"

(3) 安全保障

游戏前检查场地,移除石子、树枝等危险物,障碍设置高度不超过幼儿膝盖(30～40 cm),避免奔跑碰撞。

强调"搬运材料时不奔跑""遇到同伴主动让路",对搬运大件材料的幼儿,教师可在旁保护以防摔倒。

(4) 变式拓展与领域融合

① 难度升级

时间挑战赛:设置 5 分钟限时任务,提升幼儿反应速度与任务紧迫感;

逆向分类:从分类筐中随机抽取材料,要求幼儿"送回正确的隐藏位置",强化"特征—位置"关联记忆。

② 跨领域渗透

数学领域:统计各组收纳的材料数量,用统计图(柱状图)比较"哪类材料最多""哪组完成最快",渗透数量统计与数据分析;

语言领域:游戏后开展"分类理由大讨论",鼓励幼儿用"因为……所以……"句式表达分类依据(如"因为雪花片是一片一片拼起来的,所以属于拼插类"),提升逻辑表达能力。

5. 延伸建议

(1) 生活迁移活动

在建构区设置"材料分类大师"任务,每天游戏后让幼儿按"形状—颜色—材质"三级标准收纳玩具,延续分类能力培养。

(2) 家园共育任务

发布"家庭材料整理挑战":请幼儿在家中整理自己的玩具箱,按"玩具有什么用""是什么做的"进行分类,并拍摄"整理前后"对比照,分享至班级群。

第三节 基本动作技巧性体育游戏

基本动作技巧性体育游戏对幼儿身体各部分动作的协调发展具有重要作用。在游戏中,主要强调动作的协调性、灵敏性、关节的柔韧性、耐力以及速度控制等方面的能力发展。从身体部位来看,基本动作技巧涵盖上肢基本动作技巧、下肢基本动作技巧及整体身体动作技巧等。

一、小班基本动作技巧性体育游戏

（一）我的小手拍起来（上肢动作协调与节奏感培养体育游戏）

1. 游戏目标

通过儿歌与动作的协同训练，发展上肢小肌肉群灵活性、动作协调性及空间方位感知能力，掌握"拍、举、藏、合、转、飞"等基本手部动作要领。

2. 游戏准备

（1）场地：室内或室外平整场地，地面贴"小脚丫"站位标记（间隔1米），确保幼儿前后左右留有安全活动空间。

（2）教具：自编儿歌音频（节奏欢快、歌词重复，便于幼儿记忆），或教师现场清唱示范；手部动作图示卡片（如"举起来""藏身后"等，用于前期动作分解教学）。

（3）经验铺垫：幼儿已理解"上、下、前、后"等方位词，具备模仿简单手部动作的能力。

3. 游戏方法

（1）情境导入：魔法小手变变变

教师佩戴"魔法手环"，以夸张动作吸引幼儿注意力："今天我们的小手要变成'魔法小精灵'，跟着儿歌做游戏，看看谁的小手最灵活！"引导幼儿站在"小脚丫"标记上，自然摆动手臂，做好动作准备。

（2）儿歌动作分段教学（循序渐进四阶段）

① 动作分解学习（慢速跟做）

教师逐句示范儿歌动作，配合语言讲解与图示卡片：

"小手小手拍拍"（双手在胸前轻拍4次，掌心相对，节奏均匀）；

"我的小手拍起来"（胸前击掌2次后，快速交叉击掌3次，强调"交叉"动作的手部位置变化）；

后续动作（举、藏、合、转、飞、放）均先固定节奏（如"举起来"时手臂伸直快速上举，"藏起来"时手背贴后腰），确保幼儿看清动作轨迹。

② 儿歌连贯练习（中速跟做）

播放儿歌音频，教师带领幼儿完整跟做7个动作，每句之间停顿2秒，给予动作缓冲时间。重点指导"转起来"（双臂平行胸前顺时针/逆时针转动）、"飞起来"（双臂侧平举上下摆动如小鸟飞翔）的协调控制，提醒"动作幅度大一点，让魔法小精灵看得更清楚！"

③ 随机性指令挑战（快速反应）

熟练后取消儿歌音频，教师随机喊出动作名称（如"藏起来！""飞起来！"），幼儿快速做出对应动作。加入"错误干扰"（如喊"举起来"却做"藏起来"动作），引导幼儿发现并纠正，强化听觉与动作的精准联结。

④ 创意动作拓展(自由表达)

鼓励幼儿改编最后一句"我的小手_____"(如"跳起来""扭起来"),并示范自创动作,全班模仿学习,激发动作创造兴趣。

(3) 游戏结束:小手休息操

教师带领幼儿做手部放松动作(手指按摩、手臂甩动),表扬"今天每个小朋友的小手都变成了厉害的魔法师,学会了这么多有趣的动作!"

4. 教育解析

(1) 发展价值

动作技能:通过"拍、举、转"等多样化上肢动作,锻炼手腕、手臂肌肉的控制力与协调性,符合《指南》中"手的动作灵活协调""具有一定的平衡能力"的健康领域目标。

认知与语言:儿歌的重复节奏帮助幼儿记忆动作顺序,"藏身后""举头顶"等指令强化空间方位认知;边说边做促进"语言—动作"神经通路的连接,提升听指令反应能力。

情绪与社会性:随机指令环节培养专注力与抗干扰能力,创意改编环节鼓励个性化表达,增强幼儿在集体中的参与感与自信心。

(2) 指导要点

① 分层指导

能力较弱幼儿:初期允许对照动作图示卡跟做,教师近距离示范(镜面教学),重点纠正"交叉击掌""手臂转动"等易错动作;

能力较强幼儿:增加动作组合挑战(如"拍起来→藏起来→飞起来"连续做),或加入节奏变化(快拍与慢拍交替),提升动作难度。

② 安全与趣味

强调"轻拍胸口不打疼自己""举手臂时不碰旁边小朋友",通过"找魔法小精灵"的情境语言,引导幼儿关注动作规范性而非速度;

可加入同伴互动(如两人一组面对面做动作,观察对方是否正确),增强游戏的社交性与趣味性。

(3) 领域渗透

艺术领域:将动作与音乐节奏结合,感知四二拍"强弱次强弱"的韵律(如"拍拍"对应强拍,"击掌"对应次强拍);

科学领域:引导幼儿观察"转起来时手臂像什么?"(车轮、风车),感知圆周运动的轨迹特征。

(4) 变式拓展

① 难度升级

蒙眼辨动作:幼儿闭眼听教师指令做动作,教师触摸其手臂判断是否正确,强化本体觉感知;

障碍传递:在"飞起来"动作环节,手持轻沙包做"手臂摆动传递",锻炼手部控制力与合作能力。

② 生活迁移

设计"穿衣小能手"任务,将"举起来""合起来"等动作迁移到穿脱外套、整理袖子等生活场景,提升动作实用性。

5. 延伸建议

区域活动:在表演区投放动作图示卡与儿歌音频,鼓励幼儿自主编创"魔法小手舞",录制视频在班级播放分享。

家园互动:发放"家庭小手游戏指南",建议家长与幼儿玩"指令反做"游戏(如家长说"举起来",幼儿做"藏起来"),提升反应速度与亲子互动乐趣。

(二)身体上的节奏(身体认知与动作协调体育游戏)

1. 游戏目标

(1)身体认知与动作发展:通过拍打头部、肩膀、肚皮等身体部位,识别并指认身体各部位名称,发展上下肢动作协调性及身体控制能力。

(2)节奏感与反应训练:结合"数节奏—拍身体"的双任务模式,增强对数字节奏的感知能力(3次拍手前奏+4次部位拍打),提升听指令做动作的反应速度与准确性。

2. 游戏准备

(1)场地与站位:室内或室外平整安全的活动场地,地面贴"小脚丫"标记(间隔1米),确保幼儿安全活动空间。

(2)教具与辅助:① 身体部位卡通图示(头部、肩膀、肚皮、臀部、膝盖、脚丫),提前粘贴在黑板或身体模型上,便于幼儿直观认知。② 节奏鲜明的儿歌音频(如教师自编《身体拍拍乐》:"1、2、3,拍拍我的小脑袋……"),或教师清唱配合拍手节奏。
③ 轻柔的海绵手拍(10 cm×10 cm),用于示范"轻轻拍打"的动作力度,避免幼儿用力拍打自己。

(3)经验铺垫:幼儿已熟悉"拍手""蹲下"等基础动作,能理解"前、后、上、下"等方位词,知道身体主要部位的名称(如头、手、脚)。

3. 游戏方法

(1)情境导入:身体小乐队开场

教师佩戴"节奏小指挥"头饰,播放轻快的背景音乐,以游戏化语言激发兴趣:"今天我们的身体要变成'会跳舞的小乐队',每个部位都是一个小鼓,跟着老师的节奏一起敲起来吧!"

教师手指身体图示提问:"这是谁的小脑袋?谁的小肩膀?"引导幼儿集体指认,强化部位名称记忆。

(2)分段动作教学(小班渐进式学习)

① 单部位分解练习(慢速示范+口诀记忆)

教师逐句示范动作,配合夸张的肢体语言与儿歌口诀,每个动作重复2~3次:

● "1、2、3,拍拍我的小脑袋"

前奏:双手在胸前拍 3 下(掌心相对,节奏均匀);
动作:双手绕到脑后轻拍 4 下(手指弯曲似握小鼓槌),同时低头。
语言引导:"小鼓槌敲敲小脑袋,低头看看小脚尖!"
● "1、2、3,拍拍我的小肩膀"
前奏:同上;
动作:双手交叉胸前,左右交替拍肩膀 4 下(左→右→左→右),肩膀微微耸动。
语言引导:"交叉拍拍小肩膀,左拍拍、右拍拍,肩膀宝宝动起来!"
后续部位(肚皮、屁股、膝盖、脚丫),依次类推,每个动作加入趣味身体反应:
拍肚皮时挺肚子("小肚皮像气球鼓起来");
拍屁股时身体前倾("小屁股向后躲猫猫");
拍膝盖时半蹲("膝盖宝宝弯弯腰");
拍脚丫时全蹲("蹲下摸摸小脚丫")。
② 连贯节奏游戏(中速跟做+完整流程)
播放儿歌音频,教师带领幼儿按顺序完成 6 个身体部位拍打,每完成一个部位集体喊"咚!"增强节奏感。
巡回指导时用"身体部位指认法"纠正错误:如幼儿拍错肩膀,教师轻触其肩膀说:"小鼓槌要敲这里哦!"
③ 随机指令挑战(快速反应+趣味纠错)
熟练后教师随机喊出部位名称(如"拍小膝盖!""拍小脚丫!"),幼儿快速做出对应动作,不再跟随固定顺序。
加入"错误小陷阱":故意喊"拍小脑袋"却做"拍小肩膀"的动作,引导幼儿发现并大笑纠正,强化注意力与动作联结。
(3) 游戏结束:身体小鼓休息啦
教师带领幼儿做全身放松动作:"现在小鼓槌要回家了,揉揉小脑袋、捏捏小肩膀……"最后组织围坐分享:"你最喜欢敲哪个身体小鼓呀?"

4. 教育解析

(1) 发展价值

① 多元感官统合

触觉与本体觉:通过手部拍打不同身体部位,感知"头部软乎乎""膝盖硬硬的"等触觉差异,增强本体觉(对身体部位位置的感知)。

听觉与动作:"1、2、3"的数节奏输入与部位拍打的动作输出,建立"声音信号—动作反应"的神经联结,符合《指南》中"具有一定的适应能力""手的动作灵活协调"的健康目标。

② 认知与语言发展

边拍边说部位名称("小肚皮、小屁股"),强化名词记忆与语言表达,同时理解"上(脑袋)—下(脚丫)""前(肚皮)—后(屁股)"等空间方位概念。

(2) 指导要点

① 安全与细节把控

强调"轻轻拍打"的规则,用"拍棉花""拍小枕头"比喻引导控制力度,避免幼儿拍打头部、肚子等部位时用力过度。

全蹲拍脚丫时提醒"小手扶膝盖,慢慢蹲下去",防止重心不稳摔倒,尤其关注动作协调性较弱的幼儿。

② 分层教学策略

能力较弱幼儿:初期允许跟随教师手部动作模仿,或提供"部位贴纸"(如在肩膀贴贴纸,帮助定位);

能力较强幼儿:鼓励边拍边说"这是我的××,像××一样"(如"小脚丫像小船"),拓展语言表达与想象力。

(3) 领域渗透建议

数学领域:感知"3次前奏拍手+4次部位拍打"的数量对应关系,渗透"数与动作"的一一对应概念;

艺术领域:结合《身体音阶歌》等音乐,让幼儿随旋律快慢调整拍打速度,培养节奏感与音乐感知力。

5. 延伸建议

中大班延伸玩法(简要说明)

(1) 省略前奏拍手:直接发令"拍肩膀!""拍膝盖!",删除"1、2、3"环节,加快指令节奏,提升反应速度;

(2) 动作组合挑战:加入"拍肩膀→半蹲拍膝盖""拍屁股→全蹲拍脚丫"等上下肢联动动作,要求动作衔接流畅,锻炼身体协调性。

二、中班基本动作技巧性体育游戏

(一) 快乐的节奏(上肢协调与全身动作节奏感体育游戏)

1. 游戏目标

通过"击掌—拍打""击掌—蹲起""击掌—踏步"等动作组合,锻炼上肢小肌肉控制力、身体上下肢协调性及动作节奏感,提升半蹲、全蹲、踏步等基础动作的规范性。

2. 游戏准备

(1) 室内/室外场地:平整无障碍物,地面贴"小脚丫"站位标记(间隔1.2米),确保幼儿安全活动空间。

(2) 辅助教具:节奏明快的2/4拍背景音乐(如《小宝贝》《幸福拍手歌》片段)、卡通节奏图谱(图示"击掌→拍打"动作流程)、彩色贴纸(用于标记拍打部位或器材)。

(3) 经验铺垫:幼儿已掌握"直立""半蹲""全蹲""踏步"等基础动作,理解"快""慢""前""后"等指令,能跟随简单口令做动作。

3. 游戏方法

(1) 情境导入：节奏小达人闯关

① 教师佩戴"节奏指挥官"手环,以闯关游戏激发兴趣："今天我们要成为'节奏小达人',跟着音乐和口令闯过四个节奏关卡,看看哪组小达人最整齐！"

② 出示节奏图谱,用手指模仿击掌、拍打动作："每关都要先做'胸前击掌两下',然后做不同的挑战动作,准备好接受考验了吗？"

(2) 四组节奏动作分段教学（渐进式闯关）

关卡1：手臂节奏操（上肢协调）

① 动作分解

直立→胸前击掌2次（口令"1、2",掌心相对,手臂微屈）;

两臂交叉胸前→双手在臂上拍打2次（左手拍右小臂、右手拍左小臂）。

② 练习要点

强调"交叉拍打时手臂打开像小翅膀,轻轻拍不打疼自己",前3次慢速跟做,后加快至正常节奏。

关卡2：蹲起拍拍乐（上下肢联动）

① 动作分解

直立→胸前击掌2次（口令同上）;

半蹲→双手分别拍打同侧大腿2次（膝盖微屈,身体挺直）。

② 趣味引导

"半蹲时像坐在小椅子上,大腿拍起来像敲小鼓,咚咚咚！"关注幼儿蹲起时膝盖是否超过脚尖,避免重心不稳。

关卡3：小脚丫节奏舞（下肢控制）

① 动作分解

直立→胸前击掌2次;

全蹲→双手轻拍脚面2次（脚跟不离地,身体前倾）。

② 安全提示

"蹲下去时小手扶膝盖,保护好关节宝宝,拍脚面要轻轻地哦！"

关卡4：踏步小火车（全身协调）

① 动作分解

直立→胸前击掌2次;

双脚原地踏步2次（膝盖抬高至小腿垂直地面,手臂自然摆动）。

② 合作强化

"我们变成一列小火车,踏步时眼睛看前面,跟着节奏不许掉队哦！"

(3) 节奏变速挑战与组合练习

单一关卡加速：每完成一组动作,教师喊"加速挑战！",幼儿用快1倍的速度重复动作,再回归正常节奏,锻炼反应灵敏度。

随机关卡组合：教师随机喊出"关卡2→关卡4→关卡1",幼儿快速切换对应动作,提升指令辨别与动作转换能力。

集体跟乐表演:播放完整背景音乐,幼儿随乐连贯完成4组动作,教师用手势提示节奏快慢(拍手快→动作快,拍手慢→动作慢)。

(4)游戏结束:节奏小达人颁奖

教师带领幼儿做手臂拉伸、腿部按摩等放松动作,颁发"节奏小达人"贴纸,表扬"动作最标准""节奏最整齐"的小组,鼓励幼儿分享"最喜欢哪个节奏关卡"。

4. 教育解析

(1)发展价值

上肢"击掌—拍打"强化手部控制力,下肢"蹲起—踏步"提升平衡与协调能力,"1、2"口令与动作的一一对应,建立"听觉输入—动作输出"的神经联结,为音乐领域"随乐动作"奠定基础。对"半蹲/全蹲幅度""踏步高度"的动作规范要求,提升身体空间感知与自我控制能力。

(2)指导要点

① 分层指导策略

能力较弱幼儿:初期允许跟随教师镜面模仿,用"拍肩提醒法"纠正动作(如拍其肩膀示意半蹲深度);

能力较强幼儿:增加动作组合难度(如"关卡2→关卡3→关卡4"连续做),或加入自编动作(如"击掌后拍肚皮/肩膀"),培养创造性表达。

② 节奏与安全把控

节奏变化遵循"慢→中速→快速"梯度,避免幼儿因速度骤增导致动作变形;

强调"半蹲时膝盖不超过脚尖""全蹲时脚跟落地",防止膝关节损伤,必要时提供椅子辅助保持平衡。

(3)领域渗透与拓展

数学领域:感知"2次击掌+2次拍打"的数量对应,渗透"2的倍数"概念;

艺术领域:尝试用三角铁、铃鼓等乐器为动作伴奏,探索"乐器节奏—身体节奏"的匹配关系;

5. 延伸建议

变式玩法(中大班拓展)

(1)器材融合

室内:击掌后拍击桌面(轻拍不发声)、椅面(双手快速交替拍);

室外:结合平衡木,击掌后在木上踏步;或用标志桶,击掌后绕桶半蹲拍桶身。

(2)节奏升级

引入3/4拍("1、2、3"击掌3次+动作3次),或4/4拍(加入两次击掌+两次动作的复合节奏),提升节奏复杂性;

分小组进行"节奏接龙"(一组做关卡1,下一组接关卡3),培养团队协作与任务衔接能力。

(二) 太极写字(上肢协调与空间感知体育游戏)

1. 游戏目标

(1) 动作发展:通过手臂书写数字、字母、汉字的动作练习,锻炼上肢肌肉控制力、关节灵活性及身体姿态协调性,提升"大肌肉书写"的空间轨迹感知能力。

(2) 认知与空间智能:在身体动态变化中(如全蹲、体前屈)感知数字、字母的形态特征与空间结构,强化对"竖、横、弯"等笔画的动作表征,为前书写技能奠定基础。

2. 游戏准备

(1) 场地:室内或室外平整宽敞的活动场地,地面可贴简易数字轮廓线(如1米高的"1""2"等),帮助幼儿直观感知笔画轨迹。

(2) 教具:数字、字母、汉字卡通卡片(放大版,突出笔画走向),"魔法毛笔"道具(轻质绸带或泡沫棒,增加动作趣味性),身体动作图示卡(全蹲、半蹲、体转等)。

(3) 经验铺垫:幼儿已认识阿拉伯数字0~9及简单汉字(如"人""大"),能完成蹲起、体前屈等基础身体动作,理解"上、下、左、右"方位词。

3. 游戏方法

(1) 情境导入:我是魔法小书童

教师手持"魔法毛笔"(绸带),以角色扮演激发幼儿探索欲:"今天我们要变成会跳舞的'魔法小书童',用手臂当毛笔、身体当宣纸,写出最漂亮的数字和汉字!看老师先变个魔术!"

教师示范用手臂在空中书写"1",配合夸张的身体下蹲动作:"长长的'1'像小拐杖,写的时候身体要慢慢蹲下去哦!"

(2) 分层动作教学(五步进阶法)

第一步:双手共写数字(整体感知)

① 动作要领

两脚左右开立(与肩同宽),身体直立,双臂自然下垂;

跟随教师口令,两臂同时由上至下缓慢书写"1",速度与呼吸同步(吸气上举,呼气下写);

依次练习"2"(右上至左下画半圆)、"3"(两个半圆连接)等数字,每写一个数字后摆造型拍照(如写完"8"双手抱圆)。

② 语言引导:"写'2'时手臂像滑滑梯,先爬上小山坡,再慢慢滑下来!"

第二步:单臂交替书写(左右分化)

① 动作要领

先伸左臂写"1"(身体稍向左倾,左臂由上至下画直线);

换右臂写"1"(身体稍向右倾,右臂重复动作);

② 升级难度:左臂写"1",右臂同时画小圆圈,锻炼左右脑协调。

③ 趣味纠错:故意用左臂写反"1"(从下往上),引导幼儿发现并纠正:"小书童的毛笔拿反啦,应该从上往下写哦!"

第三步:身体联动书写(全身协调)

① 动作与身体姿态结合

全蹲写"1":写竖线时身体从直立缓慢全蹲(脚跟不离地),手臂随身体下降延伸;

半蹲写"7":写横时身体半蹲保持平衡,写竖时快速站起;

体前屈写"一":弯腰体前屈,双臂水平前伸写长横。

② 安全提示:"蹲下去时小手可以扶膝盖,像保护小膝盖的小卫士!"

第四步:符号拓展书写(认知延伸)

① 内容升级

字母书写:大写"T"(双臂水平+竖直交叉)、"L"(左臂竖+右臂横);

汉字书写:"人"字(双臂向两侧斜上方伸展)、"十"字(先横后竖交叉)。

② 创造鼓励:"除了老师教的,你还能用身体写出哪个字?试试看!"

第五步:同伴模仿挑战(社会互动)

合作玩法:

① 两人面对面站立,一人用手臂写"人"字(双臂打开如飞鸟),另一人快速模仿;

② 轮换角色,增加难度:写"8"时加入转圈动作(边写边顺时针转半圈);

③ 小组竞赛:每组设计一个"身体数字造型"(如三人合作写"123"),拍照分享并投票"最美书法小组"。

(3)游戏结束:收笔放松操

教师带领幼儿做手臂绕环、腰部转动等放松动作,用诗意语言总结:"小书童们的毛笔要收起来啦,让我们轻轻揉揉手臂,把魔法能量存起来下次再用!"

4. 教育解析

(1)发展价值

通过"大肌肉书写"强化笔画轨迹记忆(如"1"是竖线、"2"含弧线),符合《指南》中"手的动作灵活协调""具有一定的平衡能力"的健康目标;

身体姿态与笔画结合(如全蹲写长竖),帮助幼儿理解"笔画长度与身体幅度"的关系,为小班"涂鸦期"向大班"符号表征期"过渡奠定基础。

(2)指导要点

① 分层指导策略

能力较弱幼儿:初期提供地面数字轮廓线辅助,或用"魔法毛笔"道具(泡沫棒)增强动作感知,重点练习"1""0"等简单数字;

能力较强幼儿:鼓励自编"身体汉字"(如"山"字结合体转动作),或尝试双手写不同数字(左"1"右"2"),挑战双侧肢体分化控制。

② 安全与细节把控

强调"慢动作书写",避免快速甩动手臂碰撞同伴;体前屈、全蹲时提醒"膝盖不超过脚尖""背部挺直",保护关节安全;

对空间感知弱的幼儿,用"镜子教学法"(教师做镜面示范)降低理解难度,如幼儿写"3"方向错误时,教师站在其对面做正确动作。

(3) 领域渗透与拓展

数学领域：书写数字后点数"身体笔画"（如"8"有2个圈），渗透"数字与数量"对应概念；

艺术领域：结合古典音乐（如《紫竹调》）进行"书法舞蹈"，感受动作与韵律的融合，提升艺术表现力；

生活化延伸：在美工区投放水写布，让幼儿用毛笔练习真实书写，链接"身体动作"与"纸笔书写"的前书写经验。

5. 延伸建议

大班进阶玩法（简要说明）

(1) 高难度动作组合：两臂同时写不同数字（左"3"右"5"），或边写数字边踏步移动（写"一"时向前走直线）；

(2) 符号创意编舞：小组合作编排"数字韵律操"，将"1～10"的书写动作串联成舞蹈，配合口号展示，强化团队协作与创造力。

三、大班基本动作技巧性体育游戏

（一）手指的转换（手指精细动作与双侧协调体育游戏）

1. 游戏目标

通过双手手指不同组合的快速转换，锻炼手指小肌肉控制力、双手协调性及指尖动作的灵活性，提升"五指分化"与"双侧肢体独立运动"能力。

2. 游戏准备

(1) 场地与站位

① 室内平整场地，幼儿呈半圆形围坐或分散站立，间隔1米以上，避免手臂碰撞。

② 地面贴"小手脚印"标记（掌心方向图示），辅助幼儿理解"掌心朝内/外"的动作方位。

(2) 教具与辅助

① 手指动作图示卡：将三种练习方法的手指造型绘制成卡通图（如"一枪打四鸟"手势图），放大后贴于黑板；

② 节奏音频：2/4拍轻音乐（如《小步舞曲》片段），用于控制动作节奏；

③ 魔法手指贴：彩色贴纸（贴于幼儿手背），帮助区分左右手（如左手贴红色、右手贴蓝色）。

(3) 经验铺垫

幼儿能准确指认五指名称（大拇指、食指、中指、无名指、小拇指），掌握"握拳—伸指"基础动作，理解"左右""内外"等方位词。

3. 游戏方法

(1) 情境导入:魔法手指变变变

① 教师佩戴"手指魔法师"手套,以故事激发探索欲:"今天我们的手指要参加'魔法舞会',每个手指都是厉害的小舞者,跟着老师的口令变换造型,看看谁的手指最灵活!"

② 展示手指图示卡,玩"手指点名"游戏:"魔法师喊到哪个手指,就请它站起来!"强化幼儿对五指的认知。

(2) 三阶段手指转换训练(分层递进)

第一阶段:单双手势基础学习(慢速模仿)

① 动作分解示范(配合口诀)

练习1:食指与三指的对话

准备姿势:两臂屈胸前,掌心朝外,五指张开;

第一拍:左手伸食指(其余蜷起),右手伸中指+无名指+小拇指(其余蜷起),念口诀"食指宝宝打招呼,三三手指来跳舞";

第二拍:双手交换手势,重复"左右交换变变变"。

练习2:拇指与小指的秘密

准备姿势:掌心朝内,双手握拳;

第一拍:左手伸大拇指,右手伸小拇指,念"拇指拇指点点头,小指小指勾勾手";

第二拍:双手交换,强调"拇指找小指,朋友手拉手"。

练习3:一枪打四鸟(重难点)

准备姿势:一手掌心朝内(左)、一手掌心朝外(右),双手握拳;

第一拍:左手伸拇指+食指(成"手枪"状),右手伸食指+中指+无名指+小拇指(成"四指"状),喊出口号"啪!一枪打中四只鸟";

第二拍:双手交换手势,提醒"掌心方向别搞错,手枪四鸟换位置"。

② 镜面跟做与纠错

教师面对幼儿采用"镜面示范"(如幼儿伸左手,教师伸右手),降低空间转换难度;

对五指蜷起不规范的幼儿,用"魔法手指贴"辅助:"请无名指宝宝躲进小房子(握拳),只有指定手指可以出来哦!"

第二阶段:节奏加速与随机关卡(反应挑战)

① 随乐节奏练习

播放2/4拍音乐,幼儿跟随节奏做手势转换(慢速→中速→快速),教师用拍手速度提示节奏变化(慢拍→快拍)。

② 指令轰炸游戏

教师随机喊出练习名称(如"练习3!""拇指小指变!"),幼儿快速切换对应手势,加入"错误陷阱"(喊练习1却做练习2),引导幼儿发现并大笑纠正。

第三阶段:同伴互动与创意编创(合作拓展)

① 魔法镜子配对

两人一组面对面站立,一人做手势,另一人快速模仿(如 A 做"一枪打四鸟",B 立即镜像复制),轮换角色进行"最佳默契搭档"竞赛。

② 手指造型设计师

鼓励幼儿自编手势组合(如"二指＋五指变换""拇指＋三指对话"),并命名新玩法(如"小兔耳朵变星星"),全班分享学习。

(3) 游戏结束:手指放松操

教师带领幼儿做手指按摩操:"揉揉大拇指,捏捏食指宝宝,转转手腕魔法停——"最后围坐分享:"你最喜欢哪个手指魔法? 为什么?"

4．教育解析

(1) 发展价值

五指独立屈伸、双手不同步动作,促进大脑双侧半球神经联结,符合《指南》中"手的动作灵活协调""具有一定的适应能力"的健康目标;

"一枪打四鸟"等复杂手势强化"指尖分化控制"(如拇指食指对捏、其余三指伸展),为握笔书写、使用剪刀等生活技能奠定基础。

(2) 指导要点

① 分层教学策略

能力较弱幼儿:初期允许单手练习(先练左手再练右手),或用"手指固定法"(教师轻握其手指辅助蜷伸),重点突破"练习1"简单组合;

能力较强幼儿:增加"双手不同节奏转换"(如左手慢拍、右手快拍),或挑战"三指＋四指"高难度组合,满足个性化发展需求。

② 趣味化与安全性

用儿歌口诀降低记忆难度(如"拇指是爸爸,小指是宝宝"),避免机械训练;

强调"手指轻轻动,不打疼自己和同伴",发现幼儿过度用力时,引导"像摸小蝴蝶一样温柔"。

(3) 领域渗透建议

数学领域:将手势与数字对应(如练习2的"拇指＋小指"对应"1"和"5"),渗透数概念;

语言领域:边做手势边编儿歌("一枪打四鸟,小鸟喳喳叫"),提升语言节奏感与创造力;

艺术领域:结合《手指歌》音乐,编排"手指韵律舞",录制视频在班级展示,增强艺术表达自信。

5．延伸建议

(1) 难度升级玩法

节奏复杂化:引入 3/4 拍(三拍变换一次手势),或加入"停顿拍"(某一拍保持手势不动),提升注意力分配能力;

情境化任务:玩"手指密码传递"游戏,小组内用特定手势传递"数字密码"(如练习1代表"13"),培养团队协作与符号编码能力。

(2)生活化延伸

设计"早餐手指操"(如"拇指变包子,食指变油条"),将手指训练融入生活环节;建议家长在家玩"家庭手指擂台赛",巩固"左右转换""快慢反应"等技能。

(二)小小特种兵训练营(立卧撑动作协调性与力量训练体育游戏)

1. 游戏目标

(1)动作发展:通过"蹲撑—后跳—前跳—直立"的连贯动作练习,提升上下肢协调性、身体平衡能力及动作控制精度,掌握立卧撑的基本动作要领。

(2)体能提升:锻炼上肢支撑力量、腰腹核心肌群及下肢爆发力,增强肌肉耐力,为参与复杂运动项目奠定基础。

2. 游戏准备

(1)场地与材料

场地:室内防滑地板或室外草坪,划分独立练习区(每人间隔 1.5 米,地面贴"小脚丫"站位标记),确保无障碍物。

教具:卡通任务卡(如"特种兵闯关图")、节奏口哨、软垫(供动作不熟练幼儿膝盖缓冲)、"能量贴纸"(用于鼓励)。

(2)经验铺垫

幼儿已掌握"全蹲""向前/后跳"等基础动作,理解"轻落地""控制速度"的运动安全规则,具备一定的团队协作意识。

3. 游戏方法

(1)情境导入:特种兵入伍训练

① 教师佩戴"教官"帽,以角色扮演激发挑战欲:"今天我们要加入'小小特种兵训练营',学会一项超级技能——'立卧撑'!这是特种兵穿越障碍的必备本领,大家有信心挑战吗?"

② 示范完整动作(慢动作分解):"看教官怎么做——蹲下撑地像小推车,后跳像小蚂蚱跳远,前跳像小兔子回家,最后站起来像小松树!"

(2)四步分解教学法(循序渐进)

第一步:蹲撑准备姿势(核心控制)

① 动作要领:立正站好(脚跟并拢、脚尖分开),深呼吸后屈膝全蹲,双手撑地(与肩同宽,手指朝前),背部挺直,眼睛看前方;

② 教师指导:"小手掌像小吸盘吸住地面,屁股别翘太高,腰腹用力把身体撑起来!"

③ 趣味口诀:"全蹲撑地小推车,腰腹用力别晃荡!"

第二步:后跳展体练习(下肢爆发力)

① 动作要领:在蹲撑基础上,双脚同时向身后轻跳(膝盖微屈,控制落地轻稳),身

体成"平板支撑"姿势(肩、髋、脚跟成直线);

② 教师保护:站在幼儿侧面,伸手虚扶其腰部,防止后跳过度摔倒;

③ 难度提示:"后跳时像小蚂蚱蹬腿,不用跳太远,重点是身体要变直哦!"

第三步:前跳回收姿势(协调性训练)

① 动作要领

双脚从后跳姿势同时向前跳回,膝盖弯曲成全蹲,双手保持撑地;

② 强调"前跳时脚尖对准手掌,像小兔子跳回妈妈身边",避免双脚落点过近或过远。

第四步:直立还原(动作连贯)

① 动作要领:从全蹲姿势缓慢站起,身体直立,手臂自然下垂,完成一次完整立卧撑;

② 教师带领集体喊口号:"1 蹲撑、2 后跳、3 前跳、4 起立!小小特种兵,动作真整齐!"

(3) 游戏化闯关挑战

① 节奏闯关赛

用口哨控制节奏:慢节奏(4 拍/次)→中速(3 拍/次)→快速(2 拍/次),每组完成 5~8 次后休息 1 分钟,避免负荷过大。

② 能量贴纸奖励

对动作规范的幼儿粘贴"能量贴纸":"你的后跳像小火箭一样稳,奖励一颗能量星!"

③ 小组合作任务

4 人一组轮流示范,同伴喊口号加油,强化集体荣誉感:"我们组要当'最佳特种兵小队'!"

(4) 放松与总结

教师带领幼儿做全身拉伸(手臂上举、腰部扭转、腿部按摩),总结:"今天我们学会了立卧撑,每个小朋友都像勇敢的特种兵!回家可以和爸爸妈妈比赛,记得动作要轻稳哦!"

4. 教育解析

(1) 发展价值

① 动作与体能发展

立卧撑融合"蹲、跳、撑、站"多关节运动,锻炼上肢推撑力量(三角肌、腕关节)、腰腹核心(腹直肌)及下肢爆发力(股四头肌),符合《指南》中"具有一定的力量和耐力""动作协调、灵敏"的健康目标。

双脚同时跳的动作模式,提升本体觉(身体空间位置感知)与双侧肢体协同能力,为跳绳、障碍跑等复杂动作奠定基础。

② 学习品质与安全意识

循序渐进的难度设计(后跳距离从 30 cm 逐步增加到 50 cm),培养"不怕困难、坚持尝试"的学习品质。

通过"轻跳轻落""控制间距"的规则强调,强化自我保护意识,理解"运动安全比速度更重要"。

(2) 指导要点

① 分层教学策略

能力较弱幼儿:允许先用膝盖着地做"半程立卧撑"(后跳距离缩短,前跳后膝盖可触垫),降低难度;提供"动作辅助带"(教师轻拉双手帮助后跳),建立动作信心。

能力较强幼儿:增加"障碍立卧撑"(后跳时跨过 30 cm 高的软棍),或加快节奏至 2 秒/次,提升动作速度与爆发力。

② 安全与负荷控制

练习前检查指甲(剪短避免撑地受伤),穿着宽松衣物与防滑鞋;

大班幼儿单次练习不超过 10 次,总次数控制在 20～25 次,中间穿插 30 秒休息,通过"摸脉搏"游戏(感受心跳变化)引导自我调节。

(3) 领域渗透建议

数学领域:记录每组完成次数,用"正"字统计并比(2)较,渗透数量统计概念;

语言领域:创编立卧撑儿歌("蹲下去,撑住地,后跳跳,前跳回,站起来,真神气!"),提升语言节奏感与动作记忆。

5. 延伸建议

(1) 情境化延伸

特种兵障碍赛:将立卧撑与"匍匐前进""跨过壕沟"等动作串联,组成综合体能闯关游戏;

趣味亲子任务:发放"家庭训练卡",建议家长与幼儿比赛"亲子立卧撑",强调"动作标准优先于速度"。

(2) 大班进阶玩法

立卧撑接跳跃:完成一次立卧撑后,立即接一次向上纵跳,强化上下肢联动;分组对抗赛:两队轮流派队员完成立卧撑,累计次数多的队伍获得"最强战队"锦旗,培养团队协作与竞争意识。

第四节　基本身体素质发展的体育游戏

身体素质通常指的是人体在肌肉活动中表现出的基本能力,是人体各器官系统机能在肌肉工作中的综合体现。身体素质一般包括力量、耐力、速度、灵敏性、柔韧性、平衡能力及协调能力等方面。通过科学的方法和适当的锻炼,可以有效提升幼儿的身体素质水平。

一、小班身体素质发展体育游戏

(一) 货运小汽车(上、下肢力量协同发展游戏)

1. 游戏目标

通过拖拉、搬运等动作,锻炼手臂握力、手腕控制力及下肢行走稳定性,发展上、下肢力量协调性。

2. 游戏准备

(1) 材料准备

① 塑料小筐(带提手,轻便易握)8～10个,短绳(长度适宜幼儿拉动,约50 cm);

② 小型玩具(木制积木、塑料水果模型等,重量适中,单个约100～200 g);

③ 场地标记:起点/终点线、货物堆放区(贴卡通贴纸区分)。

(2) 经验准备

幼儿理解"拉""走""放"等动作指令,能独立行走并保持平衡。

3. 游戏方法

(1) 情境导入——小小货运员上岗

教师戴"运输队长"帽子,出示小筐:"今天我们都是货运小汽车,要把货物(玩具)从'仓库'(起点)运到'商店'(终点),注意不能让货物掉下来哦!"

(2) 基础练习——拖拉小筐走

幼儿手持短绳拉动小筐,自主探索"怎样拉得又快又稳"(如身体稍前倾、小步快走);

教师示范正确握绳姿势(掌心抓握短绳,手臂自然摆动),提醒"眼睛看前方,小筐别撞到朋友"。

(3) 任务挑战——运送货物闯关

幼儿从"仓库"任选1～2个玩具放入小筐,沿直线拉动至"商店",要求"货物不能掉出筐外";

进阶任务:设置简单障碍(如绕过2个毛绒玩具),增加行走路线的变化性,锻炼方向控制能力。

(4) 趣味延伸——双手搬运小竞赛

幼儿双手端起小筐(无绳)搬运货物,教师鼓励:"试试用两只手当小托盘,看谁是最强搬运工!"

4. 教育解析

(1) 发展价值

动作发展:拖拉动作强化手部小肌肉群(握力、手指协调性),行走过程锻炼下肢平衡能力,符合《指南》"手的动作灵活协调""具有一定的平衡能力"目标。

认知与社会:通过"选择货物—规划路线—完成运输",培养问题解决能力;自主游戏中学会等待与避让,初步建立集体活动中的空间安全意识。

生活化渗透:迁移"整理玩具""帮家人拿物品"等生活场景,理解"用力量帮助他人"的积极意义。

(2) 指导要点

材料适配:初期选择轻量玩具(如塑料积木),随能力提升换为稍重的木制玩具(不超过 300 g),避免幼儿因负荷过大失去兴趣。

安全防护:场地保持平整,障碍物高度不超过 20 cm;提醒幼儿"不突然加速""拉绳时不松手",防止摔倒或碰撞。

个性化引导:对力量较弱的幼儿,允许先练习"空筐拖拉",熟练后再添加货物;对能力较强的幼儿,增加"运送指定颜色/形状货物"的认知任务。

5. 延伸建议

角色升级:设置"加油站"(休息区)"维修站"(整理筐绳),丰富情境体验;

数学融入:要求"运送 3 个货物""把圆形积木送到红色商店",结合数概念与图形认知。

(二) 我是小小服务员(平衡能力阶梯训练游戏)

1. 游戏目标

通过持物平衡走练习,提升身体平衡能力、动作控制精度及手眼协调能力。

2. 游戏准备

(1) 材料准备

① 塑料泡沫板(30 cm×30 cm,轻质防滑)、小沙包(直径 10 cm)、塑料杯(带底座,不易倾倒);

② 障碍物(毛绒玩具、低矮标志桶)、路线标记(彩色胶带贴成直线/曲线)。

(2) 场地准备

室内平整地板或室外草坪,起点/终点线间距 5~8 米。

3. 游戏方法

(1) 情境创设——餐厅小服务员

教师布置"餐厅"场景:"今天我们要当小服务员,把'食物'(沙包/塑料杯)从厨房(起点)送到餐桌(终点),不能让食物掉下来哦!"

(2) 分层平衡训练

① 基础版(方法1)

幼儿双手平端泡沫板,教师放置 1 个沙包,鼓励"像端着小蛋糕一样慢慢走",重点练习直线平衡走。

② 进阶版(方法2)

替换为塑料杯(易晃动),提醒"手臂要端平,眼睛看杯子",增加平衡难度;熟练后可放 2 个沙包/杯子,锻炼负重平衡能力。

③ 挑战版(方法 3)

地面贴曲线胶带或摆放障碍物(间隔 1 米),幼儿绕障行走,教师示范"遇到障碍先放慢速度,侧身轻轻绕过"。

(3) 游戏化任务

开展"最佳服务员"竞赛:"哪组服务员送的食物最稳、最快?"引导幼儿关注"平衡"而非单纯速度。

4. 教育解析

(1) 发展价值

平衡能力:从"稳定物品(沙包)—不稳定物品(塑料杯)""直线—曲线"的梯度设计,逐步提升前庭觉与本体觉统合能力,符合《指南》"具有一定的平衡能力,动作协调、灵敏"目标。

责任与专注:"运送食物不打翻"的任务要求,培养幼儿耐心与专注力;角色扮演增强社会体验,理解"服务"的含义。

科学探究:在搬运中感知"物品重量影响平衡""速度与稳定的关系",萌发初步的科学探究意识。

(2) 指导要点

难度递进:严格遵循"单一物品→多个物品""稳定物→易晃物""直线→障碍"的进阶顺序,避免幼儿因难度骤增产生挫败感。

动作纠错:针对"手臂过高/过低""低头看脚"等问题,用儿歌引导:"小手臂,端平平,眼睛看前不看脚,稳稳当当向前走!"

安全与趣味:泡沫板边缘做圆角化处理,障碍物选择软质材料;成功运送后,教师扮演"顾客"致谢:"谢谢小服务员,食物送得太好啦!"

5. 延伸建议

情境延伸:增加"托盘接力赛"(小组合作运送)、"特殊任务"(闭眼平衡走 5 步),提升合作能力与空间感知;

生活迁移:在班级开展"整理小能手"活动,让幼儿用托盘搬运餐具,将平衡能力迁移到生活自理中。

二、中班身体素质发展体育游戏

(一) 好玩的泡泡(下肢力量与灵敏性协同游戏)

1. 游戏目标

通过集体旋转、跑停、体位变换等动作,锻炼下肢爆发力、身体协调性及灵敏反应能力。

2. 游戏准备

场地:宽敞平整的室内/室外场地,地面无障碍物。

经验:幼儿理解"顺时针/逆时针""向心/离心"等方位词,能听从集体指令同步行动。

3. 游戏方法(分阶段教学)

(1) 基础玩法——泡泡转与停(方法1~2)

① 泡泡转圈:幼儿手牵手围圈,教师站圆心:"泡泡转起来啦!顺时针/逆时针转——"幼儿小步侧向移动,保持牵手不松开;听到"停"后,立即静止。

② 泡泡变大变小:教师喊"泡泡变小了!",幼儿牵手向圆心慢跑;喊"变大了!",则向后退步拉开圆圈。

(2) 体位变换——高低泡泡(方法3)

教师发令"泡泡飞低了!",幼儿牵手深蹲行走,手臂放低;"飞高了!"则踮脚站立,手臂高举,原地旋转。

(3) 灵敏挑战——泡泡钻山洞(方法4)

教师任选两名幼儿举起手臂当"山洞",对面幼儿牵手钻过,随后举臂幼儿翻转180°,全体转为面朝外;可反向练习,培养方向转换能力。

(4) 反应游戏——泡泡破了(方法5)

教师突然喊"泡泡破了!",幼儿松手向圈外四散跑;喊"停!"后,保持静止,看谁离教师最近。

4. 教育解析

(1) 发展价值

动作与体能:侧向跑、向心/离心跑锻炼下肢肌肉控制,深蹲行走发展膝关节灵活性,钻山洞动作提升身体协调性,符合《指南》"动作协调、灵敏""具有一定的力量和耐力"目标。

社会与规则:集体牵手要求高度协作,"钻山洞""变方向"培养团队默契;听指令快速反应,强化"动静转换"的规则意识。

空间与方位:通过"顺时针/逆时针""变大/变小",理解空间方位变化,提升前庭觉平衡能力(如旋转不眩晕)。

(2) 指导要点

分阶段教学:首次活动仅开展方法1~2,待幼儿熟悉规则后逐步加入方法3~5,每个新方法配合慢动作示范与儿歌(如"泡泡变大退退退,泡泡变小跑跑跑")。

安全防护:提醒"牵手不松手但不拉扯""跑停时脚刹住",避免旋转过快导致摔倒;关注平衡能力弱的幼儿,允许其在"泡泡变小时"放慢速度。

情境强化:用生动语言描述泡泡状态("低泡泡像小蘑菇,高泡泡像小树苗"),帮助幼儿理解体位变化的动作要领。

5. 延伸建议

(1) 音乐融入:配合《泡泡歌》节奏转圈,快节奏时加速,慢节奏时变低泡泡,提升节奏感;

(2)认知升级:大班可加入"数字泡泡"(如"泡泡变5个人的小圈"),结合数概念与团队分组。

(二)青蛙跳跳跳(全身协调性与核心力量游戏)

1. 游戏目标

通过跪撑跳跃动作,锻炼上下肢协同发力能力、腰腹核心力量及动作控制精度。

2. 游戏准备

材料:防滑大垫子(60 cm×120 cm)4~6块,青蛙头饰(或贴纸)。

场地:室内体能区或室外草坪,空间宽敞无障碍物。

3. 游戏方法

(1)情境导入——青蛙妈妈教本领

教师戴青蛙头饰:"小青蛙要学新本领——跪撑跳!看妈妈怎么做:膝盖分开跪稳,双手撑地像荷叶,用力一跳往前冲!"

(2)分解动作教学

① 准备姿势

跪立(膝盖分开与肩同宽),双手撑地(与肩同宽,手指朝前),背部挺直,臀部稍抬,重心后移("像青蛙蹲在荷叶上")。

② 跳跃发力

大小腿、手臂同时发力,膝盖伸直蹬地,身体向前上方跃起,落地后迅速恢复跪撑姿势("蹬腿时像青蛙弹舌头捉虫子")。

(3)趣味练习

① 荷叶闯关:垫子间隔50 cm摆放成"荷叶路",幼儿跪撑跳前进,要求"不踩空(掉出垫子)""跳得远";

② 青蛙竞赛:分两组进行跪撑跳接力,先完成的小组获"最棒青蛙小队"贴纸。

4. 教育解析

(1)发展价值

动作与力量:跪撑跳需上下肢同步发力,强化手臂支撑力(三角肌)、大腿肌肉(股四头肌)及腰腹核心(腹横肌),符合《指南》"具有一定的力量和耐力"目标。

协调与平衡:身体重心前后移动的控制,提升本体觉与平衡能力,为跳绳、蛙跳等动作奠定基础。

学习品质:挑战性动作培养"坚持尝试""不怕困难"的品质,成功跳跃后的鼓励("你像小青蛙一样灵活!")增强自信心。

(2)指导要点

安全保护:初期在垫子上练习,教师半蹲在幼儿侧面,伸手虚护其腹部,防止前倾摔倒;提醒"手指张开撑地,膝盖不超过脚尖"。

分层指导:对于能力较弱的幼儿,允许膝盖不完全伸直(小幅度跳跃),或先练习"跪撑移动"(膝盖不离地向前爬);对于能力较强的幼儿,增加"连续跳跃"(5～8次)或"变向跳"(左/右前方跳跃),提升动作难度。

语言引导:用拟声词强化发力感受("蹬腿时喊'扑通!',落地时喊'呱!'"),增加趣味性。

5. 延伸建议

(1) 情境延伸:设置"捉害虫"任务,跳跃时用嘴叼起玩具虫子(放置在前方10 cm处),锻炼手眼协调;

(2) 生活迁移:鼓励幼儿在家玩"沙发青蛙跳"(在安全区域模仿动作),延续核心力量训练。

三、大班身体素质发展体育游戏

(一) 小时针(平衡能力与空间智能游戏)

1. 游戏目标

通过旋转、反向绕圈等动作,提升平衡能力、方向辨别能力及身体空间感知能力。

2. 游戏准备

场地:室内空旷区或室外操场,地面画直径5～6米的大圆。

材料:轻快音乐(如《钟表歌》)、头饰(时针、分针贴纸)。

3. 游戏方法

(1) 角色分配

幼儿手牵手围大圆("钟面"),教师选1名幼儿站中心("小时针"),闭眼、一手搭肩、另一手伸食指前指。

(2) 旋转互动

音乐响起,"小时针"原地顺时针/逆时针旋转(速度适中),外圈幼儿牵手按相反方向绕大圆行走("钟面转,时针转,方向相反才正确")。

音乐停止,"小时针"手指指向的幼儿成为新的"小时针",游戏循环。

(3) 儿歌版玩法

全体念儿歌:"小时针,转圈圈,嘀嗒嘀嗒不停歇,方向相反绕圈走,指到谁,谁来变!"念完最后一句时停止,被指幼儿接棒。

4. 教育解析

(1) 发展价值

平衡与空间:中心幼儿旋转时维持身体平衡,锻炼前庭觉(抗眩晕能力);外圈幼儿反向绕圈,强化"顺时针/逆时针"方位概念,符合《指南》"具有一定的平衡能力"目标。

反应与协作:听音乐同步动作,培养集体节奏感;快速判断方向(与中心幼儿相反),提升注意力分配与即时反应能力。

数学渗透:渗透"钟表指针运动""方向对立"等概念,为认识时钟、坐标系奠定前期经验。

(2) 指导要点

安全控制：中心幼儿旋转圈数不超过 3 圈（避免眩晕），外圈行走速度适中（约 1 米/秒），防止碰撞；

个性化支持：对平衡感弱的中心幼儿，允许其睁眼慢转，或先练习"扶肩旋转"（教师轻扶其肩帮助保持稳定）；

认知强化：旋转前明确方向（"这次小时针要逆时针转，外圈小朋友该怎么走呢？"），引导幼儿用语言表述方向逻辑（"他转左，我们转右"）。

5. 延伸建议

(1) 难度升级：中心幼儿蒙眼旋转，外圈幼儿加速/减速行走，提升方向判断难度；

(2) 跨学科融合：结合数学活动，让"小时针"指向特定方位（如"指向东北方向的小朋友"），强化空间方位认知。

(二) 战斗（上肢力量与灵敏性综合训练游戏）

1. 游戏目标

通过投掷、接球、格挡等动作，锻炼上肢爆发力、手眼协调能力及身体灵敏性。

2. 游戏准备

(1) 材料准备：塑料小脸盆（直径 20 cm，边缘圆滑）、羽毛球（软质，重量适中）、分组标志（红黄蓝绿贴）。

(2) 场地准备：室外操场或室内体育馆，划分投掷区（间隔 3～5 米）、安全缓冲区。

3. 游戏方法（分层任务）

(1) 双人基础玩法（游戏 1～2）

① 运送炮弹

两人一组面对面，相距 2 米，轮流用脸盆抛接羽毛球。成功接住则后退一步（增加距离），失败则前进一步（缩短距离），目标"挑战最远安全距离"。

② 接炮弹

一人背身抛球（从头顶向后抛），另一人用脸盆接球，计时 1 分钟，比哪组接住次数多，之后交换角色。

(2) 对抗升级玩法（游戏 3～4）

① 激战

两人对站，一方用脸盆抛球，另一方用盆格挡并反击，球落地则轮换发球权，锻炼快速反应与格挡技巧。

② 群体战斗

分两组（攻方持羽毛球、守方持脸盆），攻方投掷"炮弹"，守方用盆阻挡并反击，被击中"无盆队员"则暂时"退场"，最后剩余人数多的组获胜。

4. 教育解析

（1）发展价值

动作与技能：投掷（挥臂发力）、接球（手眼协调）、格挡（反应速度）全面锻炼上肢力量与灵敏性，符合《指南》"手的动作灵活协调""动作协调、灵敏"目标。

社会与策略：双人合作需默契配合（如"我抛高球，你准备接"），群体对抗中需分工协作（"我们组一半人负责捡球，一半人投掷"），培养团队策略与责任意识。

安全与规则：软质材料与脸盆防护，降低投掷伤害风险；明确"不打头""不近距离猛投"的安全规则，强化自我保护与公平竞争意识。

（2）指导要点

① 技能分层

新手组：先练习"固定点抛接"（抛球高度1米内），熟练后再尝试移动抛接；

进阶组：开展"障碍抛接"（中间放置标志桶，需绕过障碍投掷），提升动作复杂性。

② 策略引导

群体战斗中引导幼儿讨论战术（"我们让力气大的小朋友负责远投，动作快的捡球"），培养问题解决能力；

强调"游戏结束后主动捡回所有羽毛球"，渗透"整理材料"的良好习惯。

5. 延伸建议

（1）情境延伸：加入"医疗兵"角色（持红色脸盆救回"退场队员"），增加游戏故事性；

（2）生活迁移：组织"家庭亲子战"，家长与幼儿用毛巾当"炮弹"、洗衣盆当"盾牌"，延续灵敏性训练。

第五节　各种运动材料形成的体育游戏

在幼儿体育游戏中，运动材料和玩具是幼儿最好的玩伴。无论处于哪个年龄段，幼儿对运动材料都表现出浓厚的兴趣。优质的运动材料不仅能有效促进幼儿运动能力的发展，还能提升幼儿的身体素质。在操作运动材料的过程中，幼儿既能获得身体的发展，又能加深对材料本身的理解。运动材料既可以满足幼儿自主操作的需求，又能成为伙伴间交流的重要媒介。它既是幼儿自主体育游戏的重要载体，也是教师开展体育游戏的重要资源，更是幼儿综合发展的重要平台之一。

在幼儿园集体游戏中，运动材料被广泛运用，其中包括成品运动材料和非成品运动材料。非成品运动材料既包括非运动类材料，也包括自制的运动材料。无论选择何种非成品材料，教师都应关注其安全性、适宜性、趣味性、功能多样性、运动辅助性及可发展性等特点。

一、小班体育游戏案例——小皮球(身体控制与动作协调综合游戏)

(一)游戏目标和准备

1. 游戏目标

(1)动作发展:通过手、脚、身体等多部位控球练习,提升走、蹲、爬等基本动作的协调性,发展上下肢力量及身体平衡能力。

(2)认知与探索:感知球的滚动特性,学习用不同方式控制球的方向与速度,培养空间方位感知(前、后、左、右)及问题解决能力。

(3)兴趣与安全:在玩球过程中感受运动乐趣,建立"轻触轻推"的安全控球意识,体验与同伴互动的愉悦感。

2. 游戏准备

(1)材料准备:小皮球(直径10~15 cm,轻便易控)每人1个,障碍物(低跨栏、钻圈、毛绒玩具)若干;

(2)场地标记:起点/终点线、方向箭头贴纸、防滑地垫(用于爬行练习)。

(3)经验准备:幼儿已掌握"抱球""滚球"等基础动作,理解"绕、跨、钻"等指令。

(二)游戏方法

1. 和我一起出去玩(个体控球闯关)

练习1:持球穿越障碍(平衡走升级)

(1)玩法:幼儿抱球沿"障碍路线"行进(如绕S形毛绒玩具、跨过15 cm高栏、钻过50 cm高圈),将球从起点运到终点。

(2)指导:强调"双手抱球像抱小宠物",跨栏时"先放球再抬腿",钻圈时"球举过头顶慢慢过"。

练习2:蹲走控球(下肢力量与方向控制)

(1)玩法:蹲姿双手推球(球不离脚边),按教师指令"向左转""后退走"变换方向,模仿"小矮人运球"。

(2)趣味语言:"小皮球是你的小尾巴,蹲下走时别让它跑掉哦!"

练习3:前屈单手运球(单侧肢体协调)

(1)玩法:身体前屈45°,单手掌推球前进(先练利手,再练非利手),结合"走走停停"信号(哨声停则球停)。

(2)分层任务:能力强者可尝试"绕过3个障碍物",弱者先练直线推球。

练习4~5:爬行控球(全身协调与趣味性)

(1)肚皮下控球:俯卧爬行,球夹于胸腹下,像"小乌龟驮球";

(2)头顶控球:跪撑爬行,额头轻顶大皮球(直径≥20 cm),直线前进。

(3)安全提示:提醒"膝盖不碰球""抬头看前方",教师在旁保护防止碰撞。

练习6：脚推球行进（下肢协调性挑战）

玩法：双脚八字分开，脚尖轻推球（如"小企鹅赶球"），重点练习"慢推稳控"，避免球滚动过快。

2. 看谁滚得直（双人合作与精准控制）

练习1：蹲姿滚球对接（双手协作）

（1）玩法：两人蹲距3米，双手推球过"河"（地面贴蓝色胶带模拟河流），要求球走直线，接住球的一方喊"接住啦！"

（2）能力分层：弱者先练"近距离轻推"，强者可拉大距离至4米。

练习2：胯下滚球挑战（空间精准度）

玩法：一人双脚大开立当"城门"，另一人蹲姿推球从"城门"下滚过，互换角色，比谁"滚球不碰城门"。

练习3：背向胯下滚球（反向控制）

玩法：背向同伴，双脚开立，弯腰从胯下向后滚球，同伴需快速转身接球，锻炼方向判断与反应速度。

（三）教育解析

1. 发展价值

（1）动作与体能：持物走、蹲走、爬行等动作强化下肢肌肉耐力（股四头肌）、核心稳定性（腰腹）及手眼、脚眼协调，符合《指南》"具有一定的平衡能力，动作协调、灵敏"目标。单手、双脚控球提升单侧肢体控制力，为后续拍球、跳绳奠定基础。

（2）认知与社会：通过"绕过障碍选路线""控制球速避碰撞"，发展空间智能与问题解决能力；双人滚球练习中，幼儿需观察同伴位置、调整用力方向，初步体验"合作达成目标"的社交逻辑。

（3）安全与兴趣：软质皮球与低难度障碍降低运动风险，情境化语言（"企鹅赶球"）激发主动参与兴趣。

2. 指导要点

（1）循序渐进：先练"静态控球"（抱、蹲推），再练"动态穿越"（过障碍）；双人游戏从"无目标滚球"过渡到"精准对接"。

（2）个性化支持：对于平衡能力弱的幼儿，减少障碍数量，允许"双手扶球过栏"；对于控球能力强的幼儿，增加"变向运球"（如"听到'红灯'向右推，'绿灯'向左推"）。

3. 安全细节

（1）爬行控球时检查场地无杂物，头顶球用大球（直径>20 cm）避免压迫头部；

（2）脚推球强调"轻轻推"，防止球速过快导致幼儿追赶摔倒。

4. 变式拓展

（1）情境延伸：开展"小球找家"游戏，不同颜色的球对应不同颜色的筐，融合颜色认知与分类；

(2)家园任务:发放"家庭控球小任务"(如"和爸爸比赛脚推球绕餐桌"),延续动作练习。

二、中班体育游戏案例——绳子(上肢力量与协同运动游戏)

(一)游戏目标和准备

1. 游戏目标

(1)动作发展:通过摆、抖、转等绳类动作,锻炼手臂肌肉耐力、关节灵活性及身体协调性,提升双侧肢体分化能力。

(2)社会与合作:在单人探索与小组协同中,培养规则意识、团队默契及问题解决能力,理解"同步行动"的重要性。

(3)创造与想象:借助绳子的多变性,激发创造性动作表达,感受"一物多玩"的运动乐趣。

2. 游戏准备

(1)材料准备:短绳(1~1.2米,棉质轻便)每人1根,长绳(5~6米,耐磨材质)每组1根;障碍物(标志桶、跨栏),"骑马扬鞭""小风车"等动作图示卡。

(2)经验准备:幼儿能听懂"左右""前后"等方位词,具备基本的队列站立与行走能力。

(二)游戏方法

1. 变幻莫测的绳子(单人动作探索)

练习1:摇摆的绳子(左右协调)

(1)玩法:蹲姿持绳一端,左右摆动手臂(幅度由小到大),使绳子在地面画"之"字,换手持绳重复。

(2)认知渗透:"左边摆一摆,右边摆一摆,绳子像小蛇在跳舞!"

练习2:抖动的绳子(上下肢配合)

玩法:身体前倾45°,手持绳端上下抖动(频率适中),观察绳子"波浪"变化,换手后比较"哪只手掀起的波浪多"。

练习3:骑马扬鞭(手眼协调与跳跃)

玩法:短绳对折两次(成20 cm短柄),单手持绳举过头顶,原地双脚交替跳跃(模仿骑马),要求"绳子转动不打结"。

练习4:小风车(旋转平衡)

玩法:单手持对折短绳,手臂伸直画圈(顺时针/逆时针),身体随绳转动(1~2圈/次),换手后比"谁的风车转得稳"。

2. 一起骑大马(小组协同行进)

(1)基础玩法:纵队夹绳走

①分组:3~4人纵队,间隔50 cm,绳子放于两腿间(或肩上、胸前),双手握绳两

端,同步迈脚前进。

② 规则:"绳子像马缰绳,大家脚步要一样,绳子不掉落才算赢!"

③ 障碍挑战:跨栏运绳

④ 升级:设置 20 cm 高跨栏、S 形标志桶,小组夹绳跨过、绕过障碍,强调"喊口号齐步走"(如"左右左,跨栏喽!")。

(2) 创意玩法:多样队形

① 横队胸前夹绳:5～6 人横队,双手将绳贴胸前,齐步向前(像"小火车");

② 胯下长绳跳:8～10 人共同握住长绳两端,举过头顶做"大车轮"转动,其余幼儿排队跳过长绳(需配合摇绳节奏)。

(三) 教育解析

1. 发展价值

(1) 动作与技能:摆、抖、转绳锻炼三角肌、腕关节灵活性,符合《指南》"手的动作灵活协调"目标;小组夹绳行进强化下肢同步性(步频、步幅一致),提升团队运动中的本体觉统合能力。

(2) 社会与规则:单人练习中自主探索"如何让绳子动得更有趣",培养创造性思维;小组协同需倾听同伴、调整动作,理解"个人节奏服从集体节奏",发展社会交往技能。

(3) 数学与空间:抖动绳子时感知"快抖波浪密,慢抖波浪疏",渗透"速度与形态"的科学概念;夹绳行进中通过"间隔结"(长绳打结标记站位),建立"距离与位置"的数学认知。

2. 指导要点

(1) 分层教学

单人练习:初期用语言分解动作(如"小风车要先伸直手臂,再慢慢转圈"),能力强者可自编"绳子舞蹈";

小组活动:先练"无障碍慢走",再加入障碍,弱组用短绳(3 人组),强组用长绳(6 人组)。

(2) 安全与协作

旋转类动作提醒"不碰同伴",摇长绳时控制高度(幼儿肩部以下),避免甩到头部;协同行进中若绳子掉落,引导小组讨论"如何走得更稳"(如"看着前面小朋友的脚")。

(3) 领域融合

语言领域:边抖绳边念儿歌("小绳子,抖一抖,上下波浪像水流");

艺术领域:用绳子在地面摆图形(圆形、三角形),链接"动作"与"图形认知"。

3. 变式拓展

(1) 竞争性游戏:"绳子摇摆比赛"(比谁的绳子画出的线条最长)、"协同运绳接力"(夹绳跑往返,最快小组获胜);

(2) 生活迁移:开展"整理跳绳小能手"活动,学习打结、收纳绳子,培养生活自理能力。

三、大班体育游戏案例——纸(精细动作与合作创新游戏)

(一) 游戏目标和准备

1. 游戏目标

(1) 动作发展:通过撕、夹、踩等纸类游戏,锻炼大班幼儿手部精细动作(撕纸、捏团)、脚眼协调及全身肌肉控制能力,提升动作精准度。

(2) 合作与策略:在传递、接龙、夹纸行进中,培养团队分工、协商策略及问题解决能力,理解"分工合作效率高"。

(3) 创造与环保:利用废旧纸张探索多元玩法,萌发环保意识与创新思维,感受"变废为宝"的乐趣。

2. 游戏准备

(1) 材料准备:废旧 A4 纸、报纸、宣纸(根据游戏选择)、塑料筐(收纳纸球)、障碍路线图(贴地面)。

(2) 场地准备:室内地板(适合光脚撕纸)或户外草坪(适合踩纸球),划分小组活动区。

(二) 游戏方法

1. 游戏一:纸的传递(身体平衡与协作)

(1) 玩法:5~6 人横队,排头用双膝夹纸转身传递给下一位,依次接力至队尾,强调"夹纸不松手,转身慢一点"。

(2) 升级:改用"后背夹纸""额头贴纸"等方式,增加平衡难度,比"哪组传递中纸不掉落"。

2. 游戏二:撕纸接龙(精细动作与合作)

(1) 玩法:两人一组,一人撕纸(连续不断的细条),另一人跪地展开纸条,限时 2 分钟,比"哪组纸条最长"。

(2) 规则:撕断则取最长段参赛,引导"撕纸要耐心,慢慢拉"。

3. 游戏三:踩蟑螂(脚眼协调与自主探索)

玩法:两人合作将报纸揉成 10 个纸球("蟑螂");抛球者站 2 米外滚球,踩球者光脚快速踩停,比"1 分钟踩停多少只";交换角色,修复纸球重复游戏。

4. 游戏四:脚丫撕纸(双脚协调性挑战)

(1) 玩法:光脚踩宣纸(报纸),双脚交替蹬踏、撕扯,限时 1 分钟,比"谁撕的纸片最多"。

(2) 安全:选择软质纸张,提醒"不踩同伴脚趾"。

5. 游戏五：可以怎么夹（身体认知与多元探索）

玩法：两人商量用身体部位夹纸（如额头对额头、背部贴背部、大腿夹纸），合作走完 5 米路线，探索"哪些部位能夹稳纸"。

（三）教育解析

1. 发展价值

（1）动作与认知：撕纸、揉球强化手指小肌肉群（指腹力量、指尖灵活性），符合《指南》"手的动作灵活协调"目标；脚踩纸球、身体夹纸提升本体觉（身体部位感知）与空间智能（如"后背夹纸要挺直身体"）。

（2）社会与策略：传递、接龙游戏中需协商分工（"你撕纸我展开""你抛球我踩球"），培养责任意识与团队默契；夹纸行进时探索"如何选择最稳的身体部位"，发展问题解决与创新思维。

（3）环保与创造：使用废旧纸张传递环保理念，鼓励"想出三种以上夹纸部位"，激发创造性动作表达。

2. 指导要点

（1）分层任务

对于精细动作弱的幼儿，先练"双手撕大纸片"，再尝试"连续撕细条"；对于合作能力强者，增加"三人夹纸走"（如"前胸贴后背，三人连成串"），提升协作难度。

（2）安全与规则

撕纸时提醒"不将纸塞入口鼻"，光脚游戏前检查场地无异物；

踩球游戏强调"轻踩不追跑"，避免碰撞受伤。

（3）跨领域融合

数学领域：测量撕纸长度（用纸条比身高）、统计踩球数量（画正字记录）；

语言领域：玩"夹纸部位猜谜"（"我们用身体这个部位夹纸，它在手臂的上方，是什么？"），强化身体部位名称。

3. 变式拓展

（1）竞争性游戏："纸球投篮"（用纸箱当篮筐，纸球投掷得分）、"夹纸障碍赛"（过跨栏、钻圈，纸不掉落者胜）；

（2）家园共育：发起"家庭纸游戏挑战赛"（如"和妈妈比赛脚撕报纸""爸爸合作夹纸走"），增进亲子互动。

思考与练习

1. 根据学前儿童体育游戏的分类，对比"按幼儿基本活动能力分类"与"按基本身体素质分类"的异同点，举例说明两者在幼儿园体育活动中的具体应用。

2. 结合"自主性体育游戏"与"干预性体育游戏"的核心特征，分析以下场景属于哪

种类型的体育游戏,并说明教育者在其中的角色定位:

场景1:小班幼儿在户外自主选择跳绳、玩沙包,教师在旁观察并适时提供帮助。

场景2:大班教师设计"接力障碍赛",明确规则、分组并指导幼儿完成跨跳、投掷等动作。

3. 根据不同年龄段体育游戏的操作原则,对比小班与大班在"规则要求"和"教师角色"上的主要差异,并说明原因。

4. 请根据"创编体育游戏的基本流程",为中班幼儿设计一个以"平衡能力发展"为核心目标的体育游戏,需包含游戏名称、游戏目的、游戏准备和游戏步骤等要素。

5. 阅读以下案例,结合体育游戏开展的基本原则,分析教师行为存在的问题,并提出改进建议:

案例:在"搬运小能手"大班体育游戏中,教师为提升效率,频繁打断幼儿自主探索搬运方式的过程,直接示范"正确"的搬运姿势,并要求所有幼儿严格模仿。部分动作协调性较弱的幼儿因多次失败被批评,逐渐失去参与兴趣。

第六章 学前儿童体适能活动

第一节 学前儿童体适能活动概述

本章概述

本章系统阐述了学前儿童体适能活动的理论基础与实践方法。本章从核心要素、组织形式、器械使用、年龄阶段等多维度进行系统划分,涵盖肌力、灵敏、跳跃、平衡、柔韧、速度、协调七大类练习,每类活动均明确目标、规则与教学方法,注重趣味性与安全性。本章旨在为幼儿园教师及家长提供理论与实践指导,助力学前儿童体适能活动的科学化、规范化实施,为其终身健康奠定基础。

学习目标

1. 掌握体适能活动的概念,明确其对学前儿童身体发育、心理健康及社会适应能力的意义。

2. 能够根据年龄阶段、活动形式及核心要素,设计符合学前儿童身心发展规律且富有趣味性的体适能活动。

3. 在活动中落实安全防护措施,科学调控运动强度,并针对儿童个体差异制定个性化活动方案,避免运动损伤与过度负荷。

一、学前儿童体适能活动的概念

"体适能"一词对应的英文是 physical fitness。有学者认为,physical fitness 在中国内地被译为"体质",在中国港澳台地区则被译为"体适能"。从生活角度看,physical fitness 是人类对现代生活的一种身体适应能力;从生理机能方面看,它是指人类身心构成要素中的全部机能,表现为运动能力、工作能力和抵抗疾病的能力;从身体组成方面看,它包括体形、机能和运动等适应能力。因此,physical fitness 的本质是"身体适应能力",简称"体适能"。

1952 年,Larson 和 Yocom 从生理学角度认为体适能由 10 种因素组成,分别是疾病抵抗力、肌肉力量与耐力、心血管与呼吸耐力、爆发力、柔韧性、速度、灵敏性、协调性、平衡、准确性。1969 年,Corbin 认为体适能由多种因素组成,有助于处于社会中的个体有效地工作而不会过度产生疲劳。体适能的次级目标是与健康有关的适能和与运动技能有关的适能。与健康有关的适能包括心血管适能、力量、肌肉耐力、柔韧性、身体成分;与动作技能有关的适能包括敏捷性、平衡性、协调性、爆发力、反应速度等。

学前儿童体适能主要由身体健康发展和心理健康发展组成。身体健康发展主要包括运动相关体能和健康相关体能。运动相关体能主要由爆发力、弹跳力、体耐力、敏捷性、灵巧性、距离感、平衡感、协调性组成;健康相关体能主要由心肺耐力、肌力、肌耐力和柔软性构成。心理健康发展则由专注力、意志力、团结合作、勇敢自信、不怕困难、理性、果断等意志品质组成。

学前儿童体适能活动是一种旨在促进学前儿童身体和心理全面发展的活动。它基于"体适能"这一概念,强调儿童身体对生活的适应能力,包括运动能力、抵抗疾病的能力以及身体各机能的协调发展。从幼儿园体育教育活动组织的立场出发,幼儿园中常开展的学前儿童体适能活动聚焦于身体发展,即为促进幼儿爆发力、弹跳力、体耐力、敏捷性、灵巧性、距离感、平衡感、协调性的体育活动。

二、学前儿童体适能活动的分类

学前儿童体适能活动是促进幼儿身体发育、提升运动能力和健康水平的重要途径。从不同维度对体适能活动进行分类,有助于教师和家长更有针对性地设计和实施训练方案,满足幼儿多样化的发展需求。

(一) 根据体适能核心要素分类

体适能由健康相关体适能和运动技能相关体适能构成,二者共同支撑幼儿的身体发展。

1. 健康相关体适能活动

健康相关体适能活动以提升身体基本机能、增强体质为目标,包括:

(1) 心肺耐力类活动:通过持续性运动改善心肺功能,如"接力跑""绕桩冲刺",幼儿在往返跑或变向跑中锻炼呼吸调节能力;"蚂蚁搬家"游戏中,幼儿多次往返搬运物品,提升有氧耐力。

(2) 肌肉力量与耐力类活动:发展肌肉收缩能力,如"默契兄弟"(两人合作推车式爬行)、"支撑传递"(俯撑状态下传递标志桶),锻炼上肢和核心肌群;"极限跳跃""兔子蹲跳"通过跳跃动作增强下肢爆发力。

(3) 柔韧性类活动:通过拉伸训练增加关节活动范围,如"好朋友拉拉手"(坐位体前屈拉伸腿部)、"青蛙趴"(模仿青蛙姿势拉伸胯部和大腿内侧),帮助幼儿提升肌肉和韧带弹性。

(4)身体调节类活动:通过多样化运动控制体重、优化身体结构,如趣味田径、障碍跑等综合性活动,结合跑、跳、爬等动作,促进能量消耗与身体协调。

2. 运动技能相关体适能活动

运动技能相关体适能活动以提升运动能力和动作协调性为目标,包括:

(1)敏捷性与反应速度类活动:如"盖高楼"(快速辨别颜色并搬运标志桶)、"勇闯天涯"(蛇形跑绕过标志杆),训练幼儿对信号的快速反应和方向变化能力。

(2)平衡性类活动:如"过独木桥"(在长凳或平衡木上行走)、"控球大作战"(手持纸板运球保持平衡),通过静态或动态平衡训练,增强前庭觉和身体控制能力。

(3)协调性类活动:如"上下套娃"(团队合作交替套圈)、"旋转木马"(手拉手绕圈下蹲),要求幼儿肢体配合或团队协作,提升动作协调与空间感知能力。

(4)爆发力类活动:如"单腿接力跳"(单脚跳跃推挤对手)、"猎豹捕食"(快速起身起跑),通过短距离冲刺或跳跃,锻炼肌肉快速发力能力。

(二)根据活动组织形式分类

(1)集体性体适能活动。全班幼儿共同参与,强调统一性和规范性,如晨间操、集体接力赛(如"接力跑")。此类活动培养幼儿的集体意识,适合基础动作的统一教学,如队列练习、简单的韵律操。

(2)小组合作类体适能活动。以2~6人为一组,通过分工协作完成任务,如"默契兄弟"(两人配合推车爬行)、"旋转木马"(小组手拉手绕圈)。小组活动促进幼儿社交能力,增强团队责任感,适合需要协作完成的平衡、力量类任务。

(3)个体自主类体适能活动。幼儿独立完成任务,关注个体能力发展,如"青蛙趴"(自主保持拉伸姿势)、"单腿站立"(自我平衡训练)。此类活动适合个性化指导,帮助教师观察幼儿个体差异,针对性提升薄弱环节。

(4)分散自由类体适能活动。幼儿在指定区域自由选择器械或玩法,如在操场自由玩跳圈、平衡木。教师提供多样化器材(如标志桶、跳绳、飞盘),鼓励幼儿自主探索,培养运动兴趣和创造力。

(三)根据有无运动器械分类

(1)徒手体适能活动。不依赖器械,以自身重量为阻力,如"兔子蹲跳"(徒手蛙跳)、"真假不倒翁"(单脚推挤对抗)。此类活动不受场地限制,适合小班幼儿基础动作训练,如爬、跳、平衡等。

(2)器械辅助体适能活动。通过器材增加难度或趣味性,包括:

① 大型器械活动:利用固定设施如平衡木、攀爬网、跳箱,如"过独木桥"(长凳)、"极限跳跃"(跳箱接力),锻炼综合运动能力。

② 轻器械活动:使用便携器材如标志桶、呼啦圈、飞盘,如"跳圈圈"(跳跃呼啦圈)、"控球大作战"(纸板运球),强调一物多玩,提升灵活性和协调性。

（四）根据年龄阶段分类

不同年龄段幼儿体适能发展特点不同，活动设计需循序渐进：

（1）小班——基础动作启蒙类。以走、跑、跳、爬等基本动作为主，强调趣味性和安全性，如"开心跳一跳"（简单跳圈）、"大钩子"（单脚拾物），使用低难度器械，培养运动兴趣和身体控制意识。

（2）中班——技能提升与协作类。增加动作组合和小组合作，如"勇闯天涯"（蛇形跑＋跳箱）、"旋转木马"（手拉手绕圈下蹲），训练敏捷性和团队配合，逐步引入简单规则。

（3）大班——综合能力与规则类。注重复杂技能和竞争意识，如"接力跑"（传接棒规则）、"投球小能手"（目标投掷），结合速度、力量、协调性训练，为升入小学做准备。

（五）根据专项技能导向分类

针对未来运动能力发展，引入基础专项技能启蒙：

（1）田径类体适能活动。包含跑、跳、投等基础动作，如"接力跑"（短跑与传接棒）、"单腿接力跳"（跳跃与平衡），为田径运动奠定基础。

（2）球类体适能活动。培养手眼协调和球类感知，如"投球小能手"（投掷入箱）、"控球大作战"（平板运球），初步接触篮球、足球等球类运动的基本动作。

（3）体操类体适能活动。训练身体控制和柔韧性，如"青蛙趴""人造拱桥"（双人拉伸），渗透翻滚、平衡等体操元素，提升肢体协调性。

学前儿童体适能活动的分类并非孤立存在，而是相互交叉、融合的。教师和家长需根据幼儿的年龄特点、个体差异及发展目标，灵活选择分类方式，设计多样化活动方案。通过科学的体适能训练，不仅能提升幼儿的身体素质，更能在合作、竞争、探索中培养其健全人格，为其终身发展奠定坚实基础。

三、学前儿童体适能活动的组织

学前儿童体适能活动的核心理念是帮助幼儿养成并维持良好的健康状态。其教育目标是让接受过体适能教育的学前儿童掌握相应的知识、技能和信心，享受有益健康的体适能训练。学前儿童体适能活动的组织通常包括以下八个环节：

（1）导入。环节目的是激发学前儿童的兴趣，集中其注意力，明确活动的目标和内容。导入内容需与活动主题相关，可采用故事引导、器材吸引、情景布置等方式。通过导入，使幼儿进入"跃跃欲试"的状态，为接下来的活动做好准备。

（2）热身。环节目的是克服内脏器官的生理惰性，缩短进入工作状态的时间，预防运动损伤。热身活动分为一般性准备活动和专项准备活动。一般性准备活动包括跑步、踢腿、弯腰等全身性练习，能提高代谢水平和大脑皮层的兴奋状态。专项准备活动是针对具体运动的练习，如在"小推车游戏"前活动手腕和肘关节，或在"投球游戏"前拉伸颈部和腰部。热身可以通过律动带动全身活动，或借助游戏化拉伸活动提升兴趣，同时与活动主题相匹配，避免兴趣丧失。

（3）主题游戏。主题游戏是体适能活动的基础环节，通常采用排队接力形式，适合幼儿在学习技能初期的特点（如神经过程泛化、注意范围狭窄、动作不协调）。此环节需反复强调规则，必要时可暂停游戏以确保安全。

（4）变换游戏。变换游戏是主题游戏的难度升级版，满足幼儿喜欢冒险、追求刺激的特点，锤炼基本动作，提升技术技能。变换游戏的方式包括：

① 变化游戏难度：由浅入深、由近及远、由低到高，提升游戏难度，如增加攀爬高度。

② 变化游戏角色：通过角色变换带来不同体验。

③ 变化游戏形式：从单人游戏转变为多人合作游戏，培养合作精神。

④ 变换器材游戏：通过增加器材难度提升挑战性，但需注意器材回收时间。

（5）升华游戏。放弃排队等待，让所有幼儿一起活动，重点关注全面发展，提升运动量与活动密度。升华游戏可以让幼儿体验更多动作和技能，扩充知识面，增加生活经验。

（6）放松与反思。帮助学前儿童恢复体力，放松肌肉，调整呼吸，消除疲劳。放松活动能保护内脏器官，避免运动损伤。反思环节则让儿童表达自己在活动中的表现，锻炼思维和语言能力。

（7）延续。幼儿展示所学内容，锻炼表现力，进一步强化动作与技能。教师组织开展评价。

（8）归位。幼儿将器材、道具收纳回原处，培养秩序感。

第二节　肌力类体适能练习

一、极限跳跃

1. 活动目标

发展幼儿下肢弹跳力及下肢爆发力。

2. 活动准备

起点标志线，2个跳箱。

3. 活动方法

将幼儿分为2组，站在标志线前端，听到"开始"口令，排头幼儿跑至跳箱前并跳跃到跳箱上，再次发力起跳至第2个跳箱上并跳下，返回起点标志线击掌接力。下一位幼儿继续接力（如图6-1所示）。用时最短的组获胜。

图 6-1 极限跳跃

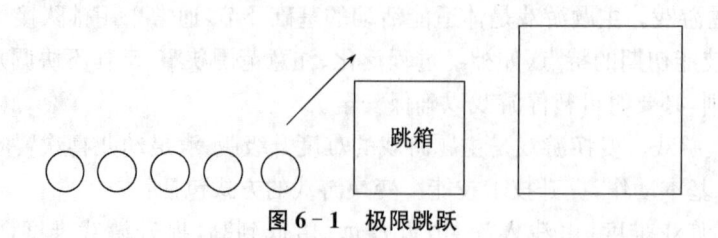

4. 活动规则

幼儿双脚在向跳箱跳跃的过程中不能落地,双脚起跳,双臂向上摆,跳完迅速返回起点位置接力。

5. 拓展与变化

跳箱间距根据男女幼儿进行不同设置。根据幼儿的实际情况,增加跳箱的个数及起点的距离。

6. 活动重难点

① 重点:起跳时蹬地摆臂的协调配合。

② 难点:跳箱前起跳后的腾空技术。

活动中的问题及解决方法见表 6-1。

表 6-1 问题与解决方法

问题	解决方法
在跳跃中落地	蛙跳、单腿跳、台阶跳,增强幼儿下肢力量
在跳箱之间犹豫不决,不敢跳	缩小两个跳箱的距离,或教师辅助以增加幼儿信心
返回速度慢	鼓励幼儿加快速度,队员之间相互鼓励

二、默契兄弟

1. 活动目标

发展幼儿上肢肌肉力量与耐力,培养幼儿合作意识。

2. 活动准备

2 个标志桶,起点标记线和终点标记线。

3. 活动方法

将幼儿分为 2 人一组,各组成纵队站好。听到"开始"口令后,后面的幼儿抬起前面幼儿的两条腿,前面幼儿两臂撑地在起点线上。各组同时开始比赛,并以同样的姿势返回。最快返回的一组获胜(如图 6-2 所示)。

标志桶

图 6-2 "默契兄弟"活动

4. 活动规则

比赛前要安排幼儿进行热身和拉伸练习,特别是手腕,以免受伤。要重视安全教育和措施,每次练习的距离不要太长,速度也不用一致。幼儿做俯撑时,身体要紧张有控制。做"推车"动作的幼儿要配合"车"的动作前进,不要用力向前推或者往后拖拉。后面的幼儿不得突然放下前面幼儿的双腿,以防前面的幼儿腿部撞击地面而受伤。

5. 拓展与变化

分组时,要考虑幼儿身高和体重比例的均衡,也可增加至 3 人"推车"。同时,要考虑幼儿身高、体重的差距,并根据实际情况进行分组。

6. 活动重难点

① 重点:在"推车"的过程中,身体与地面要保持平衡,腹部核心要收紧。

② 难点:在"推车"过程中,腰椎尽量伸直,骨盆处于中立位,尽量减少身体晃动。

活动中的问题及解决方法见表 6-2。

表 6-2 问题与解决方法

问题	解决方法
支撑前行途中腹部着地	缩短起点和终点的距离,待其适应后,再增加距离
"推车"人抬腿的位置不对	紧紧抓住支撑前行幼儿的脚踝
支撑前行身体晃动	原地平板支撑练习,增强身体控制能力

第三节 灵敏类体适能练习

一、盖高楼

1. 活动目标

锻炼提升幼儿的跑步速度。

2. 活动准备

黄色标志桶、红色标志桶若干,套圈 2 个。

3. 活动方法

将幼儿平均分成 2 个小组（每个小组代表一个颜色的建筑队）。每个队伍成纵队站在起跑线标志圈前。幼儿听到"开始"口令后跑至摆放标志桶的位置，拿相应颜色的标志桶放置在标志圈内。下一位幼儿接力，以此类推。将所有标志桶叠放在一起的小组获胜。（如图 6-3 所示）

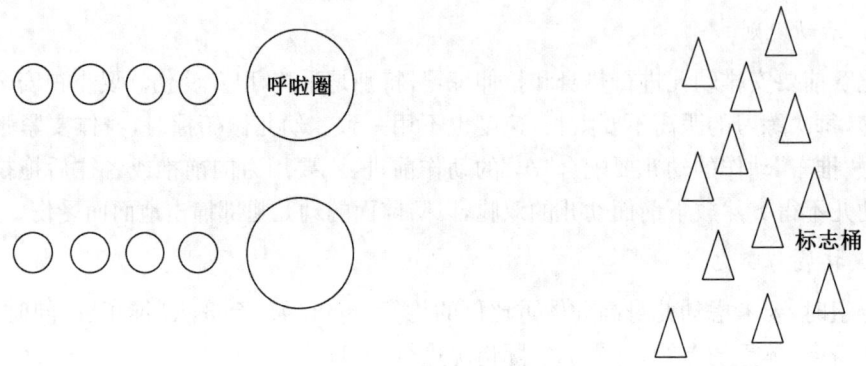

图 6-3 "盖高楼"活动

4. 活动规则

幼儿跑步时，不要掉落标志桶，不要拿错标志桶。

5. 拓展与变化

① 根据幼儿能力增加标志桶的颜色。
② 增加标志线的距离，提高幼儿运动量。

6. 活动重难点

① 重点：锻炼幼儿对标志物的辨别和反应能力，提高跑步速度。
② 难点：活动时，提高幼儿对平衡意识的控制。

活动中的问题及解决方法见表 6-3。

表 6-3 问题与解决方法

问题	解决方法
"盖高楼"盖不稳	将标志桶叠成"高楼"，幼儿拆"高楼"，熟悉标志桶的摆放

二、开心跳一跳

1. 活动目标

发展幼儿下肢协调能力及脚踝关节力量。

2. 活动准备

标志圈若干。

3. 活动方法

将幼儿分为2组,站立在标志圈起点位置,听到"开始"口令后,第一个幼儿并脚跳入圈内,然后分脚跳至圈外,重复动作向前行进,直至最后一个圈结束。下一位幼儿接力完成以上动作。最先完成的组获胜。(如图6-4所示)

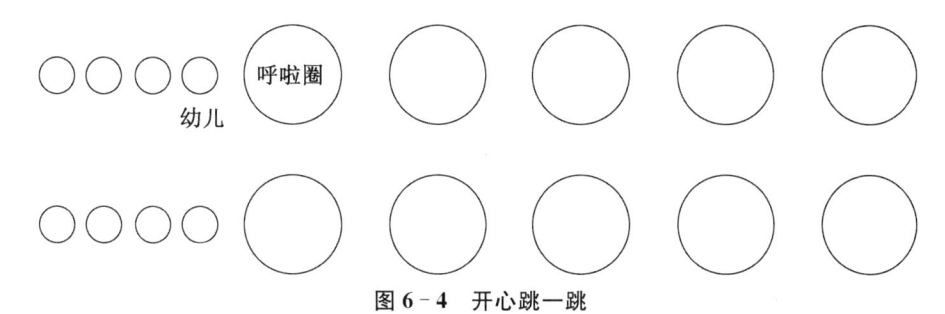

图6-4 开心跳一跳

4. 活动规则

跳跃途中每个圈都要跳到,不能略过任何一个圈。

5. 拓展与变化

① 在标志圈外放标志桶,幼儿双脚跳出圈外伸手摸标志桶。
② 增加标志圈的数量,增加幼儿的运动量。

6. 活动重难点

① 重点:保持幼儿在跳跃途中踝关节的稳定和身体的平衡。
② 难点:注意幼儿在跳圈时身体的协调配合能力。

活动中的问题及解决方法见表6-4。

表6-4 问题与解决方法

问题	解决方法
跳跃时身体出圈	练习原地跳跃增加幼儿身体平衡性
跳跃途中速度慢	鼓励幼儿加快速度完成活动

三、勇闯天涯

1. 活动目标

提高幼儿反应能力。

2. 活动准备

标志杆和标志桶若干,跳箱2个。

3. 活动方法

标志杆代表树木,幼儿通过蛇形跑绕过所有的标志杆。在折返过程中,幼儿"翻山"

（跳箱）顺利回到队伍后，下一位幼儿开始活动。（如图6-5所示）

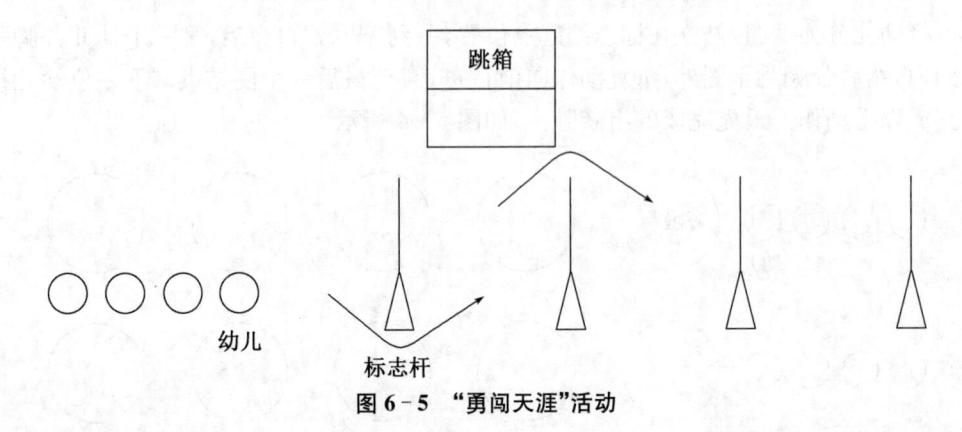

图6-5 "勇闯天涯"活动

4. 活动规则

幼儿在穿越"森林"的时候不要碰倒标志杆；从跳箱上下来的时候可以爬下来，也可以跳下来。回到队伍与下一位幼儿击掌后，下一位幼儿再出发。

5. 拓展与变化

① 让部分幼儿扮演"树木"，并在活动中保持不动。

② 把"树木"摆成"S"形，增加穿越难度。

6. 活动重难点

① 重点：锻炼幼儿在穿越途中的速度和反应能力。

② 难点：锻炼幼儿在穿越途中加快速度，不要碰到标志杆。

活动中的问题及解决方法见表6-5。

表6-5 问题与解决方法

问题	解决方法
穿越时身体碰到标志杆	在幼儿适应后再调整标志杆距离
爬不过跳箱	根据实际情况增加跳箱的数量

四、跳圈圈

1. 活动目标

发展幼儿下肢力量和弹跳力，增强幼儿力量和空间感。

2. 活动准备

跳圈若干。

3. 活动方法

将幼儿分成若干组，听到"开始"口令后，排头幼儿依次跳到圈内，跳完最后一个圈，

下一位幼儿接力,最先完成的组获胜。(如图 6-6 所示)

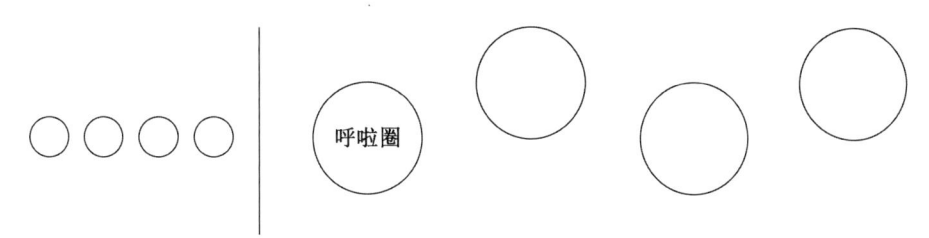

图 6-6　跳圈圈

4. 活动规则

幼儿双脚同时起跳,跳跃过程中不能跳出圈外,双臂自然摆动。

5. 拓展与变化

① 增加圈与圈之间的距离,提高锻炼强度。

② 在圈外侧放标志桶,跳至圈内,幼儿手摸标志桶后再次跳圈,训练反应能力。

6. 活动重难点

① 重点:双脚起跳,手臂自然摆动。

② 难点:控制身体,提高跳跃速度。

活动中的问题及解决方法见表 6-6。

表 6-6　问题与解决方法

问题	解决方法
身体控制不好,跳出圈外	将跳圈摆成一条直线,练习前后跳圈,增强身体平衡性
单脚跳圈	原地练习双脚连续跳跃
跳圈速度较慢	练习原地前后跳,并配合手臂摆动练习

五、支撑传递

1. 活动目标

锻炼幼儿上肢肌肉力量和核心力量,促进幼儿身体的协调性和控制能力。

2. 活动准备

标志桶若干。

3. 活动方法

将幼儿排列成两排,听到"开始"口令后,所有幼儿做俯卧状,排头幼儿将标志桶依次传递至排尾,用时最短的一排获胜。(如图 6-7 所示)

标志桶

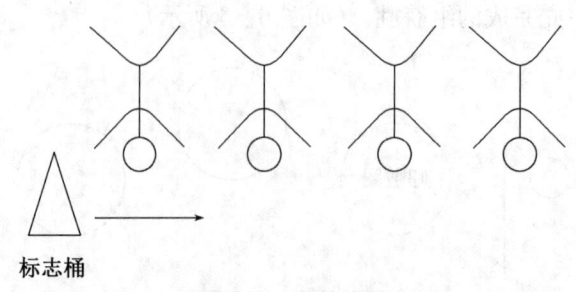

图6-7 支撑传递

4. 活动规则

幼儿要遵守活动规则,做俯撑时身体不能下落,传递标志桶要依拓展与变化:① 支撑传递要从前到后,再从后到前,促进幼儿双臂支撑力量次传递。② 隔空支撑传递,如第一个幼儿传递给第三个幼儿。

5. 活动重难点

① 重点:锻炼幼儿双臂的支撑力量。

② 难点:传递时保持幼儿身体的控制能力。

活动中的问题及解决方法见表6-7。

表6-7 问题与解决方法

问题	解决方法
支撑时身体落地	跪姿俯卧撑,加强手臂练习
支撑时臀部太高导致塌腰耸肩	采用四足支撑式,增强身体控制能力

第四节 跳跃类体适能练习

一、蚂蚁搬家

1. 活动目标

增强幼儿体质,促进幼儿身体的生长发育,提高幼儿的新陈代谢。

2. 活动准备

标志圈,飞盘,小球若干。

3. 活动方法

将幼儿分为2组,依次站在标志圈前。听到"开始"口令后,第一位幼儿开始将标志圈里的物品依次转移到第2个标志圈内,返回与下一位幼儿击掌接力。最先完成的小

组获胜。（如图6-8所示）

幼儿　　　　　呼啦圈

图6-8　"蚂蚁搬家"活动

4. 活动规则

标志圈内的物品一次只能拿一个，返回后击掌接力。

5. 拓展与变化

① 分组时要考虑两队的男女比例、实力强弱的均衡，保证活动的公平性。

② 可在两个标志圈内放置不同的物品，增加活动难度，增强幼儿下肢力量和灵敏度。

6. 活动重难点

① 重点：通过活动形式体验折返跑的乐趣。

② 难点：提高幼儿折返跑的速度和反应能力。

活动中的问题及解决方法见表6-8。

表6-8　问题与解决方法

问题	解决方法
物品在转移过程中掉落	幼儿在活动开始前练习物品的抓握训练

二、单腿接力跳

1. 活动目标

发展幼儿的平衡能力。

2. 活动准备

标志桶2个。

3. 活动方法

将幼儿分为2组，各组对立成纵队站好。比赛开始后，各组队员单脚跳动，用手轻推对方组员，两人中最后双脚着地的积一分，积分高的一组获胜。（如图6-9所示）

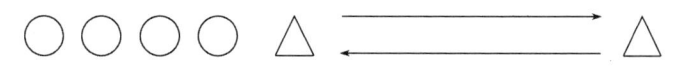

幼儿　　标志桶

图6-9　"单腿接力跳"活动

4. 活动规则

幼儿在单脚接力跳过程中,抬起的腿不要放下。

5. 拓展与变化

① 分组时,要考虑幼儿的身高、体重、身体素质的均衡。
② 将标志桶摆成"S"形,增加活动的难度。

6. 活动重难点

① 重点:锻炼幼儿发力脚的连续性,脚落地要有缓冲。
② 难点:锻炼幼儿蹬地和上肢协调能力。

活动中的问题及解决方法见表6-9。

表6-9 问题与解决方法

问题	解决方法
单脚接力时脚落地	练习原地单腿交换跳

三、过独木桥

1. 活动目标

培养幼儿身体控制能力以及平衡能力。

2. 活动准备

长凳,箱子,垫子。

3. 活动方法

将幼儿分为2个小组并成纵队站好。比赛开始,各组队员依次通过长凳摆成的"独木桥",或者是用高箱子组成的"独木桥",返回自己的队伍,并和其他组员击掌继续活动。用时最短的小组获胜。(如图6-10所示)

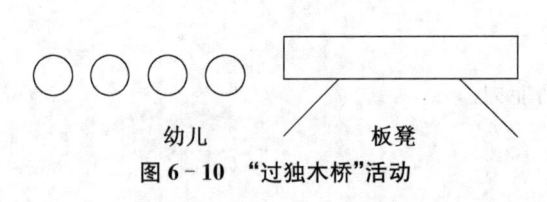

图6-10 "过独木桥"活动

4. 活动规则

比赛前要安排幼儿做热身和拉伸练习,防止扭伤;比赛须按规定路线行进,否则无效。

5. 拓展与变化

① 幼儿可用四肢支撑爬行从长凳的一端到另一端,肢体不着地为优秀。

② 将上肢支撑在长凳上,脚部撑地,四肢同时发力从长凳的一端移动到另一端。

6. 活动重难点

① 重点:幼儿在移动过程中要保持身体与地面的平衡。

② 难点:幼儿在移动过程中控制身体平衡,并保持一定的速度。

活动中的问题及解决方法见表6-10。

表6-10 问题与解决方法

问题	解决方法
支撑时身体落地	跪姿俯卧撑,加强手臂练习
支撑时臀部太高导致塌腰耸肩	采用四足支撑式,增强身体控制

四、兔子蹲跳

1. 活动目标

增强幼儿下肢力量,发展幼儿的跳跃能力和身体协调能力。

2. 活动准备

标志桶2个。

3. 活动方法

将幼儿均分为若干组,各组又均分为2个小组成纵队站好。幼儿双手背于身后,站在标志桶前,听到"开始"口令后,排头幼儿蛙跳至第2个标志桶并蛙跳返回,与后面的幼儿击掌接力。用时最短的小组获胜。(如图6-11所示)

图6-11 "兔子蹲跳"活动

4. 活动规则

幼儿在蛙跳行进时,双手背于身后不能松开,跳跃过程中身体要保持弯曲。

5. 拓展与变化

① 蛙跳可以是单腿跳或者双腿同时跳。② 在两个标志桶中间增设障碍物,增加活动难度。

6. 活动重难点

① 重点:幼儿在活动中要双脚同时蹬地,落地缓冲继续发力。

② 难点:幼儿在蹬地时身体要协调。

活动中的问题及解决方法见表6-11。

表 6-11　问题与解决方法

问题	解决方法
跳跃时背手松开	练习蛙跳摆臂,增加身体协调性
跳跃时单脚跳	练习连续原地蛙跳,增加身体记忆
跳跃速度慢	进行原地健美操,增强下肢力量和爆发力

第五节　平衡类体适能练习

一、大钩子

1. 活动目标

培养幼儿身体的协调能力,提高幼儿应变能力。

2. 活动准备

标志盘若干。

3. 活动方法

两人面对面站立,一人手持道具,并将标志盘放在对面幼儿的脚尖上。对面幼儿需屈腿将道具拿起,依次完成动作。

4. 活动规则

道具无须固定在脚上,要确保道具不能从脚上掉下去。拓展与变化:幼儿站成一排,接力玩活动。

5. 活动重难点

① 重点:幼儿手脚要配合协调。

② 难点:确保手拿标志盘的稳定性和完成动作速度的把握。

活动中的问题及解决方法见表 6-12。

表 6-12　问题与解决方法

问题	解决方法
手拿标志盘过程中,标盘掉落	找个支撑物练习单手拿标志盘
站立不稳	练习单腿站立、连续单腿跳,加强下肢稳定性

二、控球大作战

1. 活动目标

提高幼儿身体的平衡力以及手眼的专注力。

2. 活动准备

标志桶,纸板,乒乓球若干。

3. 活动方法

幼儿在行走的过程中手持纸板运球,走 5~10 米后折返与下一位幼儿交接。看谁走得又稳又快。(如图 6-12 所示)

图 6-12 "控球大作战"活动

4. 活动规则

幼儿运球行走过程中不可以用双手辅助。如果球落地,幼儿捡回球后要从原地开始活动。

5. 拓展与变化

① 可用飞盘或羽毛球拍替代纸板。

② 可以 2 个幼儿一起运球,培养合作能力。

6. 活动重难点

① 重点:在运球过程中,幼儿要走得又快又稳。

② 难点:幼儿在运球时要控制好身体的协调性。

活动中的问题及解决方法见表 6-13。

表 6-13 问题与解决方法

问题	解决方法
运球途中球掉落	练习运乒乓球,速度由慢到快
速度跟不上	鼓励幼儿加快速度,队员间相互鼓励

三、真假不倒翁

1. 活动目标

发展幼儿平衡能力。

2. 活动准备

平地或草坪。

3. 活动方法

将幼儿均分为2组,各组成纵队面对面站好。比赛开始,各组队员单脚跳动,用手轻推对方组员。2人中最后双脚着地的积1分,积分最高的组获胜。

4. 活动规则

在活动中,幼儿只可用手推对方的手,不能触及其身体。

5. 拓展与变化

① 分组时,要考虑幼儿的身高、体重、身体素质的均衡。

② 可以用假动作迷惑对方。

6. 活动重难点

① 重点:幼儿单脚站立,上肢发力推对方。

② 难点:幼儿单脚站立,保持身体平衡。

活动中的问题及解决方法见表6-14。

表6-14　问题与解决方法

问题	解决方法
不倒翁跌倒	两个幼儿手牵手练习彼此的稳定性
站立不稳	加强单脚站立、单脚连续跳练习

第六节　柔韧类体适能练习

一、好朋友拉拉手

1. 活动目标

拉伸幼儿腿部柔韧性。

2. 活动准备

瑜伽垫或草坪。

3. 活动方法

2个幼儿面对面坐立,双脚展开至90°,大小腿贴近地面。2个幼儿的双脚贴合,手牵手,手臂伸直并保持身体下压。

4. 活动规则

幼儿在身体下压时手不能松开,大小腿始终贴近地面。

5. 拓展与变化

幼儿拉手部位可以从拉手掌过渡到手腕,再从拉手腕过渡到拉手臂。

6. 活动重难点

① 重点:身体尽量向前拉伸。

② 难点:向前拉伸时,大小腿贴近地面。

活动中的问题及解决方法见表 6-15。

表 6-15　问题与解决方法

问题	解决方法
向前拉伸时膝盖翘起	练习坐位体前屈,用弹力带固定在膝关节上方
向前拉伸弓背	引导幼儿下巴向前延伸,胸腔着地

二、人造拱桥

1. 活动目标

拉伸幼儿大腿后侧肌肉。

2. 活动准备

平坦的地面。

3. 活动方法

两个幼儿面对面站立,双脚分开与肩同宽。两个幼儿分别将手臂搭在对方的肩胛骨上,让身体前倾下压。

4. 活动规则

幼儿在下压时,手不能离开对方的肩膀。

5. 拓展与变化

① 两个幼儿两腿并拢站立并搭肩下压。

② 两个幼儿两腿打开站立并搭肩下压。

6. 活动重难点

① 重点:拉伸大腿后侧肌肉。

② 难点:两个幼儿共同发力以达到锻炼效果。

活动中的问题及解决方法见表 6-16。

表 6-16　问题与解决方法

问题	解决方法
搭肩的手滑落	缩短两个幼儿面对面站立的距离
身体下压严重	幼儿双臂伸直,不能弯曲

三、青蛙趴

1. 活动目标

锻炼幼儿股内肌的柔韧性。

2. 活动准备

瑜伽垫。

3. 活动方法

幼儿趴在瑜伽垫上,双腿折叠外展,使臀大肌尽量坐在大腿上。双手贴着瑜伽垫向前伸展,大腿内侧尽可能贴在瑜伽垫上,模仿青蛙的姿势,保持20秒左右,可重复做3次。

4. 活动规则

幼儿在青蛙趴时不能塌腰或者拱腰。

5. 拓展与变化

① 幼儿可以在活动中模仿青蛙叫以加强代入感。

② 幼儿在青蛙趴的同时可以唱儿歌或者朗诵诗。

6. 活动重难点

① 重点:幼儿在青蛙趴时要打开胯部。

② 难点:幼儿在青蛙趴时不能塌腰拱腰。

活动中的问题及解决方法见表6-17。

表6-17 问题与解决方法

问题	解决方法
青蛙趴时塌腰	以手肘支撑,腹部发力
青蛙趴时拱腰	身体趴不到地面时可以把瑜伽垫折起给予支撑

第七节 速度类体适能练习

一、接力跑

1. 活动目标

锻炼幼儿的跑步速度,培养幼儿集体主义精神。

2. 活动准备

跑道2条,接力棒2根。

3. 活动方法

将幼儿均分为 2 队。听到"开始"口令后,排头的幼儿持棒在起跑线起跑,绕过标志桶后将接力棒交给第二个幼儿。所有幼儿依次进行,最先跑完的队获胜。(如图 6-13 所示)

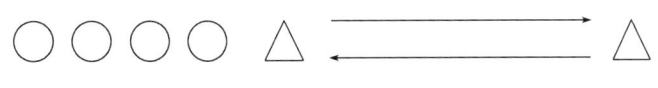

○ ○ ○ ○ △　　　　　　　　△
　幼儿　　标志桶

图 6-13 "接力跑"游戏

4. 活动规则

幼儿在起跑及接棒时不准越线,不准抛接。

5. 拓展与变

① 根据幼儿具体的身体情况设定跑的距离。

② 可设置蛇形跑路线。

6. 活动重难点

① 重点:在跑步接力途中接力棒不能掉落。

② 难点:快速变向跑;传接力棒时要相互配合。

活动中的问题及解决方法见表 6-18。

表 6-18 问题与解决方法

问题	解决方法
接力跑时掉棒	原地练习交接棒练习
接力跑速度慢	幼儿之间相互鼓励

二、猎豹捕食

1. 活动目标

发展幼儿快速起跑的能力。

2. 活动准备

标志桶 2 个。

3. 活动方法

将幼儿分为 2 组,第一组幼儿趴在起跑线标志桶前,听到"开始"口令后,迅速起身跑。第二组幼儿背对着平躺于起跑线标志桶前,听到"开始"口令后,迅速起身跑。

4. 活动规则

幼儿在活动时不得提前起身抢跑,不得进入别人的跑道。

5. 拓展与变化

① 起跑前的姿势可以变换成俯卧加起跑。

② 两个幼儿用"石头剪刀布"的方式决定活动中的角色,赢了的幼儿先跑,输了的幼儿在后面追。

6. 活动重难点

① 重点:幼儿在趴或平躺起身后加速跑。

② 难点:幼儿在趴或平躺起身后控制身体的协调性。

活动中的问题及解决方法见表6-19。

表6-19 问题与解决方法

问题	解决方法
平躺翻身速度慢	原地练习平躺左右翻身滚
起跑速度慢	原地摆臂小步跑并加速

三、绕桩冲刺

1. 活动目标

提高幼儿的跑步速度和变向跑能力。

2. 活动准备

标志桶若干。

3. 活动方法

将幼儿分为数量相同的2组,站在起跑线后。幼儿听到"开始"口令后,跑到标志桶处并绕桶一圈,继续向前跑至终点后,下一个幼儿继续跑,最先完成的组获胜。

4. 活动规则

幼儿在活动中不能碰倒标志桶,不能抢跑。

5. 拓展与变化

① 根据幼儿的身体情况增加标志桶数量。

② 绕标志桶一圈可换成摸标志桶后继续跑至终点。

6. 活动重难点

① 重点:绕桩冲刺的速度。

② 难点:绕桩后的起跑加速。

活动中的问题及解决方法见表6-20。

表 6-20 问题与解决方法

问题	解决方法
绕桩速度慢	原地绕桩由慢到快
绕桩后跑步速度慢	快慢交替小步跑

第八节 协调类体适能练习

一、上下套娃

1. 活动目标

训练幼儿的反应能力和协调能力。

2. 活动准备

套圈一个。

3. 活动方法

幼儿站成一排。第一个幼儿将套圈从头到脚套下，接力给第二个幼儿。第二个幼儿将套圈从脚到头套上，并传递给下一个幼儿，以此类推。

4. 活动规则

幼儿依次按照从上到下、从下到上的规则进行套圈。

5. 拓展与变化

① 幼儿由站立到半蹲状态进行活动。

② 幼儿由半蹲状态到全蹲状态进行活动。

6. 活动重难点

① 重点：幼儿要保证套圈的流畅性和速度。

② 难点：幼儿要清楚套圈的顺序流程。

活动中的问题及解决方法见表 6-21。

表 6-21 问题与解决方法

问题	解决方法
套圈动作不连接	幼儿单独练习从头到脚，再从脚到头套圈的动作，熟练后再进行活动
套圈动作不协调	幼儿先做徒手练习，即不用圈，做上举和下蹲的分解动作，然后做上举下蹲的连贯动作

二、投球小能手

1. 活动目标

发展幼儿投掷能力,提高幼儿投掷兴趣。

2. 活动准备

标志桶2个,纸箱2个,小球若干。

3. 活动方法

幼儿站在标志桶前,听到"开始"口令时,将手里的小球连续向纸箱内投送,投入箱内小球最多者获胜。

4. 活动规则

幼儿在投球时不准超过投掷标志桶,身体要直立不能前倾。

5. 拓展与变化

① 幼儿听口令进行开合跳,同时进行投掷。
② 幼儿听口令进行原地转圈,转一圈投一次。

6. 活动重难点

① 重点:幼儿要将小球投掷到纸箱。
② 难点:要确保幼儿投掷的准确性。

活动中的问题及解决方法见表6-22。

表6-22 问题与解决方法

问题	解决方法
投掷不中	缩短投掷的距离
投掷时身体前倾	设置投掷线,投掷时身体不能触线

三、旋转木马

1. 活动目标

锻炼幼儿的下肢力量,提高幼儿的爆发力。

2. 活动准备

标志桶若干。

3. 活动方法

将标志桶摆放成圆形。幼儿手牵手围绕在标志桶外圈,听到"开始"口令后,顺时针绕标志桶转圈;听到"下蹲"口令后,幼儿手牵手下蹲,逆时针转圈,直到听到喊"停"为止。

4. 活动规则

转圈下蹲时幼儿的手不能松开,转圈时方向一致。

5. 拓展与变化

① 幼儿手拉手跟随音乐进行活动,音乐停止后模仿动物动作。

② 幼儿手拉手转圈,听到"123 木头人"时保持不动。

6. 活动重难点

① 重点:幼儿之间要默契配合。

② 难点:幼儿在绕圈和下蹲时要具备快速反应能力。

活动中的问题及解决方法见表 6-23。

表 6-23 问题与解决方法

问题	解决方法
下蹲速度慢	幼儿借助牵手时一起下拽的力量辅助下蹲
下蹲步调不一致	在听到口令时,幼儿一起喊出"蹲",同时做下蹲动作

思考与练习

1. 根据本章内容,简述"健康相关体适能"与"运动技能相关体适能"的区别。

2. 某幼儿园中班教师计划设计一场以"敏捷性"为目标的体适能活动,但发现部分幼儿在"绕桩冲刺"游戏中频繁碰倒标志桶,且兴趣不高。结合本章内容,分析可能的原因(至少 2 点),并提出改进措施(如调整规则、优化器材等)。

3. 结合《"健康中国 2030"规划纲要》,论述体适能活动在提升学前儿童体质健康中的作用,并说明幼儿园如何通过家园合作推广体适能教育。

4. 针对大班幼儿,设计一项以"协调性"为核心的体适能活动,要求包含活动目标、准备、方法、规则及拓展变化。

5. 某教师在"支撑传递"活动中发现幼儿支撑时身体频繁落地。根据表 6-7 的解决方法,若采用"跪姿俯卧撑"加强手臂练习,请具体说明实施步骤,并补充其他可能的辅助训练方法。

第七章 幼儿园体育教育活动设计与组织

本章概述

本章系统阐述了幼儿园体育教育活动的科学设计与有效组织方法,旨在通过理论与实践相结合的方式提升幼儿体育教育质量。本章聚焦活动设计,详细解析了活动目标的多维度内容,并强调目标设置需基于幼儿现状、活动价值及重难点分析;同时,结合循序渐进、主次有序等原则,梳理了活动流程的结构化设计。围绕活动组织,从前期准备、实施过程中的教师主导与幼儿主体性平衡,到活动后的全面反思与专题分析,构建了完整的组织框架。通过集体体育教学活动案例的观摩与评析,提炼出自主选择、适度挑战、安全指导等教学特点,为教师提供实践参考。全章注重科学性、系统性与可操作性,强调通过合理设计与规范组织,促进幼儿身体机能、心理素质及社会能力的全面发展,助力幼儿园体育教育目标的实现。

学习目标

1. 理解幼儿园体育教育活动的设计原则与流程,掌握活动目标的多维度设定及流程设计的结构化方法。

2. 掌握幼儿园体育教育活动的组织策略,能够设计符合幼儿发展需求的体育活动教案。

3. 具备分析与评价集体体育教学活动的能力,能运用教育学与心理学理论剖析活动设计的科学性与实践价值。

第一节 幼儿园体育教育活动的设计

体育活动在学前儿童体育教学中扮演着重要角色。幼儿园从小班下学期开始,一直到中班和大班,每周都应安排一次体育活动。具体时间安排如下:小班每次活动10~15分钟;中班每次活动20~25分钟;大班每次活动25~30分钟。幼儿园在体育活动中,不仅要侧重于传授知识和技能,还要确保达到锻炼的目的。教学过程中,必须遵循人的认识规律以及动作和技能形成的规律。在进行身体锻炼时,特别要注意遵循人体生理机能活动变化的规律。幼儿园的体育活动必须与幼儿的身心发展特点相符合。既要注重教学效果,避免无计划、无要求的自由散漫活动;也要防止过度小学化或成人化的教学方式。

教学设计是根据课程标准提出的目标要求和教学对象的特点,对教学诸要素做有序安排,并确定合适的教学方案的预先设想。具体说,教学设计就是在明确了为什么教的前提下,具体解决教什么、怎么教以及怎么教得更有效的问题,是一个把抽象的教学原理转化为可操作性程序的过程。具体到体育教学设计来讲,它是一个在准确分析体育教材和学生特点的基础上,设置教学目标,确定教学内容,拟定教学策略,选择教学方法,设计教学步骤的过程。这是一个系统规划教学活动的过程,是一个应用系统方法分析体育教学系统中各要素之间的内在联系,并策划一套具体的操作程序使各要素有机结合,有序运行,以达成体育教学目标的过程。

一、活动目标设计

活动目标是指通过教师教学和幼儿学习互动过程所期望达到的结果。学习内容不仅是实现课时目标的途径,也是载体,对目标设置具有决定性影响,因此要准确分析学习内容的价值、特点及其重难点,为设置课时目标提供依据和参考。只有深入理解活动内容的难度、健身价值和教育价值,并在此基础上科学合理地设置课时目标,这些目标才具有实现的可能性。课时目标一旦确定,将对课堂教学活动的设计起到引领和定向作用,确保教学活动的设计有助于课时目标的实现。

(一)幼儿园体育教育活动目标的内容

1. 身体发展目标

(1)促进身体形态结构和机能的发育,使无生理缺陷和慢性病幼儿的身高、体重、胸围、血红蛋白、血压、心率、视力等指标均正常,姿势良好。

(2)全面发展基本体能,做到力量、速度、灵敏、平衡等运动素质均达到各地区规定的合格标准。走、跑、跳、投等基本运动能力均达到以下要求:

① 走:步幅、步频均达到各地区制定的正常值,落地柔和,无八字脚、擦地、垫脚等缺陷。

② 跑:蹬地较有力,步幅正常,落地较轻,屈臂前后自然摆动,在快跑中能较好地控制跑动方向。6岁时20米直线快跑不慢于6秒。

③ 跳:初步掌握双脚向不同方向跳、单脚连续跳、跨跳等基础的跳跃动作;起跳蹬地有力,蹬摆协调;落地轻柔、稳定。6岁时立定跳远不少于90厘米,单脚连续跳在15米以上。

④ 投：初步掌握滚、抛、推、掷、击等动作，投出时全身能协调用力，挥臂有力快速，能初步控制投掷方向。6岁时双手腹前抛球（重300克）在4.5米以上，单手投沙包（重150克）男童在5米以上，女童在4.5米以上。

（3）培养对自然环境的适应力，对寒冷、炎热、日晒和气温的急剧变化有一定的适应能力。

（4）促进心理健康，情绪愉快，对不良的情绪刺激有一定的耐受力，能适应幼儿园生活，与同伴和睦相处。

2．智力素质发展目标

（1）能掌握已学过的运动动作和游戏的名称、方法与基本要求，能说出身体主要部位的名称和功能，能记住所学的运动安全知识和卫生知识。

（2）促进感知觉发展，能识别上下、前后、高低、远近、大小、先后、快慢、横竖、平直、宽窄，发展自身运动的速度、力度、节奏、体位和幅度的知觉能力。

（3）发展观察意识和观察能力，能在成人引导下，根据活动目的，正确地选择观察对象、观察部位和观察位置，观察时有一定的顺序性，在观察过程中能有意识地去分析和判断。

（4）发展注意能力，在活动中能较好地集中注意，一般不受无关因素的干扰而分散注意力，能初步按照活动要求及时转移注意力。

（5）发展直觉思维、操作性思维和形象思维，发展思维灵活性、敏捷性和创造性，在活动中爱思考，能主动想办法做好动作和游戏。

（6）发展想象力、联想力、迁移能力和移情心理。

（7）发展模仿能力。

（8）发展创新能力，做到喜欢尝试新的运动，能主动变化运动动作、活动策略和玩法。

3．道德素质发展目标

（1）培养责任感，能认真完成活动任务与要求。

（2）能主动遵守活动常规，认真遵守规则。

（3）尊敬教师，服从教师的指导。

（4）尊重同伴，能注意听取同伴的意见，尊重同伴的愿望；能关心和帮助同伴，有谦让精神，不争运动器械、游戏角色和活动的先后；能与同伴合作，友好相处，有一定的处理纠纷的能力。

（5）热心服务。

（6）培养友好竞争精神。做到喜爱比赛，关心胜负，有意愿提高自己的运动能力；自己胜利时不骄傲，别人胜利时能主动去祝贺，别人失败时不讥笑并能主动去鼓励。

（7）培养坚强的意志。做到活动中遇到困难能努力克服，出现失误或失败不泄气，不退缩，不埋怨别人。

（8）爱护玩具和运动器械，能注意维护运动场所和周围环境的卫生，保持卫生整洁。

4. 审美素质发展目标

(1) 能初步识别身体姿势的美与不美,在教师帮助下养成健美的姿态。

(2) 培养审美感受力和审美情感,能初步感受动作美,力量、灵敏、速度、平衡等运动素质美,运动的节奏美,并且有发展上述美的愿望。

5. 个性心理素质发展目标

(1) 具体地了解自己的身高、体重等形态指标和跑、跳、投等基本运动能力的发展指标并有较强的发展它们的愿望。

(2) 培养体育兴趣和习惯,做到爱做操,爱做游戏,爱和同伴一起参加体育活动。

(3) 发展自信心、自尊心和自立性。相信自己的能力,喜欢并勇于说出自己的愿望和意见,不迎合别人,乐于表现自己的才能;受到歧视、侮辱和伤害时,敢用正当的方法去反抗;在活动中自己能做的事自己去做,不依赖别人。

(4) 发展自我认识、自我评价和自我调控意识与能力。做到知道自己主要运动能力,能注意对自己基本运动能力和体育行为进行评价,对自己在体育活动中的行为能有一定的评价和自控能力。

(5) 发展行动的目的性和计划性。在活动中能先想想做什么,怎么做,然后再去做,少一些行动的冲动性、盲目性和无序性。

(二) 幼儿园体育教育活动目标的明确

1. 分析幼儿现状

分析幼儿现状是设置目标、选择内容、设计教法等的基本依据。一般应从幼儿的体育素养现状(如体能、技能发展水平等)、心理发展特点等方面着手。

2. 分析活动价值

教师应充分挖掘体育活动的健身和教育价值,通过身体运动促进幼儿的全面健康发展。一般可从健身性和教育性两个方面对活动价值进行分析。不同活动的教育价值是存在差异性的,如体操教学中特殊的保护帮助手段对培养幼儿协作互助精神有良好作用;耐力跑对培养吃苦耐劳精神和坚毅的意志品质效果良好。

3. 分析活动特点

不同的活动内容具有不同的特点。从主导运动能力的角度看,活动内容具有体能性或技能性的特点;从动作属于人为创编还是与生活相联系的角度看,活动内容具有创编性或生活性的特点;从运动项目的竞技特征看,活动内容具有对抗性或表现性的特点;从动作的难度特征来看,活动内容具有一学就会和多学才会的特征等。除此之外,从学习掌握技能的途径这一角度看,有些技能具有自主习得性特征,即幼儿随着年龄增长和生活经验积累便可自主形成动作技能;有些技能具有模仿习得性特征,即该类动作是创编的,模仿跟做是学习这类动作的主要途径,如体操、武术里面的许多动作,主要依靠模仿学习。

4. 分析活动重难点

教学活动的重点决定了教师的教学着眼点和着力点。运动技能活动的重点通常是关键技术环节或动作要领。教师需要准确把握重点,设计有效的学练方法,并合理安排教学步骤和辅导纠错。活动的难点可能因学习对象和学习阶段的不同而变化,教师应在教学中观察、适应,并根据具体情况确定活动难点。

(三)幼儿园体育教育活动目标的设置

在具体教学活动中,体育活动目标通常包括以下几个方面:

1. 知识与技能

目标应具体明确,体现条件、行为和标准等要素,确保目标具有可观测性和可评价性。

2. 体能

目标应体现教师对幼儿体能素质和运动能力发展的具体预期,与活动特有的锻炼价值保持一致,表述要具体准确。

3. 情意

目标通常涵盖情感调控、意志品质、合作精神和竞争意识等方面。

4. 体育道德

反映对幼儿体育精神的培养预期,与学科德育密切相关,目标应与学习内容的教育价值相一致,避免主观臆断。

目标设置应面向全体幼儿,应是大多数幼儿通过学练活动能够达到的结果。在对幼儿运动技能水平比较了解的情况下,可对不同水平的幼儿提出有所区别的技能方面的目标要求。

在目标的具体表述上,可以用幼儿发展指标的形式表述,直接明确地展现体育目标的实质,展现幼儿体育素质的发展方向。如"记住……学会……初步掌握……",同时要求包括行为内容和掌握程度。如"培养运动创新能力,做到喜欢尝试新的运动,能主动变化运动及活动策略和玩法"。此外,文字上力求准确生动、通俗易懂,便于教师全面具体地掌握全部目标内容,增加全面目标意识。

二、活动流程设计

(一)活动流程设计原则

1. 循序渐进原则

活动中的各项内容应根据难易程度、复杂性和强度大小,遵循由易到难、由简到繁、由小到大的顺序。这有助于学习活动循序渐进,逐步深入,运动强度也应由小到大,渐次增强。

2. 承上启下原则

各个练习的顺序要符合逻辑关系,练习间的衔接应自然、紧密,避免时间和空间上的间隙。上一个练习的结束应尽可能成为下一个练习的开始,以节省调整和组织教学的时间,提高练习密度。

3. 形式简洁原则

练习内容的形式应简洁、实用,避免华而不实和形式主义。应充分利用现有器材,确保器材物尽其用,实现一物多用。

4. 主次有序原则

体育活动由多个练习组成,但每个练习的作用各异。应确保各种练习主次有序,合理搭配,分量适当,相辅相成,以达到最佳教学效果。

(二)活动流程的结构及其设计

体育活动的结构是指一次活动教学环节的安排以及时间分配等。根据人体生理机能变化的客观规律,体育活动通常包括三个部分,即准备部分、基本部分和结束部分。

1. 准备部分

准备部分时间约占活动总时间的15%～20%。主要目的是用较短时间将幼儿组织起来。吸引幼儿注意力,简单交代活动的内容和要求,从心理上、生理上动员幼儿,逐步提高幼儿大脑皮层兴奋性,使之情绪饱满地开始进行活动。

准备部分的主要内容包括以下:

(1)常规练习:站队、集中听讲、服装整理、情绪调整;

(2)一般性准备活动:身体各部分充分活动,提高生理机能;

(3)专门性准备活动:针对课的基本内容编排。

导入部分的常用方法有以下:

(1)语言法。语言法就是教师运用语言导入新内容,常用方法有开门见山、温故知新、提问设疑、创设情境、故事导入。

(2)演示法。演示法就是教师运用演示的方法导入新内容,常用方法有教师示范、学生示范、展示图片、播放视频。

(3)游戏法。游戏法就是教师通过一个小游戏导入新内容。例如在大班活动《袋鼠摘果子》中,教师可利用袋鼠头饰导入,激发幼儿的兴趣,通过向幼儿提问:"小朋友看,谁来了呀?你们知道袋鼠是怎么走路的吗?"引出本次活动主要的游戏角色——袋鼠,并引发幼儿的活动兴趣,接下来教师分发口袋,引导幼儿钻入布袋扮成袋鼠自由跳跃,为活动的基本部分做好心理上的准备。

2. 基本部分

基本部分时间约占活动总时间的60%～70%。主要目的是完成活动的教学内容、学习新知识、重点复习旧知识、掌握动作技能、提高身体素质、培养良好的品德。

教学内容安排要点包括以下:

(1)新知识要安排在活动的前半部分。这时,幼儿情绪饱满、精力充沛、注意集中;一些程度剧烈、兴奋度高的体育游戏可放在活动的后半部分。这样的安排既便于幼儿很快掌握动作,又可达到一定的锻炼要求。

(2)运动量逐渐加大,有节奏、练习与休息交替,控制活动的密度和运动量。每次练习后应根据幼儿的实际情况决定休息时间的长短。一般情况是:天气较冷或活动量不大时,休息时间可短一些;天气较热或活动量较大时,休息时间可长一些。

(3)各种练习交替,避免长时间一种练习、一种身体姿势使幼儿疲劳。

3. 结束部分

结束部分时间约占活动总时间的10%。主要目的是放松肌肉,尽快消除疲劳,使身体由运动状态逐渐恢复到相对安静状态,有组织地结束一节活动。结束部分常用的方法分为两种,一是放松身心的方法,二是总结评价的方法。

(1)身心放松

① 主动放松。主动放松是指教师带领幼儿做一些舒缓、轻柔,负荷较小的活动,使幼儿在活动中逐渐平静下来。如放松性的徒手操、简单的舞步、抬高肢体后放松地放下、轻松有趣的游戏、轻轻地抖动肢体、静力拉伸肌肉韧带等,都可以促使幼儿主动放松身心,是体育活动结束部分常用的放松整理方法。

② 被动放松。被动放松是通过外部用力放松身体的方法。教师可把幼儿分成两人一组,令其互相按摩、拍打需要放松的部位。如互相拍打背部,互相抖动上肢等。被动放松不仅可以起到放松肌肉的作用,还具有加强幼儿之间交往的作用。

③ 意念放松。在教师暗示下引导幼儿意念放松也是一种有效放松身心的方法。教师可在轻缓音乐的背景下,让幼儿坐下或采取站立姿势,闭上眼睛,放松身体,教师用一套暗示性语言,帮助幼儿放松身心,暗示语如:我躺在阳光下的草地上,微风拂过我的身体,我全身非常放松,舒服极了,我快要睡着了……

(2)总结评价

教师归纳总结活动,对幼儿活动进行简单的表扬批评,布置相关延伸活动。

体育活动的结构不是一成不变的。各个部分的内容、顺序、时间等,应根据教学的任务、内容、幼儿的具体情况,以及气候、场地、器械等实际条件,灵活安排。体育活动的这三个部分既有区别,又相互联系。上一部分是下一部分的准备,下一部分是上一部分的自然延续。各部分虽有自己的任务,但又互相配合,共同完成一个活动的任务。

三、活动教案设计

幼儿园体育教育活动设计中,常用的教案设计有文本式和表格式两种。以下提供具体可参考的案例。

(一)文本式案例

中班体育活动"森林历险记"

1. 设计意图

体育活动能促进幼儿身体的正常发育和身体能力的发展,增强体质,发展幼儿基本动作,使他们动作灵敏、协调、姿势正确。教师要充分利用生活中最常见的材料开展各项有趣的活动,此次游戏材料选用了家中最常见的一次性纸杯进行游戏,创设游戏情境,根据故事线索和情节的发展,激发幼儿参与的积极性,并进一步提高其多种运动能力。

2. 活动目标

(1) 积极参与游戏"森林历险记",体验游戏带来的乐趣。

(2) 学习遵守游戏规则,养成良好的规则意识。

(3) 能够利用走、跑、跳等基本动作进行游戏,掌握游戏的玩法。

3. 活动准备

纸杯、坐垫、纸球、盆。

4. 活动方法

(1) 开始部分:热身运动(教师边示范边讲解)

教师:慢慢走起来——加速走——跑起来。

教师:前面有大石头——迅速跳起,又是大石头——跳起。大石头——跳起。

教师:哎呀——龙卷风来了,呜——原地转一圈,风很大——再原地转一圈,转转转。

教师:哇,遇到山洞了——原地蹲下,起来,蹲下,起来。再来(3次)(蹲下向前走,像鸭子一样走)。

教师:大蟒蛇!——快原地趴下!(匍匐前行)好,安全了!

教师:小朋友是不是有点累?让我们慢慢地走起来,深呼吸,继续前进。

教师:看!天上有小鸟在飞,我们也学着飞一飞(4次)。

教师:小心!地上有一群蚂蚁在找食物,不要踩到啊(4次)(抬高脚慢慢走)。

教师:嗨!啄木鸟,你在帮大树捉害虫吗?(边向左看边招招手)大树爷爷,您好!(向右看招招手)

教师:注意!前面有一根藤蔓,我们要侧身躲开它(侧身压腿);另一边还有!

(2) 基本部分:游戏环节(教师介绍游戏材料,并示范讲解游戏玩法)

教师:森林里很惊险啊,小勇士们太厉害!

小精灵:小勇士们,快帮帮我们,我们遇到危险了!

第一关:清理障碍物

教师:森林里来了一只黑暗精灵,把好多小动物抓到了他的黑暗城堡里,小勇士们,让我们一起把它们救出来吧!向着城堡出发!(原地奔跑)

教师:(蹲下)看!前面有一座独木桥(榻榻米垫子或者小凳子),可是桥上堆满了石头(纸杯),要把这些石头一个一个运回盆里,小勇士要小心一些,不要让黑暗精灵发现。开始……

教师:(示范)小心,不要摔倒!

教师:你们真棒,让我们快速穿过独木桥

第二关:巧运毒蘑菇

教师:小勇士们,快看,这一片毒蘑菇挡住了我们的去路,怎么办?不能用手清理,不然会中毒！那用什么呢？用脚试试吧？脚上穿的鞋子会保护我们的。这里需要一个盆，摆上一片毒蘑菇，你们摆好了吗？

教师：（示范）我们要这样，平坐地面，双手向后撑地，双脚夹起一边的毒蘑菇运向另一边的盆里，记得双腿不要落地哦！看谁夹得多！

教师：难度增加，每次清理两个毒蘑菇，让我们再来试一试。

教师：终于清理完了所有的毒蘑菇，我们已经迫不及待地要去救出小动物了！快和我一起跑起来！（由慢到快）加速。

教师：小心！前面有一个山洞，要这样穿过山洞。（鸭子走）咦，这是什么？一个陷阱，这里有地雷！

第三关：小心地雷

教师：我们可不能碰到地雷，要小心，你们的地雷准备好了吗？

教师：（示范）平坐地面，两手向后撑地，双腿平放于两个地雷的中间，跟着音乐节奏，由慢到快，依次抬腿交替越过地雷。开始……

教师：（示范）躲过了两个地雷，难度增加，这里还有三个地雷，让我们再来一遍！

教师：成功地躲过了所有的地雷，让我们快快穿过山洞吧！（鸭子走）（继续奔跑）我们马上就要到达城堡了，小勇士们！加油哦！

教师：（慢慢由跑到走，原地踏步走）（举手观望）

教师：看！这就是黑暗精灵的城堡，要想救出小动物们，就要摧毁城堡，这里有纸球做的炮弹，快去摧毁城堡大门，救出小动物吧！

第四关：摧毁城堡

教师：请你也摆好你的城堡，可以用其他玩具来当炮弹。

教师：站在安全线后面，用一只脚把球踢向城堡，看谁能把城堡大门全部摧毁！（第一道城门已经被攻破）

教师：这里是第二道城门，它更加坚固，必须两手叉腰，双脚夹住纸球，向上用力跳起并丢出纸球，摧毁城堡最后一道大门。开始！（教师示范）

（3）结束部分

教师：耶！小勇士们，你们真的太棒啦！让我们送小动物们回家吧！

放松拉伸：（教师示范）

① 快速抖动身体

② 捏锤四肢。

③ 全身拉伸。

④ 调整呼吸，张开双臂拥抱美好的大自然。

结束语：

亲爱的小朋友们，今天我们成功地救出了所有的小动物，小勇士们都很勇敢！下次你们可以和爸爸妈妈或者小伙伴继续去海洋、宇宙里探险，看看在那里会遇到什么更有意思的事情吧！小朋友们，再见！

(二)表格式案例

表 7-1 袋鼠摘果子

班级:中班	课次:第___次 人数:___	任课教师:				
教学内容	双腿跳跃					
教学目标	1. 知识目标:练习两腿并拢跳过不同高度和宽度的障碍物 2. 能力目标:掌握双腿跳跃技能 3. 情感目标:形成勇敢坚强的优秀品质,体验体育游戏的乐趣					
教学重点	掌握双腿跳跃的技能					
教学难点	能双腿并拢跳过不同高度和宽度的障碍物					
教学方法	讲解法,练习法,游戏法					
课程部分	教学内容	组织教法和学法			练习	
^	^	教师活动	学生活动	组织示意图①	时间	强度
开始部分	课堂常规	1. 组织幼儿站队 2. 师幼问好 3. 讲清上课规则与纪律,提醒幼儿活动时注意安全	1. 按照教师要求站队 2. 向教师问好 3. 认真倾听教师所讲注意事项	△ ××××× ××××× ××××× ×××××	1分钟	小
准备部分	热身操(各2×8拍): 晃晃手(活动手指) 转转手腕(活动手腕) 摇摇手臂(活动手臂) 扭扭腰(扭腰) 扭扭脚腕(扭脚腕) 左右边压压(侧压左右腿) 前边压压(弓步压左右腿)	1. 播放音乐 教师:"今天天气真好啊,我们一起晒晒太阳做做操吧!" 2. 在音乐背景下带领幼儿做操	跟随音乐节奏以及教师示范的动作做操。目的:热身,活动关节,避免受伤	△ ××××× ××××× ××××× ×××××	3分钟	中
基本部分	教学内容		教学组织			
^	一、头饰导入,激发兴趣 1. 出示袋鼠头饰,引出活动主题 2. 分发口袋,幼儿自由练习袋鼠跳		一、情境导入 1. 教师创设情境,幼儿认真倾听,能够回答出教师的问题 2. 幼儿自由练习,教师实时指导		3分钟	中
^	二、设置游戏情景:练习两腿并拢跳过不同高度和宽度的障碍物 教师:春天来了,袋鼠妈妈要带着小袋鼠去摘果子啦。可是在路上可能会有很多的困难,有篱笆、小河,如果小袋鼠们没有本领行不行?那小袋鼠们赶快来学本领吧。		二、练习两腿并拢跳过不同高度和宽度的障碍物 1. 教师介绍场地和规则。 2. 幼儿练习,教师巡回指导。 3. 让幼儿展示自己是怎样跳的,并积极表扬。		9分钟	大

---

① △代表教师,×代表学生。

(续表)

	教学内容		教学组织		
基本部分	1. 组织幼儿列队准备出发 2. 师幼共同观察行动路线，明确动作要求和规则 3. 第一次摘果子 4. 交流反馈，同样路线返回 5. 第二次摘果子 行动路线：小袋鼠要一个接一个地跳过高低不同的篱笆、不同宽度的小河，尝试用多种方式通过草地。 规则：看哪一队先到达目的地，能摘到较多的果子。		注意：在这个过程中教师要观察幼儿活动情况，及时发现能力稍弱的幼儿，给予帮助、鼓励。幼儿全部到达目的地，将果子摘完之后，教师组织幼儿交流怎么才能更快更安全地到达目的地，然后带领幼儿按同样路线返回。		
	三、游戏：跳山羊 1. 师幼明确游戏规则 一组幼儿扮演袋鼠，一组幼儿扮演山羊，扮演袋鼠的幼儿要跳过躺下的山羊。 2. 幼儿分组、分角色游戏 3. 交换角色继续游戏 4. 教师总结肯定幼儿在游戏中的勇敢表现		三、跳山羊	6分钟	大
结束部分	四、放松身体、活动结束 1. 放松身体 根据音乐放松全身，调整呼吸。双手举过头顶，双手合十，身体向左右各伸展一次。手叉腰，双脚开立，一腿弓步一腿伸直，双手合十举过头顶，弯曲腰部 2. 活动结束	四、放松身体、活动结束 1. 放松活动 教师：小朋友们今天累不累啊？我们一起做一做放松运动吧。 2. 课堂小结 教师：今天小袋鼠可勇敢了，克服了好多困难，摘了这么多的果子。可是果子还没有洗，不能吃，现在我们一起去把果子洗洗吧。	四、放松身体、活动结束 1. 跟音乐（舒缓）一起做放松活动 2. 听教师总结，积极回应	△ ×××××× ××××××	3分钟	中
场地器材	垫子4块、大小不同玩具跨栏12个、大小不同鞋盒12个、幼儿每人一个布袋。袋鼠头饰，水果若干		平均心率	130~135次/分钟	练习密度①	70%~75%
课后小结						

---

① 练习密度指单位时间内练习的次数。

第二节 幼儿园体育教育活动的组织

一、活动前的准备

充分的活动前准备是确保体育活动顺利进行的关键。准备工作通常包括以下几个方面：

1. 了解幼儿情况

了解幼儿的体质、健康状况、动作发展和智能发展等方面。了解的方法可以包括个别谈话、家访，或实地观察幼儿的动作表现。

2. 学习与钻研教学参考

教师需深入学习教学参考资料，明确教材的意义、任务、特点、重点、难点和关键点。

3. 选择教学方法

在前两个步骤的基础上，结合本园活动场地和器械设备条件，选择适宜的教学方法。

4. 编写课时计划（教案）

根据教学目标和内容，详细编写教案，规划教学活动的每一环节。

5. 物质准备

教师需提前布置场地，准备所需的器材、教具和玩具，确保场地安全并符合卫生标准。同时，培养小助手以协助教学，并注意自身仪表和衣着，为幼儿树立良好榜样。此外，检查幼儿的衣着、鞋带、裤带等，确保幼儿的着装安全适宜。

二、活动中的组织

根据课时计划，教师在体育活动中的组织工作至关重要。以下是组织体育活动时应注意的几个步骤和要点：

1. 活动开始前的准备

(1) 将幼儿带到活动地点。

(2) 简要说明活动内容与要求。

(3) 集中幼儿注意力，调动幼儿积极性。

(4) 按计划排好队形。

2. 活动实施

(1) 学习或复习活动内容。

(2) 进行游戏或练习。

3. 活动结束前的整理

(1) 根据需要进行整理活动。

(2) 教师进行总结和讲评。

4. 提高教学质量的注意事项

(1) 教师要发挥主导作用,体现责任心、积极性调动和教学灵活性。

(2) 以幼儿活动为主,确保教学过程紧凑,安排合理,让幼儿有更多时间参与活动。

(3) 及时调整练习密度和活动量,根据幼儿反应和外部条件灵活应对。

(4) 对幼儿坚持严格要求,同时保持亲切感,使幼儿乐于接受指导。

(5) 重视思想品德教育和性格培养,确保幼儿遵守纪律,积极参与。

5. 室外活动的特殊考虑

(1) 在室外活动中,教师需要简明扼要地讲清要求,教育幼儿遵守纪律。

(2) 合理分配游戏角色,确保每个幼儿都得到锻炼和教育。

(3) 避免幼儿长时间等待,及时鼓励和表扬表现好的幼儿。

(4) 启发幼儿发扬团结友爱、互相帮助的精神。

三、活动后的反思

活动后的反思是对教学过程进行检查和评定的重要环节,它有助于总结经验、发现问题,从而不断提高教学质量。反思方法主要分为全面分析法和专题分析法两种。

1. 全面分析法

全面分析法是对活动质量的全方位评估,围绕活动的任务和要求进行。分析时要从教师和幼儿两个角度进行。

幼儿角度:评估活动的练习密度和活动量是否适宜;幼儿动作技能是否有所提升;思想品德教育效果;活动对幼儿性格培养的促进作用;幼儿的情绪状态等。

教师角度:评估活动前的准备工作是否充分;教师主导作用的发挥;教学能力(如示范、讲解)、组织水平和教法运用的效率。

最后,综合两个角度的分析,从幼儿的进步中看成效,从教师的教学中找原因。充分肯定成绩,总结成功经验,分析失败原因,并指出未来努力的方向,以做出准确的评价。

2. 专题分析法

专题分析法专注于活动某一方面的质量分析,如练习密度、活动量、精讲多练的实施情况、思想品德教育的效果等。有时,可以结合全面分析法和专题分析法,以获得更深入的反思结果。

第三节　幼儿园集体体育教学活动案例分析

一、集体体育教学活动观摩分析要点

精通集体体育教学活动的观摩与分析，对于教师及未来教师而言，是提升教学质量的关键因素之一。观摩分析集体体育教学活动，旨在揭示教学过程中的心理规律，并通过有意识的掌握与应用，促进教学效果。此过程涉及运用生理学和心理学知识，以分析教学成功与失败的原因，并探究教学过程中的生理与心理学基础。分析要点包括以下内容。

教学活动的心理规律：识别并理解体育教学中的心理动态，包括幼儿的情感、动机和注意力等。

生理学与心理学的应用：利用生理学和心理学原理，分析教学活动中幼儿的身体反应和心理状态。

成功与失败的原因分析：深入探讨教学成功或失败的原因，从生理和心理两个层面进行综合评估。

教师与幼儿心理活动的考察：重点研究教师的教学策略和幼儿的心理反应，以及它们如何影响教学效果。

知识体系的重建与更新：不断更新和重建教师的教育知识体系，以适应教学实践的需要。

教育学、体育理论及教学法的整合：将观摩分析的发现与教育学、体育理论和教学法理论相结合，实现理论与实践的相互验证和补充。

通过上述要点，教师可以更深入地理解集体体育教学的复杂性，提升教学策略，优化教学方法，最终实现教学目标。

二、集体体育教学活动观摩分析的形式与内容

集体体育教学的心理分析通常采取三种形式：第一，基于心理学原理的考察。依据心理学的科学体系和基本原理，广泛地考察教学中的心理活动，例如教学过程中的心理活动、幼儿的个性特征，以及教学和竞赛心理在幼儿中的表现等。第二，集体体育教学活动中的心理活动考察。专注于准备部分、基本部分和结束部分中幼儿的心理活动，分析不同阶段的心理特点。第三，专门的心理活动考察。针对集体体育教学心理分析的特定任务，深入考察教学中的心理活动，如幼儿的注意力、思维方式，以及不同年龄阶段学习技术动作的心理特点。

以下为第二种心理分析形式的内容纲要示例，供参考：

1. 集体体育教学准备部分

（1）组织幼儿注意力的方法及心理依据。

（2）常规练习和纪律对进行集体体育教学的影响。

（3）练习内容、时间、运动量的安排对调动幼儿积极性的作用。

（4）幼儿情绪、表现等。

2. 集体体育教学基本部分

（1）组织活动的目的性、流畅性和身体练习的有效性。

（2）激发幼儿求知欲、兴趣及社会动机的方式方法。

（3）识记规律在叫教学中的应用。

（4）引导幼儿积极思维及发展想象力的方法。

（5）幼儿掌握动作概念及技术的心理特点。

（6）教师言行对幼儿思维及动作掌握的影响。

（7）讲解与示范结合的合理性及其对动作掌握的影响。

（8）材料内容、运动量安排、教学方法对幼儿学习的影响。

（9）教学过程中高级情感、意志和个性的发展与培养。

（10）引导幼儿巩固新知识的方式方法。

（11）分组练习中幼儿的自觉性、自律性与创造性表现。

3. 集体体育教学结束部分

材料内容、运动量安排、教学方法对幼儿身心的影响。

除上述内容外，教学过程中，教师应持续观察和分析幼儿的学习态度、注意力、组织纪律性，以及教学环境对幼儿心理活动的影响。

三、集体体育教学活动观摩分析的步骤

1. 集体体育教学准备部分

掌握理论基础：熟悉相关的专项理论和体育、教育学、心理学知识。

了解教学内容：明确本次教学活动的具体内容和要求。

班级与教师情况：掌握班级特点、幼儿的身体条件、技能水平、思想状况和纪律性。

研究教案：深入分析教案中的目标、程序和方法的合理性。

2. 集体体育教学基本部分

观察记录：详细记录观察到的情况，确保记录的全面性和真实性，避免主观筛选。

教师行为观察：关注教师的言语、表情、动作以及这些因素如何影响幼儿的行为反应。

教学方法影响：观察教学方法对幼儿生理和心理活动的影响，并分析其规律性。

时间记录：记录活动的总时长以及幼儿实际参与身体练习的时间。

3. 集体体育教学结束部分

补充材料：根据需要补充相关资料，通过回忆整理课堂上可能遗漏的内容。

记录整理:系统整理观察记录,进行分析归纳,形成书面分析材料。
生理分析:课后分析应包括生理层面的讨论,如心率、面色等生理指标的测量和分析。

四、集体体育教学活动观摩分析案例

表 7-2 《有趣的梯子》观摩分析①

活动案例	活动评析
活动目标: 1. 体验手脚在竹梯上协调攀爬,发展幼儿的攀爬能力和平衡协调能力。 2. 体验在竹梯上勇敢攀爬的乐趣。 活动准备: 竹梯3架,轮胎若干,塑料滚动棒少许。 活动材料说明: ① 平地小桥:竹梯直接放置于地面,供幼儿在上面行走。 ② 斜桥:竹梯一端下方放置轮胎,另一端置于地面,使竹梯倾斜。 ③ 悬空桥:竹梯两端下方放置轮胎,使竹梯悬空,搭成桥。 ④ 滚动小桥:竹梯下方平均置放塑料滚动棒若干,竹梯可以前后滚动。	在讲述活动目标时,叙述的主体不一致。"体验"是幼儿主体,"发展幼儿"是教师主体,目标还可以更全面地概括活动中体验的幼儿发展的价值。建议修改为: 1. 通过攀爬竹梯的活动,协调手脚间的配合,发展攀爬和平衡能力。 2. 通过难度设置的变化,寻找各种适合自身的策略,帮助自己完成练习动作。 3. 不断提高对自己能力判断的水平,选择适宜的难度系数,并体验完成挑战后的喜悦。
活动过程: 一、开始部分 在场地中走步,听音乐做准备动作。 二、基本部分 难度设置:场地中提供三组平地小桥。 终点 起点 要求幼儿:在竹梯上自由练习,不要与自己前后练习的幼儿发生冲突;选择三组中人数较少的一组练习。 教师指导:教师讲解游戏要求,移动路径在三组小桥的起点处,调整排队情况。	1. 难度设置 在活动起始阶段,幼儿首先需掌握游戏的方法和规则。难度设置应从基础水平开始,为此提供三组平地小桥供幼儿自由体验,并练习竹梯攀爬技巧,熟悉活动规则。 幼儿角色与自由度: 幼儿在竹梯上行走的自由度体现在动作选择上。他们可以选择直立行走、蹲行或爬行;在竹梯两侧的支撑柱或横杠上行走,甚至跨越横杠逐步前进。 教师角色与职责: 活动初期,教师应设置较低难度,降低风险,允许幼儿自由练习和体验。 教师的主要活动路径应在三组游戏的起点处,关注幼儿分组的分配情况,对拥挤的队伍进行疏散,并指导幼儿进行自我反思,培养自我调控能力。 2. 幼儿尝试挑战阶段 设施设置: 斜桥下垫置一个轮胎,以增加难度(括号内数字表示垫轮胎的数量)。

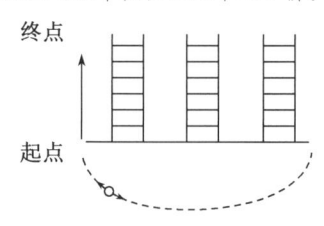

---

① 活动设计并执教:南京游府西街幼儿园
活动评析:南师大教科院2000级学生 程琳、许妮娜

(续表)

活动案例	活动评析
	难度递增设置为:平桥、斜桥、悬空桥、滚动桥,竹梯下垫置轮胎数量随之增加。 新增难度最大的练习内容安排在中间一组,而滚动桥特别设置在第三组。 斜桥　垫一个轮胎,表示为斜(1),括号内数字表示所垫的轮胎数 悬空桥 滚动桥 难度设置: 　　　　　平　　　平　　　平 　　　　　↓ 第一次　　平　　　斜(1)　平 　　　　　　　　　↓ 第二次　　斜(1)　悬　　　平 　　　　　　　　　　　　　↓ 第三次　　斜(1)　斜(2)　悬 　　　　　　　　　　　　　↓ 第四次　　斜(2)　斜(3)　悬 　　　　　　　　　　　　　↓ 第五次　　斜(2)　斜(3)　滚 幼儿要求: 幼儿应自主选择适合自己能力的练习材料,并有序进行活动。 教师指导: 主班老师需关注整体活动,同时特别关注新增难度的组别。 配班老师应提供个别指导,特别是针对动作技能发展较慢的幼儿。
三、结束部分 听音乐做放松动作。	活动评析 活动结束后,教师带领幼儿缓慢放松,渐渐恢复至平衡状态,同时做擦汗穿衣等卫生保健工作。
总体评析 本活动具有以下几个特点: 1. 自主选择与自我调控	

(续表)

活动案例	活动评析
教师将活动调控权交给幼儿,赋予他们充分的信任。幼儿在自我评估的基础上选择适合自己的活动方式和材料,并自行协调全班幼儿的活动秩序。这一过程中,幼儿不断提升自我认知能力,并学习遵守集体活动中的配合原则。 2. 适度挑战与逐步适应 教师精心安排难度递增的材料,并在引入新材料的同时保留旧材料。这种渐进式的难度设置既能激发幼儿的挑战欲望,又能保持他们对活动的热情。对于那些技能发展较慢的幼儿,这种设置也提供了一个逐步适应的空间。 3. 安全指导与个别关注 教师在活动中应特别注意自己的站位,确保在保障幼儿人身安全的同时,能够给予幼儿最有效的指导。教师需要关注每个幼儿的活动情况,特别是那些自信心强但可能粗心的幼儿,以及那些技能发展较慢或需要额外鼓励的幼儿。	

思考与练习

1. 请结合本章内容,简述幼儿园体育教育活动设计中"循序渐进原则"与"主次有序原则"的内涵及其在活动流程设计中的具体体现,并举例说明两者如何协同作用于教学效果的提升。

2. 以下为某中班体育活动"森林探险"的教案片段(基本部分),分析该活动设计中可能存在的安全隐患,并提出三条改进建议,需结合本章"安全指导与个别关注"相关内容进行说明。

活动内容:幼儿需跳过不同高度的"小河"(泡沫垫),钻过"山洞"(拱形门),最后攀爬"大树"(软梯)。

3. 假设需为大班幼儿设计一项以"团队协作"为主题的体育活动,请从"身体发展目标""道德素质目标"两个维度,分别拟定两条具体、可操作的活动目标,并说明设计依据。

4. 根据以下情境设计一份简化的表格式教案:

活动主题:小班"快乐小青蛙"

核心动作:双脚连续跳

活动材料:荷叶地垫、青蛙头饰、轻音乐

要求:包含"准备部分""基本部分""结束部分"的主要环节,并注明每部分的组织形式与时间分配。

5. 在组织幼儿园体育教育活动后,教师应如何进行有效反思?请结合"全面分析法"与"专题分析法",分别设计一个反思问题示例(如"幼儿的练习密度是否适宜"),并说明如何通过反思结果优化后续教学活动。

第八章 学前儿童体育课程资源的开发与利用

本章概述

本章系统探讨了学前儿童体育课程资源的开发与利用策略，强调通过多元化资源的科学整合促进幼儿身心全面发展。本章剖析了学前儿童体育课程资源的多样性、潜在性与多质性等特点，并依据来源、存在方式、功能及形态等维度对资源进行分类。从学前儿童体育的实践角度，提出对现代运动项目、民族传统运动活动和新兴运动项目，以及体育场地设施资源与人力资源的开发与利用。全章注重理论与实践结合，强调资源开发需遵循学前儿童身心特点，通过科学规划与创新设计，为幼儿体育教育提供系统性支持，助力其健康、协调、全面发展目标的实现。

学习目标

1. 理解学前儿童体育课程资源的内涵、特点与分类，并举例说明不同类别资源在体育活动中的独特价值。

2. 掌握现代运动项目、民族传统体育及新兴运动的开发策略，能运用简化规则、调整难度、改造器材等方法，设计兼具趣味性、安全性与教育性的幼儿体育活动内容。

3. 应用场地设施资源的开发与利用原则，能够根据幼儿园实际条件合理改造场地，创新设计多功能器材组合方案。

4. 明确幼儿园教师、幼儿、家长及社区体育工作者的角色分工，通过案例分析提出有效策略，保障体育活动的安全性与实效性。

第一节　学前儿童体育课程资源概述

学前儿童体育资源是一切能够支持和拓展学前儿童体育功能的事物的总称。广义的学前儿童体育资源指有利于实现学前儿童体育目标的各种因素,狭义的学前儿童体育资源则仅指形成体育与健康学习内容的直接来源。具体来说学前儿童体育资源是学前儿童体育活动设计、实施和评价等整个体育过程中可利用的一切人力、物力以及自然资源的总和,包括教材、教师、学生、家长以及学校、家庭和社区中所有利于实现学前儿童体育目标,促进幼儿园教师或学前儿童体育活动组织者、指导者专业成长和学生有个性的全面发展的各种资源。

一、学前儿童体育资源的特点

(一) 多样性

学前儿童体育资源涉及体育教学与生活环境中一切有利于达成课程目标的资源,资源具有广泛多样的特点。不同的地域,可开发与利用的学前儿童体育资源不同,其构成形式和表现形态各异;不同的文化背景下,人们的价值观念、道德意识、风俗习惯、宗教信仰等具有独特性,相应的学前儿童体育资源各具特色;活动性质、规模,场地器材以及体育教师素质的不同,活动组织者和指导者可以开发与利用的学前儿童体育资源自然有差异;幼儿个体的家庭背景、智力水平、体能水平、生活经历的不同,可供开发与利用的学前儿童体育资源必然也千差万别。

(二) 潜在性

多种多样的学前儿童体育资源为活动组织者和指导者因地制宜地开发与利用提供了广阔的空间。但是,只有那些真正进入学前儿童体育,与体育活动联系起来的资源,才是现实的学前儿童体育资源。体育资源的开发,实质上就是探寻一切有可能进入体育,能够与体育活动联系起来的过程;学前儿童体育资源的利用,实质上就是充分挖掘被开发出来的体育资源的价值。所以,体育资源的开发与利用是密切联系在一起的,开发是利用的前提,利用是开发的目的。从这个意义上看,一切可能的学前儿童体育资源都具有价值潜在性的特点。

(三) 多质性

学前儿童体育资源的多质性意味着同一资源可以具有不同的用途和价值。例如,幼儿园附近的山,既可以用于学前儿童体育中的体育锻炼,也可以用于劳动活动中的植树绿化;既可以在艺术活动中陶冶幼儿的情操,也可以在科学活动中用于调查动植物的种类。体育资源的多质性,要求活动组织者和指导者慧眼识珠,善于挖掘体育资源的多种利用价值。

二、学前儿童体育资源分类

学前儿童体育可以开发与利用的资源十分丰富,学前儿童体育资源通常可以根据不同的分类标准进行分类。

（一）根据来源分类

1. 幼儿园中的学前儿童体育资源

幼儿园中的学前儿童体育资源包括园内的各种运动场所和设施，如运动场、体育馆、图书角等；园内体育人文资源，如教师群体，特别是师生关系、班级组织、一日常规等；与体育密切相关的各种活动，如课外的体育活动、亲子运动会、体育表演、夏令营、冬令营等。园内学前儿童体育资源是实现学前儿童体育目标，增进幼儿健康，促进幼儿全面发展的最基本、最便利的资源。

2. 幼儿园外的学前儿童体育资源

幼儿园外的学前儿童体育资源包括幼儿家庭、社区乃至整个社会中各种可用于体育活动的体育运动场地、器材、设施和条件以及丰富的自然资源。其中，社区的体育场、体育馆、游泳池、广场等都是宝贵的学前儿童体育资源；为了保存和展示人类体育文明成果的公共设施，如体育馆、体育公园、图书馆、博物馆、展览馆等也是重要的学前儿童体育资源；影响人类社会生产生活的价值观念、宗教伦理、风俗习惯等与学前儿童体育活动有着直接的关系，也是不可或缺的学前儿童体育资源。

（二）根据存在方式分类

1. 显性资源

显性学前儿童体育资源一般为物质形态、可以直接运用于学前儿童体育活动的物质资源。如体育活动相关教材、体育场地、器材、设备、体育活动项目、自然和社会资源中的实物等。作为实实在在的物质存在，显性学前儿童体育资源可以直接成为体育活动的便捷手段或内容，相对易于开发与利用。

2. 隐性资源

隐性学前儿童体育资源一般呈现为精神形态，是指以潜在方式对学前儿童体育活动施加影响的精神资源，如幼儿园和社会体育风气、家庭体育氛围、体育活动过程中的师生关系等。与显性学前儿童体育资源不同，隐性学前儿童体育资源的作用方式具有间接性和隐蔽性的特点，它们不能构成体育活动的直接内容，但是它们对体育活动的质量起着持久的潜移默化的影响。

（三）根据功能特点分类

1. 素材性学前儿童体育资源

素材性资源主要包括体育与健康知识、技能、经验，活动方式与方法，情感和价值观等方面的因素，其特点是作用于体育活动，并且能够成为学前儿童体育的素材或来源。

2. 条件性学前儿童体育资源

条件性资源包括决定体育活动实施范围和水平的人力、物力、财力、时间、场地、媒介、设备、设施和环境，以及对体育活动的认识状况等因素。这些资源的特点是它们间接作用于体育活动，并非直接构成活动内容；在很大程度上决定了体育活动的实施范围和水平。

需要注意的是，素材性资源与条件性资源之间并没有绝对的界限。在现实中，许多资源如体育馆、图书馆、博物馆、实验室、互联网、人力和环境等，往往既包含活动素材，也提供活动条件。

（四）根据形态分类

根据形态，学前儿童体育资源可划分为学前儿童体育内容资源（包括现代运动项目、民族传统体育活动和新兴体育项目）、体育课程场地器材资源和学前儿童体育人力资源。以下内容将围绕这三类资源的开发与利用展开。

第二节　学前儿童体育内容资源的开发与利用

一、现代运动项目的开发与利用

（一）现代运动项目改造的意义

现代运动项目是一种具有竞争性、挑战性、规则性、不确定性和娱乐性的身体活动，其中，竞争性和娱乐性最为突出。现代运动项目具有教育、娱乐、政治等多种功能，通常表现出以下特征：竞争竞赛、休闲消遣、娱乐观赏、荣誉自尊、挑战自我、悬念刺激、自我显示、精神激励、情绪宣泄等。

学前儿童体育应该根据幼儿身心发展特点和不同需求、活动目标、实施条件、幼儿体育基础等诸多因素，特别是要按照增强体能、增进健康的活动目标，对现代运动项目进行科学的选择、引进和必要的加工改造，或进行有针对性的重新设计，使其转化为能面向全体幼儿并受到广大幼儿喜爱的，能让幼儿基本学会以及能收到多种效益的体育活动内容，成为增强体能、增进健康、提高素质的体育手段。对现代运动项目进行改造，有利于激发幼儿的参与热情和学习兴趣，促进幼儿更好地锻炼身体、增强体能、增进健康、发展个性，使幼儿适当掌握最基本的动作技能和运动能力，为终身从事体育健身活动奠定良好的基础。

（二）现代运动项目改造的基本方法

在现代运动项目改造的具体操作中，要根据《3—6岁儿童学习与发展指南》《学龄前儿童（3～6岁）运动指南》等的精神，遵循学前儿童身心发展特点、体育规律和健身原理，在充分研究现代运动项目的教育性、指导者的可操作性和幼儿的可接受性基础上，从运动的方向、形式、路线、距离、顺序、节奏、规格、场地、器材、规则要求、参加人数等方面，对现代运动项目进行加工改造，使其成为确实有健身价值的、适合学前儿童身心发展的体育内容。现代运动项目的改造，通常要辅以活动方法和组织形式等环节进行优化，确保实施的可行性与有效性。基本方法为：（1）简化技术结构，减小运动难度，使其既能增强体能、增进健康,又能减轻学前儿童运动时的生理和心理负担;(2)调整场地器材规格,修改竞技比赛规则,使其能适应广大学前儿童的实际,有利于激发学前儿童的学习兴趣,使他们全身心地投入其中;(3)降低负荷要求,使运动负荷易于控制在最佳范围内,满足学前儿童身心发展需求;(4)在组织教材内容时,调整和转换现代运动项目特点,充分挖掘运动项目的多种功能,更多地考虑活动的健身、健心以及在促进社会交往方面的功能。

(三)现代运动项目改造的因素

现有运动项目资源十分丰富,在开发时为了适应和满足学前儿童的实际需要,各地、各园和体育活动组织者、指导者应该根据学前儿童的身心发展特征,加强对运动项目的改造工作,这是活动设计的重要内容,也是体育活动组织者和指导者发挥主导作用的重要方面。这里所说的运动项目的改造,主要是指简化规则、简化技战术、降低难度要求、改造器材等。

对现有运动项目的改造要运用整体幼儿观、健康观进行活动设计。活动设计应当有利于调动学前儿童体育学习的积极性,有利于培养学前儿童体育锻炼的兴趣和习惯,有利于增进学前儿童身心的整体健康,有利于发展学前儿童终身体育锻炼的能力。改造内容主要包括以下几个方面:

(1)修改内容——去掉不适合学前儿童"身体健康、心理健康、社会适应"发展的复杂内容,弱化甚至取消竞技成分,淡化终结性的"达标"评价内容,不过分强调内容的系统性和完整性。

(2)降低难度与要求——降低运动难度、动作难度,不苛求动作的细节,调整器械规格,改变器械功能等。

(3)简化技战术——降低需要经过较为系统的训练和较高体能和技术水平才能完成的技战术要求。

(4)改造场地器材——使场地器材适合学前儿童的年龄、性别、身高、体能的特点,满足学前儿童的兴趣和需求。

二、民族传统体育活动的开发与利用

我国是一个多民族的国家,各民族传统体育文化有着非常大的差异,民族传统体育项目种类繁多、形式多样,具有鲜明的民族性、传统性和地域性,如蒙古族的摔跤、藏族的歌舞、维吾尔族的舞蹈、朝鲜族的荡秋千、白族的跳山羊、锡伯族的射箭、京族的跳竹竿、侗族的抢花炮、壮族的抛绣球、苗族的爬坡杆、瑶族的打猎等活动,深受各族人民的喜爱。学前儿童体育活动应结合地域特点、环境因素和学前儿童的实际情况,选择和改造民族传统体育项目,使之适应幼儿的身心特点,丰富活动内容,增强活动的吸引力。以嬉戏娱乐为主的活动,强调闲暇消遣和健身娱乐。以竞赛为主的课程,可以结合游戏娱乐和竞赛体力、技巧、技能的竞技。配合节庆习俗的活动,可以体现民族特有的传统庆典和文化表达。改造后的民族传统体育项目不仅能够成为具有中国特色的学前儿童体育活动,还能帮助幼儿在学习过程中发展速度、力量、耐力、灵敏、反应等身体素质;磨炼意志,陶冶情操,促进身心健康发展;培养民族自尊感和社会适应能力。通过合理选择和创造性改造,民族传统体育项目能够为学前儿童提供一个富有教育意义和文化价值的学习环境,使他们在参与体育活动的同时,也能够体验和学习中国丰富的民族文化。

三、新兴运动项目的开发与利用

随着社会的不断进步与发展,物质生活水平的提高以及大众体育的蓬勃开展,新兴的运动项目层出不穷,许多新兴运动项目既深受广大学前儿童的喜爱,也有利于学前儿童的身心健康发展。对新兴运动项目可以进行一定的加工改造,使其成为学前儿童喜欢的活动内容。

郊游、远足、野营等野外活动:郊游地点可以是风景地和公园,如春游等。远足是指以步行的方式到野外去游览;野营与前两者的不同点是要在野外宿营。

体育舞蹈、健美操:体育舞蹈是结合舞蹈与运动,提升儿童的身体协调性和节奏感。健美操是在音乐伴奏下,通过体操、舞蹈、音乐结合的身体练习,促进幼儿的身心健康。在选择和开发这些项目时,应考虑动作设计的简单性、合理性和参与性,确保符合学前儿童身心发展的需求。

定向越野:一项新兴运动,培养幼儿的方向感、耐力和坚忍不拔的意志。活动前要做好充分准备,包括考察路线、选择参与对象,确保与幼儿的年龄和体力相适应。可结合科学考察和文娱活动,让幼儿在自然中学习和成长。

儿童攀岩:有助于锻炼幼儿身体平衡、力量、柔韧性和协调性,培养幼儿勇敢和进取精神。在活动前要介绍攀爬方法,检查安全装置,确保活动安全。根据地域和条件,设计适合学前儿童的攀岩墙,调整难度以适应儿童身心情况。

第三节 体育场地设施资源的开发与利用

一、体育场地设施资源开发与利用的意义

(一)促进学前儿童体能素质的提高

影响学前儿童体育活动质量的最直接因素包括社会、家庭、幼儿园教育者,以及幼儿园环境。其中,体育活动的场地和器材是关键的硬件设施。根据《幼儿园工作规程》规定,学前儿童每天的户外活动时间(包括体育活动)不得少于2小时,其中通过体育器材和场地进行的活动应超过1小时,凸显了体育活动在儿童身体发展中的重要性。

合理适宜的体育活动器材和场地练习,能够显著提升学习效果。不同种类的器材和场地,或同类器材的不同组合,对提高学前儿童身体素质和教育价值具有极强的针对性。例如:摇摆、颠簸类运动器材有助于发展动态平衡能力和前庭器官机能,强化空间

感知觉。攀登、垂吊类活动能增强肌力与耐力,提高身体控制能力,帮助克服心理障碍。跳跃、翻滚等活动能够促进大肌肉和身体控制能力发展,提高灵活性与协调性。实验证明,年龄越小的儿童,器材练习的效果越显著。此外,体育活动联合器材和场地的价值还体现在组织形式的多样性上。幼儿园教师可以根据自己和幼儿的实际情况灵活组合搭配器材和场地,以实现最佳效果。

（二）促进学前儿童生存技能的发展

学前儿童生存技能包括生活技能和生存技能,这些技能的培养是动作学习与发展的终极目标。学前儿童体育活动通过与环境的互动,帮助幼儿发展平衡、灵敏性与协调性、力量与耐力,从而获得动作的相关知识、技能和方法,并将这些应用于日常生活。生存和生活技能的培养涵盖智力发展、学习能力、社会交往、情绪情感、意志品质、安全意识、自我保护和生活自理等方面。杨宁教授指出,动作发展是儿童智力和心理发展的重要指标及建构力量,对儿童早期发展与教育具有重要作用。使用工具是人类的重要标志,学前儿童阶段的动作发展应体现在生活技能上,如穿衣、穿鞋、使用筷子、笔等,这些技能可以通过体育器材来提高稳定性、熟练性和准确性。户外游戏活动如荡秋千、拉绳梯、栽树、采摘树叶、喂食小动物、玩沙子等,不仅让学前儿童获得快乐的生活体验,还有助于培养其健康体魄和安全意识。

（三）拓展学前儿童的动作方式

学前儿童动作方式是多种多样的,并且是可塑性极高的,3~6岁是人类动作发展的敏感期和黄金期,抓住这个时间段拓展学前儿童动作科学的方式,等于抓住了学前儿童动作发展的一把金钥匙。研究显示,通过不同规格的体育器材可以有效地发展学前儿童的多方面动作技能。根据《3—6岁儿童学习与发展指南》的目标体系,幼儿园可以创设平衡、灵敏与协调、力量与耐力三个方面的器材和场地,这些器材和场地不仅功能丰富,还能进行组合搭配,形成丰富的运动游戏平台。体育器材和场地的多样化使用,还可以改变动作的方向、难度和幅度,提供不同的动作技能发展机会。

（四）增添学前儿童的运动乐趣

活泼好动是幼儿的天性,他们喜欢运动,不喜欢枯燥和单调的体育练习,因为他们会觉得"不好玩",所以幼儿的运动要在教师或家长的指导下,有针对性和目的性地开展。活泼好动是孩子的天性。在教师或家长指导下,有针对性和目的性地开展运动,可以激发幼儿兴趣,避免枯燥和单调。兴趣的产生基于需求,学前儿童的认识活动受兴趣和需求的直接影响。要使学前儿童成为主动学习者,必须尊重他们的兴趣和需求。教育应将儿童的兴趣和需求作为生长点,支持和促进学习活动,同时将教育内容转化为儿童的兴趣和需求。

当前学前教育强调玩中学、学中玩,重视儿童的亲身体会和实际操作。体育器材和场地可以根据儿童的表现适时调整难易度,让儿童自由选择,增加活动兴趣。例如,过独木桥活动可以通过增加新异刺激,如带"小物件"过桥,激发学前儿童的兴趣,体验挑战的快乐。体育器材和场地具有多样性玩法,如梯子、垫子、平衡木、平衡球等,可以进行走、钻、爬、跳、滚、翻等活动,提高幼儿玩的兴趣,扩大动作发展的空间。

幼儿园体育器材和场地可以视为运动玩具,具有色彩鲜艳、造型可爱、可随意搭配组合的特点。幼儿使用多种器材和场地可以巩固练习各种动作,提高练习兴趣,激发积极性。

二、幼儿体育活动器材的开发与利用

活动器材应当注多功能性开发和创新利用,体操器材不仅用于学习体操动作,还可以培养学前儿童的多种生存技能。球类可以通过创新使用,开发特殊功能,例如排球或足球可以用于"抢花炮"游戏,实心球可以用于投掷、设置障碍或作为保龄球使用。跳绳不仅限于传统跳绳方式,还可以用于绳操、跳移动绳、跳蛇绳、二人三足跑、开火车等多种活动。接力棒、栏架、橡皮筋、标枪等传统体育器材都可以通过创新思维,开发出新的用途和玩法。鞍马、跳箱、山羊等体操器械除了用于基本体操训练外,还可以作为障碍物使用,为体育活动增添挑战性和趣味性。除此之外,还应鼓励学前儿童动手自制简易体育器械,如沙袋、接力棒、毽子、滚铁环、呼啦圈、抽陀螺、体操轻器械等,这不仅能够激发儿童的创造力,还能增加体育活动的趣味性。

三、现有场地设施的改造

社会和幼儿园应对现有场地进行合理调整和规划,重新部署适合多种运动项目的运动场地,为体育活动提供有利条件。改造应根据各地、各幼儿园的具体情况与特点,采取不同措施。运动场地的改造必须首先保证学前儿童运动的安全性,防止伤害事故的发生。其次,应扩大学前儿童的运动场地面积,确保场地适合幼儿使用。

可以把正规的、成人化的场地器材改造成适合学前儿童活动的场地器材。例如,降低篮球架高度,降低排球网高度,缩小足球门,缩小篮球、排球、足球场地等。根据幼儿园周边环境,合理规划、充分利用空地,使学前儿童能进行安全适宜的体育活动。体育场地的改造和开发可以有多种形式,例如:

(1)在标准篮球场边线外安装多个不同高度的篮球架,供不同年龄、性别的学前儿童选用;

(2)制作无板、多圈简易活动篮架,或把篮圈直接安装在墙上;

(3)利用篮球场地或排球场地进行小足球活动;

(4)降低排球网的高度,缩小排球场地,使其成为软式排球;

(5)设立小型羽毛球、板羽球场地;

(6)利用走廊的墙壁、楼梯改造为攀爬墙和滑梯;

(7)雨天可利用课桌做乒乓球台;

(8)降低体操器械的高度;

(9)创设综合性运动场区。

应根据本地或本园学前儿童的实际情况,合理开发使用运动场地,挖掘场地的使用空间和时间。充分利用学校、体育机构、公益体育场馆的空地和学校周边环境,合理安排运动时间,平衡"利用"与"安全"的关系。

四、自然地理资源的开发与利用

自然地理资源以其丰富多样的内容和形式为学前儿童提供了体育活动的广阔天地。开发与利用这些资源时,应充分考虑学前儿童的年龄特征和兴趣,确保活动既安全又有趣,同时适应当地的环境和季节变化。

选择空气清新、阳光充足、水质清洁、安全性高且无污染的环境进行体育活动。利用自然地理资源与传统体育项目相结合的方法,让学前儿童在自然环境中享受阳光、空气和水,培养他们适应不同气候和环境的能力,促进其身心健康。

大自然中空气、阳光、水、森林、草原、山地、丘陵、田野、海滩、沙丘以及春、夏、秋、冬四季都蕴藏着十分丰富的体育课程资源,利用它们可以进行各种各样的体育活动。例如,利用空气可以进行有氧运动,如散步、慢跑、有氧操等;利用阳光可以进行日光浴;利用水,可以进行游泳、跳水、温泉浴等;利用山地,可以进行户外拓展、定向越野等;利用沟渠田野,可以进行越野跑、有氧耐力跑等;利用海滩,可以进行沙滩排球;利用雪原,可以进行滑雪、滚雪球、打雪仗等;利用草原,可以进行足球、翻滚等活动。

第四节　人力资源的开发与利用

学前儿童体育实施过程中应重视利用与开发人力资源,除了幼儿园教师以外,还应注意发挥社会体育指导员、体育机构教练员、有体育特长的教师、卫生保健教师的作用,指导和组织学前儿童进行体育与健康活动。

一、幼儿园教师

幼儿园教师是学前儿童体育中的重要人力资源,要充分地挖掘并有效利用学前儿童体育资源,最大限度地发挥资源的效益和价值,需要开发者特别是幼儿园教师积极发挥主体性作用。教师的不同观念对体育活动的组织和指导效果有显著影响。因此,更新教育观念,采取更符合儿童发展需要的方法至关重要。在体育活动中,教师不仅要传授运动知识和技能,更要通过这些活动促进学前儿童的身心健康和全面发展。

二、学前儿童

学前儿童是体育课程学习活动的核心主体。他们参与活动的积极性直接影响活动的效果。在传统体育教学中,由于内容、方法和评价的局限性,学前儿童的主动性和积极性往往受到限制。因此,体育活动应重视发挥学前儿童的主体作用,提高活动目标的有效性。学前儿童中具有体育特长的个体可以成为教师在活动组织与指导中的得力助手。教育者应充分利用这些幼儿的特长,让他们协助和指导其他幼儿的学习。

三、其他人力资源

在《3—6岁儿童学习与发展指南》的指导下,应充分发挥其他具有体育特长的幼儿园教师的作用,丰富体育教学内容,提高体育教学质量。争取卫生保健教师的配合与支持,确保体育活动的安全性,预防运动伤害。开发和利用园外的人力资源,如具有体育特长的家长、社区体育指导员,关心学校体育活动的社会团体、企业和俱乐部等,以增强体育活动的多样性和实效性。通过跨领域的合作,可以为学前儿童提供更全面、更专业的体育教育。各类人力资源应建立良好的沟通和协作机制,共同促进学前儿童的体育发展。

思考与练习

1. 根据本章内容,简述"显性学前儿童体育资源"与"隐性学前儿童体育资源"的核心区别,并结合实际案例(如幼儿园的体育器材与园内体育文化氛围)说明二者在体育活动设计与实施中的互补作用。

2. 某幼儿园计划将成人标准篮球场改造为适合学前儿童使用的场地,具体措施包括:降低篮球架高度至1.8米、缩小场地范围、使用软质篮球。请结合"场地设施资源开发原则",分析该改造方案的合理性,并提出两条进一步优化建议(如安全性或趣味性改进)。

3. 某幼儿园教师在组织体育活动时发现,家长参与度低且社区资源未有效利用。请结合"人力资源开发"相关内容,提出三条具体策略(如家园共育活动、社区合作项目等),并分析如何通过这些策略增强体育活动的多样性与实效性。

4. 某幼儿园对定向越野活动进行改造,将成人定向越野地图简化为卡通图标标记路线,缩短距离至200米内,设置趣味打卡任务(如收集树叶、模仿动物叫声)。请从"新兴运动项目开发原则"和"学前儿童身心特点"两个角度,评析该方案的合理性,并指出可能存在的不足(如安全性或认知难度),并提出一条改进建议。

5. 某幼儿园计划利用废旧物品(如轮胎、塑料瓶、纸箱等)开发低成本的体育器材。请结合"器材开发原则"与幼儿动作发展需求,设计两种创意器材(需说明材料、制作方法及对应的体育活动目标),并分析其如何促进幼儿力量、平衡或协调能力的提升。

附录1 学前儿童体适能活动案例

活动案例1：手指变变变

活动对象

2~3岁幼儿亲子活动

活动导入

教师讲述绘本《十个手指头和十个脚趾头》

教师：大家也跟着绘本一起把自己的手伸出来，数一数自己的手指头。

主题游戏

手指数字游戏基本玩法：

(1) 教师指导幼儿按照顺序用手比划0~9。

(2) 教师说数字，幼儿用手比划出正确的动作。

变换游戏

手指变变变（教师教一句，摆一个动作，幼儿模仿）

一根手指头呀（双手握拳食指伸直），变呀变呀变呀（两手手指对绕），变成毛毛虫呀，爬呀爬呀爬呀（食指动一动做虫子蠕动的样子，可以从腿爬到头上）。

二根手指头呀（双手握拳食指中指伸直），变呀变呀变呀（两手手指对绕），变成小白兔呀，跳呀跳呀跳呀（食指中指放在头上，作小白兔跳动样子）。

三根手指头呀（双手握拳食指中指无名指伸直），变呀变呀变呀（两手手指对绕），变成小花猫呀，喵喵——（双手三根手指放在嘴前作拉动胡须状）。

四根手指头呀（双手握拳食指中指无名指小指伸直），变呀变呀变呀（两手手指对绕），变成小螃蟹呀，爬呀爬呀爬呀（双手四指弯曲，手心向下，左右晃动）。

五根手指头呀，变呀变呀变呀（两手手指对绕），变成小蝴蝶呀，飞呀飞呀飞呀（双手手臂打开扇动）。

（最后一句可以变化，如：五根手指头呀，变呀变呀变呀，变成大老虎呀，啊呜——五根手指头呀，变呀变呀变呀，变成大红花呀，摇呀摇呀摇呀）

升华游戏

(1) 教师拿出数字卡片，让幼儿去踩相同的数字垫。

（2）将数字垫或者数字卡片放在终点处,教师拿一张卡片,让幼儿去终点找相同的卡片,如果找得不一样,要停下来听一听幼儿为什么会拿错,并引导幼儿区分数字之间的差距。

放松与反思

（1）拉伸运动

（2）总结活动内容(幼儿总结自己活动过程中哪里做得好,哪里还可以做得更好)

拓展

家长和幼儿一起摆数字,拍照

归位

归还器材

活动案例2:数字火车

活动对象

小班幼儿

活动目标

（1）初步掌握匍匐爬、手膝爬、手脚直立爬、同手同脚爬等动作。

（2）能够区分0、1、2三个数字。

（3）对参加体育运动感兴趣,初步建立合作理念。

活动准备

绘本《喜欢5的公主》、数字卡片若干、山洞4个、呼啦圈6个、标志桶4个、平衡垫、平衡木、小栏架

活动导入

教师讲述绘本故事《喜欢5的公主》。

教师:大家都说一说喜欢什么数字,为什么?小朋友们看一看我们现在身边有哪些数字,大家找出来。

主题游戏

钻爬数字山洞

游戏规则:教师在起点处放置标志物,后将数字贴到"山洞"(钻圈)上,按照数字顺序随意摆放在跑道上。幼儿需从起点出发,按照数字顺序依次爬行(手膝爬、肘膝爬、"熊爬"等)通过,到达终点后返回起点。

变换游戏

（1）跳跃后钻山洞

在主题游戏的基础上，在"山洞"前方加入呼啦圈。从起点开始，先跳跃过呼啦圈，后通过数字山洞，到达终点后返回起点。

（2）在变换游戏1的基础上，幼儿两两分组，面对面双手贴双手钻"山洞"（手不能分离）。

（3）幼儿自己发挥，两人身体任意位置贴在一起钻山洞（教师语言引导）。

升华游戏

（1）教师拿出数字的卡片，幼儿根据数字卡片的样子，用身体模仿数字。

（2）数字搬运

教师在终点放置数字卡片，如1、2、3、4、5。幼儿分组排队进行游戏，第一位幼儿需跑到终点按照数字顺序拿取一张数字卡片1，后跑回起点放到指定位置。下一位幼儿则需跑道终点拿取数字卡片2，跑回起点，摆放到数字卡片1后，以此类推，看哪组能最快按照顺序搬完。

（3）数字迷宫

教师在跑道上摆放用器械摆成的数字，幼儿需从1号数字开始出发，依次按照数字顺序通过（通过方式幼儿自行想象）。

放松与反思

（1）拉伸运动

（2）总结活动内容，邀请幼儿展示活动中学到了什么。

归位

归还器材

活动案例 3：走数字

活动对象

中班幼儿

活动目标

（1）能够跟随教师按照数字的书写方式行走。

（2）初步掌握自然走、垫脚走、快速走等动作。

（3）身体协调能力得到锻炼和提升。

活动准备

数字卡片、数字垫、沙包、标志桶

活动导入

教师讲述绘本故事《杂乱无章的数字》

教师：小朋友们，大家看一看我们现在身边有哪些数字，我们一起找出来。

主题游戏

走数字

游戏规则：教师将幼儿分成若干组，将数字告诉排头的幼儿，让他用走路的方式走出数字形状，其他队员猜，猜中则换下一个幼儿游戏。

幼儿可以观察教师行走路线猜数字，也可由幼儿自行规定数字并走出其路线，其他幼儿猜中即换人，锻炼幼儿动脑思考，手脚协调性。

变换游戏

规则不变，猜到数字的幼儿需跑到指定地点将数字垫拿到"走数字"的幼儿的面前。

升华游戏

1. 数字蹲

游戏规则：幼儿站成一排，1、2、3循环报数，每个幼儿记住自己的号码，教师随机报数字，被报到数字的幼儿要迅速做蹲起。

2. 数字抱团

游戏规则：幼儿绕跑道走圈，教师随机报数字，相应数量的幼儿抱在一起，如教师报数字3，则3个幼儿要抱在一起。

3. 踩数字

游戏规则：教师喊数字，幼儿找到带有一样数字的垫子，站上去。

放松与反思

（1）拉伸运动

（2）总结活动内容，邀请幼儿展示活动中学到了什么。

归位

归还器材

活动案例 4：数字天平

活动对象

大班幼儿

活动目标

(1) 掌握摆臂踏步的动作；增强协调能力和平衡能力。

(2) 能在游戏的情境中用简单的加法运算参与游戏。

(3) 喜欢运动，乐于和同伴分享。

活动准备

绘本《数字在哪里》、数字垫、气球、数字卡、绳梯

活动导入

教师讲述绘本故事《数字在哪里》。

主题游戏

数字踏步

游戏规则：幼儿原地高踏步，做游戏准备，教师发布数字指令，幼儿迅速踏至指定的数字垫上，而后迅速返回原点位。幼儿对游戏活动熟悉后，可增加难度，闭眼踏步。教师可将幼儿分成两组，组内幼儿接力"九宫格踏步"，看哪一组先全部完成活动任务。

变换游戏

数字天平

每个幼儿身贴数字卡片，代表不同的数字。幼儿需要自行分组，使得天平两侧的幼儿的数字相加起来，和相等，天平能够保持平衡。

升华游戏

(1) 顶气球

游戏规则：气球吊在空中，标明不同数字，当教师喊出规定数字时，由相应数字的幼儿将该数字气球顶到对面。

(2) 数字汉诺塔

游戏规则：幼儿分成 2 组，起点和终点之间摆绳梯，每组幼儿在起点处拿一个数字，然后经绳梯跳到终点，两人猜拳，获胜方将数字垫留下，失败方原路返回将数字垫放回起点。规定时间游戏结束后，计算终点处的数字垫上数字之和，看那组最后的得数大。

拓展

用身体摆出 1~10，教师拍照留念

归位

归还器材

附录2　学前儿童体育游戏活动案例

一、徒手游戏

游戏案例：过河夺将（黑马黑羊）

游戏方法

（1）将区域划分为游戏区和安全区，游戏区对半划分为"黑马区"和"黑羊区"。幼儿分为两组，一组为"黑马"组，一组为"黑羊"组。准备时，两组各站在相应的区域内做准备。

（2）教师发布开始指令，黑马组幼儿需要跑到黑羊区抓住黑羊组幼儿，被抓住的幼儿淘汰，黑羊组幼儿全部由游戏区跑到安全区或被淘汰时，游戏结束。

（3）几轮游戏后，双方可交换角色。

游戏场地

此项游戏活动量较大，应选择室外较大的场地或草坪上进行互动，如果场地大小不满足条件，也可将跑的动作改为爬或跳来代替。

游戏注意

幼儿必须根据教师的口令奔跑，追赶时不得推搡。

二、报纸游戏

游戏案例：纸衣人

游戏方法

（1）幼儿站在起点，将报纸铺在胸前，快走或跑至终点，要通过速度带动风的阻力使报纸不掉落。

（2）幼儿分成几组，进行接力比赛，看哪一组最先完成。

游戏场地

开阔平坦的场地。

游戏注意

（1）跑的过程中报纸不能掉落，也不能用手扶或拿。

（2）掉落时需从掉落点捡起报纸重新铺在胸前再进行游戏。

三、大龙球游戏

大龙球是大直径的软质塑料球，幼儿对大球比较好奇，大龙球有一定重量且体积较大，做一般碰撞游戏时效果较明显。大龙球的规格一般为直径 80 厘米、直径 90 厘米和直径 120 厘米三种。大龙球在不使用时可放空气后收纳，收纳时应避免在阳光下曝晒，以免塑料变质而导致损坏。

游戏案例：滚动地球

游戏方法

（1）幼儿分三组进行游戏。
（2）用手推大龙球的方式前进到目的地后，再折返推回来换人继续游戏。

游戏场地

开阔平坦的场地。

游戏注意

（1）幼儿身体不能太靠近球，否则容易被球带着滚翻。
（2）双手推大龙球时，力气不宜过大。
（3）幼儿要控制大龙球滚动的方向。

参考文献

[1] 汪超.学前儿童体育[M].2版.上海:复旦大学出版社,2020.

[2] 杨延秋,马威.学前儿童体育教程[M].上海:复旦大学出版社,2020.

[3] 许卓娅.学前儿童体育[M].南京:南京师范大学出版社,2003.

[4] 罗冬梅,赵星,陈皆播.学龄前儿童(3~6岁)运动指南[M].北京:科学出版社,2021.

[5] 任绮,高立.学前儿童体育与健康[M].北京:清华大学出版社,2012.

[6] 汪晓赞,赵海波.幼儿运动游戏课程[M].上海:华东师范大学出版社,2018.

[7] 人民教育出版社课程教材研究所体育课程教材研究开发中心.人类动作发展概论[M].北京:人民教育出版社,2008.

[8] 人民教育出版社体育室.幼儿园体育活动的理论与方法[M].北京:人民教育出版社,2013.

[9] 陈颖.学前儿童人体解剖生理[M].西安:陕西师范大学出版总社,2019.

[10] 李世昌.运动解剖学[M].3版.北京:高等教育出版社,2015.